加拿大華人春秋

亞堅　著

美商EHGBooks微出版公司
www.EHGBooks.com

EHG Books 公司出版
Amazon.com 總經銷
2022 年版權美國登記
未經授權不許翻印全文或部分
及翻譯為其他語言或文字
2022 年 EHGBooks 第一版

ISBN-13：978-1-64784-137-9

目錄

目錄 I

第一章　加拿大 1

第一節　加拿大概述 1
第二節　中加兩國關係 5

第二章　加拿大華埠今昔 7

第一節　溫哥華華埠——
一個崛立在加拿大西海岸的城中之城 8
一　溫哥華的興起 8
二　溫哥華華埠風貌 10
三　中華文化中心建築群 11
中心大樓 11
圖書文物館 12
中山公園 12
四　華埠奇觀——世界第一窄樓 14
五　中文圖書館 15
六　野火燒不盡，春風吹又生——溫哥華華埠今非昔比 16
第二節　人有悲歡離合，月有陰晴圓缺——
記維多利亞華埠滄桑 19
一　加拿大首創華埠之先河 19
二　盛極一時 21
三　人無千日好，花無百日紅 22

第三節　古今多少事，都付笑談中——

記加拿大第一華埠多倫多唐人街...23

　　一　多倫多的崛起...23

　　二　唐人幫唐人...25

　　三　頂風冒雪的華僑先驅...26

　　四　七十二行第一行——餐館...29

　　五　三更窮來五更富...30

　　六　人在花下死，做鬼也風流...31

第四節　在英法兩大族裔的夾縫中生存——

記蒙特利爾唐人街的艱辛...34

第五節　從自立門戶到溶入社會——渥太華唐人街展望..........36

第六節　民主精神建華埠——記卡加利唐人街...............................38

第七節　總把新桃換舊符——記愛民頓唐人街...............................39

第三章　任勞任怨的同胞公僕...41

第一節　華人社團...41

　　一　中華文化中心...43

　　二　中僑互助會...45

　　三　中華會館...46

　　　　溫哥華中華會館...46

　　　　加拿大安省中華總會館...47

　　四　華人商會...47

　　　　多倫多華商會...47

　　　　渥太華華商會...51

　　　　溫哥華華埠商會...52

　　　　溫哥華香港僑商會...52

　　　　港加商會...52

　　五　宗親團體...53

六　鄉情團體 ……………………………………53

七　專業團體 ……………………………………54

八　興趣團體 ……………………………………55

九　政治團體 ……………………………………56

第四章　加拿大華人的宗教信仰 ……………………**57**

第一節　加拿大華人第一宗教——基督教 …………57

第二節　天主教在加拿大華人中之傳播 ……………61

第三節　普渡眾生的觀音菩薩——加拿大華人佛教徒益眾64

第四節　加拿大的東土國粹——道教在異鄉已有一席之地66

第五章　僑胞的千里眼和順風耳——記加拿大華人媒體 …………**69**

第一節　報紙 ……………………………………69

一　《大漢公報》、《新民國報》和《國際日報》 …69

二　《世界日報》 ………………………………70

三　《明報》 ……………………………………71

四　《星島日報》 ………………………………72

五　《神州時報》和《大華商報》 ……………74

六　五彩繽紛、雜然紛陳的報刊雜誌 …………75

第二節　電視 ……………………………………77

一　中文電視 ……………………………………77

二　國泰電視 ……………………………………80

三　新時代電視 …………………………………81

四　城市電視 ……………………………………82

五　多元文化台華語節目 ………………………83

第三節　廣播電台 ………………………………83

一　華僑之聲 ……………………………………83

第六章　加拿大華人今昔 89

第一節　中國移民的滄桑 90

一　菲沙河谷的淘金華人 90

一馬當先的華僑先驅 90

小樓昨夜又東風，故國不堪回首明月中——華人背井離鄉的
歷史環境 94

人在矮屋檐——加拿大歷史上對華人的種族歧視 97

二　含辛茹苦的海外掙扎 108

三　牛郎織女的華僑家庭 110

第二節　當今加拿大華人 114

一　聯合國授銜——人類居住最佳國 114

二　華人家庭 117

1　家庭 117

2　婚姻 119

3　分居 122

4　離婚 122

5　贍養問題 124

6　家庭財產 126

三　幼有所哺 127

1　妊娠產假 127

2　家庭津貼（Family Allowance） 128

3　免費午餐（Free Lunch） 129

4　兒童福利（Child Welfare） 130

5　萬聖節（Halloween） 133

6　教育（Education） 134

7　教育機會均等(Educational Opportunity) 137

8　外來學生的英語教學(English as The Second Language）
.... 138

四　壯有所為 ……………………………………… 139

　　1　社會保險號碼（Social Insurance Number 簡稱 SIN）139

　　2　求職 …………………………………………… 140

　　3　勞工政策（Labor Policy）………………… 141

　　4　失業保險（Unemployment Insurance）…… 142

　　5　勞務市場（Labor Markets）………………… 143

　　6　人權（Human Rights）……………………… 144

　　7　雇用法（Employment Law）………………… 145

　　8　勞動法（Labor Law）………………………… 146

　　9　勞工組織（Labor Organizations）………… 147

　　10　社會保障（Social Security）……………… 149

　　11　貧困（Poverty）…………………………… 151

　　12　稅制 ………………………………………… 152

　　13　食有魚 ……………………………………… 154

　　14　出有車 ……………………………………… 156

　　15　居有室 ……………………………………… 157

　　16　富人難為 …………………………………… 158

　　17　高不成低不就的小康之家 ………………… 161

　五　老有所養 …………………………………… 162

　　1　老年問題（Aging）………………………… 162

　　2　養老金（Old Age Security Pension）…… 166

　　3　最低入息補助 ……………………………… 167

　　4　死亡（Death and Dying）………………… 167

　　5　死亡福利（Death Benefit）……………… 172

第七章　涓滴之恩當涌泉相報——華人對加拿大的卓絕貢獻 ………………………………………… 173

　第一節　經濟建設 …………………………… 173

第二節　文化科學 178

第三節　保衛和平 183

第四節　民主政治 184

第八章　西望神州——加拿大華人和祖國的聯係 189

第九章　華人掠影 193

1　加拿大華人總督伍冰枝 194

2　卑詩省華人省督林思齊 199

3　寧為百夫長，勝作一書生——
記多倫多警務委員會主席伍素屏 204

4　日暮鄉關何處是——記丁果文化和文學的鄉愁 207

5　李安邦艱苦創業白手起家 213

6　雄關漫道真如鐵——記陳卓愉向國會勝利進軍 217

7　千里有緣，任燕茹為中加商檢做紅娘 222

8　《草原女民兵》——記舞蹈家曹燕燕 230

9　你是一塊化石——老華僑蕭澤光先生生平 237

第十章　海外華人花絮 243

資料來源 253

第一章　加拿大

俗話說，"好男兒志在四方"。歷史上炎黃子孫多次遷徙，如北宋南宋，清軍入關，湖廣填四川，解放軍進疆進藏，知識青年上山下鄉……大家知道，樹挪死，人挪活嘛！

鳥飛魚躍不計國界，國人流動非但徜徉國內，也漫步海外。

近代，很多沿海華人為求生計，遠渡重洋。一些有識之士前往西方、東瀛，謀求民主科學，富國強兵之道。

改革開放以來，一些新潮人物勇闖異域，赤手空拳打天下。不少學人學子也紛紛走出敞開的國門，放洋留學。書云"世界大串聯"。串聯上哪里？水往低處流，人往高處走，自然是西歐、北美、澳洲。如今在發達國家人口日趨飽和、城市日見緊逼的情勢之下，加拿大越來越成為國人世界大串聯的終點站。

第一節　加拿大概述

這個國家仿佛就是上帝為著移民專門制造出來似的。

加拿大面積九百九十五萬多平方公里，在世界上僅次于俄羅斯。人口僅三千八百一十三萬，人均土地幾達美國的十倍，中國的四十倍，不愁沒有用武之"地"。

她北濱北冰洋，東對大西洋，西臨太平洋，西北鄰接阿拉斯加，東北隔巴芬灣同格陵蘭島遙遙相望。該國南面毗連美國，有趣得很，邊界上不設重兵，只有幾個海關人員站在國界上送往迎來，客客氣

氣檢查過行李護照，就祝來客一路平安。很多在美國拿不到身份、轉向加拿大才取得簽證的華人，就是在這兒驅車入境的。

海里生長著魚產，海底蘊藏著礦藏，海洋是國防的天然屏障，所以國際上常常為著內海的劃分或者一個荒島爭得面紅耳赤，進而大動干戈。中國是一面靠海，美國是兩面靠海，俄羅斯甚至因沒有什麼海岸卻有強大的海軍而成為笑柄。而加拿大三面靠海，有二十四萬多公里海岸線，海運與漁業十分發達。

加拿大首都是渥太華，三大城市分別為多倫多、蒙特利爾、溫哥華，其余大小城鎮星羅棋布。該國居民主要為英、法、印第安和愛斯基摩人、以及日漸壯大的歐美和亞非移民。英法兩語平分秋色，同為官方語言。如今華人異軍突起，成了第三族裔，華語自然而然成了第三語言，華人遍布每一處鄉鎮和城市，華人來到唐人街就象回到故鄉一樣。

西部是山地，盛產木材。如今世界上很多國家水土流失、旱澇成災，連鋤頭把都成為精品了，加西群山上卻連綿著茂密無盡的原始森林。東部主要屬低高原和低山區，覆蓋著無盡的寶藏。中部是無垠的平原，畜牧興旺。全境河網較密，湖泊眾多，提供了水力資源和舟楫之便，加拿大也是全世界淡水資源最豐富的國家。全國大部為寒溫帶針葉林氣候。冬季奇寒，夏季溫涼，內陸地區年較差達攝氏 30 度以上。林、牧、漁諸業極盛，工農業發達，南部廣袤的原野是小麥基地，有“世界麵包籃子”之譽。在亞非拉連連發生飢饉的年月，加拿大卻愁著不知將小麥賣給誰。曾記否，六七十年代中國進口過一些加拿大面粉，過節定量供應。老百姓買到那有如白雪一樣的精面，喜歡得沒下腳處，稱其“富強面”。在加拿大，人們並不青睞“富強面”，黑面包與白面包等價。

加拿大最大的特點就是地廣人稀，令人不由想起中國的北大荒。"北大荒，真荒涼，又有兔子又有狼，就是缺少大姑娘，" 是說該地的富饒和蒼涼。北大荒和加拿大小麥產區一樣，都是要200-400年才"長"一厘米的黑土地。解放後，十萬軍民開墾北大荒，那里就成了糧食基地，成了"北大倉"，成了國家的驕傲。有空間就有希望，北大荒再荒涼都還有個佳木斯，加拿大寬廣到了什麼程度呢？加拿大面積最大的城市也就是人口最少的加尼翁，土地5970平方公里，居民僅五人，每一千平方公里還不到一個人。天哪，簡直就是一大片羞澀廣袤的處女地！

加拿大幅員廣大，卻又不同于非洲的不毛之地。它科學發達、經濟繁榮，輸出機器、礦產品、木材、紙漿、小麥。輸入原油、食品、化學產品、鋼材等。主要進口國家和地區是美、日、英、西德、南韓、台灣、法國、香港、中國；主要出口國家和地區是美、日、英、西德、蘇聯、荷蘭、南韓。這給擅長做生意的中國人以無限的機會。如今世上勤奮不能發財，智慧才能致富。商業投資，進軍股票，電腦一敲、財源滔滔，算盤一響、黃金萬兩！

由於加拿大的民主，政治上也有很多的發展空間。因為加拿大有別的方式出頭，所以從政人員不多。只要你能贏得選民支持，就可以成為一個政治家。事實上加拿大的華人官員和議員也真不少！這個國家的政治結構是怎樣的呢？加拿大十六世紀起，遭法、英殖民者相繼侵入。一七六三年淪為英國殖民地。一八六七年成為英國自治領。一九三一年獨立并成為英聯邦成員。一九七零年十月十三日與中國建交。據一九八二修定憲法，仍是一個君主立憲國。政治架構是英國式的行政、立法、司法三權分立。尊英女皇為國家元首，任命總督、省督做代表以督導，實際上統而不治，做些宣布大赦、頒獎授勛之事。

另設聯邦、省及市各級議員組成的三級政府，為國家管理機構。國會分上議院和下議院。上議院由經首相推薦總督委任的一百零四

至一百一十二位議員組成，下議院由三百零一位民選議員組成，是投票議決、分說辯論國事之場所，為國家立法機構。議長從多數黨議員中選舉產生。選民在其居住的選區投票，得票最多之候選人將代表區內每一位居民成為該區下議院議員。

獲得最多席位的政黨遂成為執政黨，組織政府。該黨黨魁經總督任命出任總理。總理通常會從自己所屬的政黨議員中選拔內閣閣員，治理國家。公民在聯邦、省、市選舉中，各擁有神聖的一票。議員要勝選，便萬不可忽視民意。中國人不喜從政，華人人數和華裔議員歷來不成比例，一個華人，如果略有知名度，倘若努力參選，保證有官做。

加拿大青春煥發，欣欣向榮。一張白紙，好寫最新最美的文字，好繪最新最美的圖畫。建國百余載，已廁身世界七大工業國之林，其發展速度目前僅次於日本。但她與發達幾近極限的老牌西方國家有所不同，她是移民國家。自一八六七年立國至今，共吸納了一千四百萬移民。為著解決人口老化問題，每年接受二十多萬移民。在世界各國的移民之中，華人高居榜首。申請名目繁多，種類龐雜，計有親屬團聚移民，商業移民，獨立移民，難民移民。其中商業移民又包括自雇移民，企業移民，投資移民……令人嘆為觀止。以公元二千年爲例，移民部長卡普蘭（Caplan）向國會呈交來年移民計劃的報告，加拿大準備納入二十至二十二萬五千移民，以解決人口不足和老化的問題。其中三萬名難民，五萬六千親屬團聚移民，十一萬三千三百專業移民，一萬六千商業投資移民，一千四百名經濟移民。加拿大相同的是年年都有移民，不同的只是移民的數量。這片沃土就這麼熱情地呼喚著遠方兒女，虛席以待。

加拿大有自由的藍天，有豐富的礦藏，有茂密的森林，有無垠的等待開墾的土地。世界各地有志男女，沓至紛來，如雨迸集，在此他鄉用武，施展抱負，開創美好的未來。

第二節　中加兩國關係

　　中加交往始于何時已無從考證了。哥倫布發現新大陸是一四九二年。法國漢學家迪固安（De Guignes）在研究中國古史時，赫然發現公元五世紀已有華人到達扶桑國。扶桑者，一說乃當今之墨西哥，一說乃當今之加拿大卑詩省。相傳早在公元四九九年就有華人到達如今叫溫哥華的地方，但已無考。若再向前，就要追溯到亞洲人一兩萬年前渡過白令海峽成為印第安人這個事實了。據正式的記載，一八五八年，不少美國華工來加，經維多利亞前往菲沙河谷淘金。由是，史書一般將是年當作華人來加最早時間。一八八一年至一八八四年，美國及廣東省一萬七千名華工赴加修築橫貫加拿大東西海岸的太平洋鐵路。孫中山為著爭取海外華僑支持，于一八九六年，一九一零年和一九一一年三度來到加拿大開展革命活動，受到卑詩省、安省華人的熱烈擁護和歡迎。加拿大對華往來始于傳教，自一八八八年加拿大第一批傳教士來華，到一九五七年最後一位傳教士離開，共有近千名傳教士來華進行傳教活動，歷時七十餘載、足跡幾乎遍及整個中華大地。十九世紀九十年代，大清朝廷直隸總督兼北洋大臣李鴻章曾訪問加拿大與聯邦和地方政府討論人頭稅問題。一九零六年，加拿大在上海設立商務處。一九零八年，清廷於渥太華設立總領事館。不久，又在溫哥華設立領事館。清朝往後，歷屆軍閥和國民政府皆有在加拿大設立外交機構。

　　第二次世界大戰期間，加拿大政府曾向中國國民政府提供了約一億加元的軍事援助，幫助中國抗戰。自抗日戰爭起，旅加華人踴躍支援祖國抗戰守土。一九四一年太平洋戰爭爆發後，不僅華人，而且還有英裔、法裔和其它族裔，捐款捐物，支持中國。一九三七年，白求恩醫生奉加拿大和美國共產黨之命於危難之際，率領一支醫療隊，參加中國人民的反法西斯戰爭。經武漢、延安到晉察冀邊

區工作。後因搶救傷員感染中毒，一九三九年十一月十二日不幸以身殉職。

　　中華人民共和國成立後，加拿大是最早打算和中國建交的國家。不料後來爆發了朝鮮戰爭，加拿大參加聯合國軍。從五零年底志願軍入朝至五三年七月朝鮮停戰協定簽訂，兩國兵戎相見。自一九六九年五月，兩國歷時一年半，經過十七輪談判，終於在一九七零年十月十三日宣布即日起建立大使級外交關係。加拿大外交上一反過去唯美國馬首是瞻的慣例，與中國建交卻比美國差不多早了九年。自此，兩國官方互訪不斷，民間往來頻繁。改革開放以來，中國東渡加拿大求學的青年更如過江之鯽、難以計數。除了八九年下半年雙方關系一度驟冷，中加兩國在經貿、科技、衛生等領域的合作一直都有發展。

　　加拿大華人，牽連著兩岸三地的情感，更令兩國結下不解之緣。

第二章　加拿大華埠今昔

　　唐人街現象很是很奇特的。加拿大五方雜處，歐羅巴、蒙古、非洲，三大人種具全；白人、黑人、黃種人，各色族裔皆有。然而，很少聽說有越南街、菲律賓街，可是不論何處，大抵定會有一個唐人街。好象沒有了華埠，那地方就少了一道風景，就不會成其為一座城市似的。

　　說起海外華人，很難不提到唐人街，那正是我們華僑先輩勞動、休憩、棲身的地方啊。獨在異鄉為異客，因為言語和文化的不同，華人需要互相幫忙、守望相助。特別是需要團結一致，對內排難解紛，對外抵御外侮，捨此難以生存，早期華人實在是不得不聚居在一起。說來可嘆，由於種族歧視，當時華人不能攜帶家眷，只能靠移民來補充，因而永遠都是外來者。史書說，他們在唐人街生活、休息、工作，"處于與外界近乎隔離的狀態"。

　　風雷動，旌旗奮，是人寰。曾幾何時，唐人街打破藩籬，成了華人買菜、購物、遊覽之地。華人居住在城市的每一個角落，成功溶地入了社會。在溫哥華所謂的高尚住宅區西區，很多豪宅已流入華人之手。從唐人街搬往西區，于一個人也許僅是想換換環境，或者近一所好學校，或者只是一念之差，可是對于整個華人社會，卻是百余年的勤奮努力，百余年的艱苦奮斗。

　　唐人街見證了這段歷史。

第一節　溫哥華華埠———個崛立在加拿大西海岸的城中之城

一　溫哥華的興起

　　當年，卑詩省低陸平原林海莽莽、大樹參天——這種景象如今在號稱北美第二大城市公園的溫哥華士丹利公園的原始森林里還可以看得到。在巨大的西方紅杉和道格拉斯樅樹下，走著狼、棕熊、麋鹿……間或還可以看到一兩個身披獸皮、頭插雉羽的印第安土著彳亍枝葉間。林邊的大海上，碧波粼粼，海鷗在藍天翱翔，啁啾鳴叫，偶爾也有大魚竄出水面，激起朵朵雪白的浪花。這幅自然風景就這麼展示了千年萬年，似乎還將繼續展現下去。不料一七九二年六月的一天，一艘大船從天邊揚帆慢慢駛了近來，驚動了恒古的寧靜。疲敝的水手們望見絢麗的海岸風光，不禁歡呼起來！原來，喬治·溫哥華船長為了解決大不列顛政府對這個海域所有權的爭議，進入了伯若德水灣。海岸薩力旭土著紛紛劃著獨木舟，前來迎接他，渴望和他交易。

　　一八八四年加拿大太平洋鐵路將近告竣之際，鐵路經理威廉·範宏來到伯若德海灣。他預見到這個被人們稱為煤氣鎮的地方 "命中注定要成為一個偉大的城市"。當年的溫哥華船長萬萬沒有想到，總經理堅持把這個想象中的未來城市命名為 "溫哥華"。

　　一九八六年，世界博覽會在加拿大溫哥華舉行。一時賓客雲集，華蓋滿街。加拿大西海岸的大口岸溫哥華國際機場上空，大型豪華客機往來穿梭，絡繹不絕。旅店家家爆滿，餐館座無虛席，老闆們賺得哈哈大笑。五洲四海大小國家，紛紛駐員設館。加拿大得天時、佔地利、有人和，自然不甘落後，特為加拿大館設計出以巨大風帆為標誌的加拿大廣場——這個風帆已經成為溫哥華海濱最顯著的建築物陸標——用地鐵將遊客從會址假溪一路風光接往觀瞻。一時贏得好評如潮，出盡風頭。

是時，博覽會主辦人在宣傳上翻空出奇——慶祝溫哥華一百誕辰！也算無巧不成書，原來溫哥華爭得博覽會主辦權之際，正是溫哥華建市一百週年。遊人既可遊覽博覽會，又能參觀本地的慶祝活動，一石二鳥，借以招攬遊客。那時節，溫哥華的橋梁公路、通衢要道，沿途掛滿紅紅綠綠的彩旗，上書 1886。從此，全世界都知道溫哥華的生日。

說起這生日，里面還有個故事。百年多前，加西地區還被叢林覆蓋著，在如今仍稱為水街的地方建起了碼頭，客棧，店鋪，儼然是個象模象樣的海岸小城了。其時，海船汽笛的低鳴，鐵匠釘馬掌的脆響，街頭兜售的叫賣吆喝，余音繚繞；逛街的水手，淘金的漢子，擺攤的女人，往來不絕。一八八六年六月十三日，離溫哥華成為法人組織還不到兩個月，下午兩點十五分突然發生火警。淒厲的警鐘是教堂的大鐘敲響的。開始市民十分詫異不知當日是不是一個被人疏忽了的節日，及至聽到大街撕人心肺的尖叫方才神色陡變。“起火啦！”“起火啦！”人們驚叫著從家裏跑出來，狼奔豕逐，四散奔逃。濃煙翻滾，光焰沖天，火舌從一棵樹舔到另一棵樹，迅猛異常，人行道兩側頓時一片火海。這海又迅猛地向四周漫卷開來。人們看到在楓樹葉廣場——就是現在的甌羅巴旅店那里——火苗從一家著了火的旅店噴出來竟然有三十米之長，頃刻便將附近的大樓全都吞噬了。一時間風助火勢，火借風威，嗶嗶剝剝燒得滿天紅透。縱然全城軍民全力撲救，卻是杯水車薪，也祇有望火而興嘆了。好些人被大火追逼到海灣，急中生智跳上木筏才逃到對岸去。驚魂甫定，還回頭絕望地望著火中的家園。

溫哥華出產木材。伐木、加工是許多溫哥華人的生計飯碗，木頭被用來做家什用具，木質房屋給人們提供了棲身之所，正是吃也木材，用也木材，住也木材。可是水能載舟，亦能復舟。平素對你溫柔嫵媚、百般呵護的東西，也就是最可能置你于死地的。

據查頭天鐵路職工清理地盤之時一度失火，經努力灌救已撲滅。不意因為大意，翌日火場余燼復燃，火勢蔓延迅速，已非人力可為，眼睜睜看著家園煙飛灰滅。僅短短的四十五分鐘，全城喪生二十人，一千棟建築燔于火！正應著中國"不破不立"那句老話，是日被視為溫哥華的生日。

有這麼一幅歷史照片：政府在廢墟上臨時搭了個帳篷辦公，前面釘了塊木牌，上書"市政廳"。

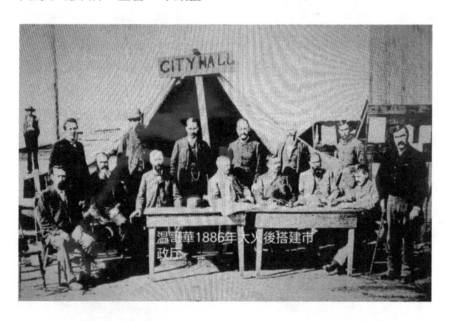

溫哥華1886年大火後搭建市政廳

二　溫哥華華埠風貌

由於便于找工搵食之故，各處華埠大都集中在市中心或火車站左近。溫哥華華埠位于繁華區東面，離火車站也是數步之遙，一九七一年被政府列為歷史保留區，供人參觀憑吊。在片打街一帶一溜全是世紀之初的磚石建築，炫示著年月的久遠，令人不禁想到中國辛亥革命和清末民初沿海華人被賣豬崽跑到異域打工的年代，想到華工淘金築路的歲月，想到海外華人艱苦卓絕的奮鬥。日暮黃昏，如果你在街上躑躅而行，難免會浮想聯翩，感嘆萬千，有一種古道夕陽的感覺。那蓋樓人哪兒去了呢？舊照片上那曾在店賣貨的著旗裝的老闆娘呢？當年拖著一條長辮挑貨講價的大伯大叔呢？如今街上開著奔馳、氣宇軒昂、黃膚黑髮的男女，竟是他們的後裔麼？這麼一想，你就會感到時光易逝、物是人非的滄桑！

光陰不會停下來等我們感嘆唏噓。在人類可以登月的年代，溫哥華華埠也真叫人刮目相看。正如片打街的老樓能夠和煤氣鎮的舊廈競古一樣，華埠的新樓也可與溫城最時髦的建築媲美。歷史保留區的建築只準內部裝修，不準推倒重建，因此上，世界各地的華埠一般都十分古舊，如漁村，似小鎮，象菜市，以至于去過大陸、臺灣、香港的老外們都覺得華埠與中國城市根本對不上號。但是溫哥華華埠的確有點兒特別，它在奇華街以南、魁北克街以西那些"保留法"鞭長莫及的地方，蓬勃發展。甚至于和香港李嘉誠財團購下開發的假溪高層建築群，和國際村、萬國廣場連成一片了。溫哥華人都知道，華埠的鋪租是最貴的，華埠那地方最難停車，華埠的貨物最平宜。所以在那里，你不僅可以撞見揹部相機東照西照的遊客，聯袂拉手聽老師就地開講的學生，還可以看見車水馬龍的繁忙街道，以及澎湃洶涌的購物人潮呢。

三　中華文化中心建築群

中心大樓

長期以來，文化中心沒有永久會址，租用一個比雜貨鋪還小的店鋪處理事物。1972 年，幸得三級政府和五十多個團體大力支持，文化中心開始籌建，并于 1981 年落成啟用。

　　凡有地方特色埠邑多會有些標誌。蒙特利爾華埠有座中國式塔，愛德蒙頓和維多利亞華埠都有座牌樓。位于奇華東街 50 號的溫哥華中華文化中心華埠總部門前，也有一座"中華門"。1986年世界博覽會挺立在中國館面前的，就是這座表現華夏文化的牌樓，會後慷慨轉贈給文化中心了。牌樓用水泥圓柱支撐，襯以漢白玉石座；橫樑上描紅繪綠，雕龍畫鳳；頂部用琉璃彩瓦遮蓋，美觀大方，莊嚴雄偉。

　　大樓是兩層建築。全樓一分為二，東面名曰行政教育大樓。地面是辦公室和接待處。樓上是課室、會議室，是孩子學習、社團開會、協會演講的場所。西面名曰商業大樓，底層是一長溜店鋪，賣些金銀珠寶，文玩書畫，唐山百貨一類。樓上寫字樓是公司上班的場所。中心里活動十分頻繁，書聲，樂聲，笑聲，也不時傳到大街上來。

圖書文物館

　　沒有書籍和知識，文化中心就不成其為文化中心了。座落在中心大樓南面極具民族特色、壯麗堂皇的圖書文物館有三層之高，是加拿大首個以收藏和展出加拿大華人歷史文物為主的文物館。館內經常舉辦歷史圖片、文物、中國藝術及手工藝品一類展覽。也為作家、藝術家、學者們提供了開會、議事、演講的場所。來過溫哥華的作家很多，中國學者劉再復、袁良駿、陳駿濤、牛玉秋、王仲生、龐進……香港作家陳耀南，台灣詩人洛夫、瘂弦、小說劇作家鐵凝、池莉、劉恆、陳忠實、張抗抗、余華、沙葉新、於梨華、嚴歌苓、阿成、項小米、馬森……都到此登場講演過。

中山公園

　　蘇州園林始于春秋，盛于晉唐，繁榮于兩宋。明清兩代多達二百余園林散布于古城內外，如今幸存數十處，開放的僅有十余處了。其特色在于它利用有限的園林空間，因地制宜地采用疊山理水、植物配置等造園藝術技巧，建成滿目詩意、余韻幽遠的山水園林。聯合國科教文組織遺產委員會第二十一屆會議會議對蘇州古典園林如是評說：中國園林是世界造林之母，蘇州園林是中國園林的杰出代表。

　　蘇州有座名園拙政園，為明嘉靖時御史王獻臣創建。拙政園與留園、網師園、環秀山莊四大古典園林被聯合國世文組織列入《世界遺產名錄》。溫哥華的中山公園其實是拙政園的姐妹園"逸園"。

　　那座古雅的蘇州明代園林座落在中華文化中心大樓後面。門前立著一尊孫逸仙博士的銅像。門楣上"中山公園"四個漆金大字，乃系孫夫人宋慶齡親筆所提。

　　從月亮形大門步入園子，即是一方石砌的平台。那是遊人觀魚飼魚之地。祇見碧水如玉，湖中水百合星星點點，妖艷嫵媚，爭奇斗艷。水中金魚錦鱗，追波逐浪，遊戲百花間。你若踏著小園香徑，分花拂柳逶迤前行，過了石橋，便到一座蘇州涼亭。這是遊人照相留影的景點。但見南面竿竿修竹，北面依依楊柳，周圍水波粼粼，岸邊全是太湖石式的熔岩，令人置身夢中：莫非到江浙了麼？真是猶在北美能睹蘇州風光，不到神州可望江南春色！

　　"一曲新詞酒一杯，去年天氣舊亭臺，夕陽西下幾時回？"玩賞林苑，作對吟詩，正是古時文人士大夫的所為。舊時私家園林，常與書齋相連，寄情山水，陶冶性格，以來文思，以得文氣，方可下筆千言。有趣得緊，在園林西面，作為配套，緊鄰著一所古色古香、飛檐畫棟的蘇州庭園。臨湖一座水榭，洞開牖戶，正朝這邊張望！花綻紅蕾，鳥鳴翠柳，耳得之而為聲，目遇之而成色。園林添景，庭園增輝，人面桃花，相映成趣！

公園經過六年籌建，五十六名蘇州能工巧匠，純用中國原料，歷時年余，方竣園。

中國民族建築與歐美的摩天大樓交相輝映在加拿大陽光下。

四 華埠奇觀——世界第一窄樓

世界最大的古代城堡位于捷克斯洛伐克首都布拉格，它呈多邊形，最長處 570 米，平均寬度為 128 米，覆蓋面積 18 英畝。世界最厚的牆是伊拉克已損毀的烏納姆城牆，厚 27 米。北京城中的故宮，長 960 米，寬 750 米，覆蓋面積 177.9 英畝。文萊蘇丹的官邸是世界最大的宮殿，耗資三億英磅，有 1788 個房間以及 257 間廁所，底層還有一個可停蘇丹那 110 部汽車的地下停車場。

但是你可知道世界最窄的樓房在哪里？

據《世界健力士大全》登載，世界最窄建築就是溫哥華華埠片打街夾上海巷的周永職燕梳樓。全樓僅寬六呎。這棟房子自一九一三年就一直挺立在華埠的風風雨雨之中。有兩次它幾乎難逃被毀滅的命運，可它竟熬了過來，你說奇也不奇？有回政府拓寬人行道，要業主拆掉這棟樓，把人行道擴到離牆根衹有六呎的地方，其時業主為三號記老闆陳才。詎料華人業主為爭一口氣，硬是用這六呎的寬度，翻建了這棟樓，以抗議市府沒有對他合理補償。因為沒有違規，市政廳一直也拿小樓沒有辦法！另一次政府要在唐人街修建高速公路，準備讓車流在該樓東窗幾呎之遙的地方隆隆駛過。後因華埠百姓堅決反對，方才作罷。人們說，窄樓是溫哥華華埠頑強生存的標誌，無言地向後人敘述著華人的成功與艱辛！

窄樓除了狹窄還有兩個特點。一是為了增加空間，底層下有一條一百多呎長加寬到人行道的地下室，頂部蓋著能承受消防車的玻璃瓦。下面看得到上面的腳影，上面看得到下面的燈光，甚是有趣。二是在二樓裝修了七個視景寬闊的外凸窗，擴大了樓房的容量。所以樓寬六呎，內部僅四呎，竟不讓人覺得狹小。

窄樓還有一個榮耀，革命先行者孫中山曾住在它的街對面。

五　中文圖書館

筆者讀中學時，老師在教室貼了一條高爾基語錄：“熱愛書吧，她是知識的源泉！”文革時也流行過這麼一句話，“一天不吃飯可以，一天不讀毛主席的書不行。”國人對閱讀的風靡由此可見一斑。

早期華人忙于打工，無暇讀書。當他們的物資食糧豐富以後，必然會追求起精神的食糧來。一九七二年，一些華僑先進在片打東街591號地址建立了溫哥華中文圖書館，為僑胞提供閱讀和借書服務。該館藏有珍貴的華人歷史資料及各類中文圖書兩萬余冊，其質量和數量均超過溫哥華任何一間圖書館，甚至有很多是絕版了的線裝古籍。這個完全靠義工、贊助及會費的圖書館要繳納房租水電，職員要發工資，每周開門七天，服務了近三十個春秋竟然不倒！而且還能頻頻舉行詩歌朗誦、學術講座、寫作比賽等精彩的藝文活動。

六　野火燒不盡，春風吹又生——溫哥華華埠今非昔比

溫哥华唐人街

　　說起加拿大華人就不得不說到溫哥華唐人街。它過去長期是加拿大最大華埠，經歷過華人遭褫奪投票權的年代，身受過兩次反華暴亂，但它也見證了華人為恢復公民權而進行的斗爭，目睹了僑胞一步步興旺起來的歷程。

　　要在西方繁榮的經濟、文化的層層包圍、猛烈沖擊之下，建立一個帶有中國文化、中國特色的唐人街，必將困難重重、險象橫生。溫哥華唐人街建埠百年，經歷了多少風風雨雨，走過了多少萬水千山！

　　唐人街與市中心東區交界，那里人口很是密集，且是木屋。恐怕祝融施虐，市府曾經打算在片打街和奇華街的三百號地段興建消防局。然而那正是唐人街熙熙攘攘的腹心地帶，高樓一蓋，至少要拆掉十幾家店鋪。警鐘轟鳴、水車疾駛，途人紛紛走避，喧喧嚷嚷如遭驚擾的鴨群，半日不得平靜，還成何體統？還做什麼生意？華

埠何來繁榮安定？自從華埠建埠以來，華人與華埠息息相關，在此謀生，在此購物，在此居住，一損俱損，一榮俱榮。突然天外飛來消防局這麼個大怪物，無異于在要害處捅上一刀！華界自然又一哄而起，開公聽會、上市府，群起反對，直至徹底勝利。

　　一度政府為疏導交通想途徑華埠開建一條高速公路，也就是幾乎將窄樓逼死那條。這條寬闊的馬路必會使唐人街萎縮，從而成為一段通衢要道，不再是一座繁榮的小埠。大道通過的鋪面得拆毀、邊周的商店會蕭條，從而影響到人們對唐人街購物的興趣。此計劃由於面對華人的堅決反對，落得無疾而終！

　　華界歷史上曾有個令人談虎色變的“燒臘”事件。由於當時溫哥華唐人街乃是加拿大最大的華埠，承受的沖擊也最大。一九七一年，根據高溫和低溫殺菌法，卑詩省衛生當局規定燒臘食品必需存放於華氏 140 度以上或 40 度以下。烤豬燒鴨的火候十分講究，要求恰到好處，方才鮮嫩。不足則不熟，過火則“老”矣。而且吃燒臘當趁熱打鐵，熱賣熱吃，特別是燒豬表面那層皮，圖的就是那口香脆！要是凍成冰坨儲存，燒臘根本賣不去，業主馬上就斷了生計。唐餐最有特色的食品就是燒臘，燒臘有如唐人街一塊閃亮的招牌。沒有了燒臘飄香，唐人街還是唐人街麼？沒有燒臘可買，人們到唐人街干什麼？華埠幾乎每個雜貨鋪都設有燒臘櫃。燒臘商人為了生存，當即組織了燒臘商會，與政府進行交涉。華商萬眾一心，一度罷市，乃至華埠一片死寂，以作抗議。一九七八年，該項管理條例變本加厲，竟還要推廣到全國去。情況萬分緊急！後來燒臘商會發動了全國數百代表，在華裔國會議員李僑棟先生帶領下，浩浩蕩蕩徑往國會請願。事情頗有點戲劇性，經過二十個優秀廚師一個多小時準備，在國會內舉行燒臘酒會招待了七百多議員，讓他們對燒臘有更多瞭解，知道經過腌制、高溫、烘焙等處理，燒臘食用安全。局勢急轉直下，歷時八年的燒臘事件終於圓滿落幕。

本來中成藥一直被視為健康食品。在聯邦政府多元文化政策的推動之下，中外人士都信服中國的生草藥、草成藥，對其推崇備至。樹大招風，終於發生了 1987-1988 年的中成藥禁運事件。接著發生一些售賣中藥和中醫行醫遇到麻煩一類事情。報紙還登載美國一華商被抄走四十萬中藥，當場暈倒的報道。各城市馬上派出代表冒著風雪往首都交涉，經溫哥華南區參議員菲莎先生安排，與藥品管理局局長協商數小時之久。同時將事情反映到人權部。最後國家藥品管理局對中成藥放松，草藥茶解禁，當歸產品完全放行。

此外，溫哥華華人還面臨文化沖突和種族關系的問題，如華埠可否周末營業？華人房子是否過大？建屋應否砍樹？等等。

"櫻桃好吃樹難栽"，溫哥華華界就這樣退一步，進兩步地前行。

第二節　人有悲歡離合，月有陰晴圓缺——

記維多利亞華埠滄桑

一　加拿大首創華埠之先河

维多利亚风光旖旎

　　由於有海運的便利，維多利亞過去長期是加西第一重鎮。該市唐人街公認是加拿大最早的華埠。一八五零年，菲沙河谷發現金礦，轟動世界。一八五八年四月二十五日，第一艘輪船海軍上將號載來四百五十名礦工，其中包括來自舊金山的三十名中國人。當年六月，美國舊金山商人盧卓凡、張祖等人聞風而動，在維多利亞金馬倫街（現為百週年廣場）上建造了一些木屋，以安頓他們從舊金山和中國徵募前來的華工。此為維多利亞華埠之始。其後，不少美國華僑沿舊金山、西亞圖陸路絡繹北上；更有唐山客源源乘海輪而至。過

了三年，香港金山莊甚而安排桅船一批一批將廣東四邑子弟海運到加拿大來淘金。一八六二年維多利亞建埠時，五千人口華人就佔了三百，而且他們的商業和生產活動十分活躍。這就是加國早期華埠雛型。

當時，卑詩最大的城市乃是北部發現金礦的巴克維爾（Barkerville）。該市一度還是芝加哥以西、舊金山以北最繁華的城市，人口包括非洲、中國、法國、意大利、英美、原住民和其它族裔。由於北部地區已有四千華人，該市其時擁有加拿大最大的華人社區。共有十六家中國商店，包括妓院、鴉片煙窟及八間唐餐館。一八六九年二月六日，當地的報紙《加里步哨兵》如是報道："天朝人民歡欣慶祝他們的新年……燃燒無數爆竹，一連兩天，笑語喧天，舉行各種慶祝活動……"

可惜巴克維爾因金礦采盡于一八七五年開始走下坡，方才讓位給維多利亞。一度風雲際會的巴克維爾逐漸氣數已盡，一九五八年甚至成了政府指定的歷史文物保護區。近來傳聞該市可能仍有余礦可采，電視上播出殘破的街景，幾位老人仿佛"白頭宮女說玄宗"一樣，爭相數說著昔時的繁華。真是天有情、天亦老，春有意、春須瘦，雲無心、雲也生愁！

講得準確點，維多利亞只算得現存最早的華埠。說來寒心，如今巴克維爾沒有了唐人街，人們就不提巴克維爾華埠的往昔，好象它就不曾繁華過似的。

想必是巴克維爾的華人逐漸南下之故，一八八一年，全加人口調查顯示，東部只有零星華人，多倫多十名、滿地可七名，加拿大華人最多的城市是維多利亞與新西敏寺，分別居住了 693 和 485 名中國人。因此，早期的華僑稱維多利亞為大埠，稱新西敏寺為二埠。其時還沒有溫哥華，那里只有一個旁海小鎮格威鎮（煤氣鎮從一八七零年至八四年一度改名為格威鎮），還沒有資格稱埠。

二　盛極一時

　　是時交通靠海船，維多利亞是加拿大西海岸第一站，該市華埠因移民過境而繁榮起來。有人因路過而短住，更多人因華埠的興旺而定居下來。據維多利亞中華會館記錄，一九零零年的一百多家店鋪中，其中每年營業額超過三萬元的就有十間。十九世紀末華人高達維多利亞人口的三分之一，就是余下的也並非白人和印第安土著，還包括日本人及其它族裔。據一九零一年加拿大人口普查，約百分之八十六的華人居住在卑詩省，百分之二十的華人居住在維多利亞。一八八二年，西海岸第一大埠維多利亞六千人口中就有兩千華人，遍地坐賈行商，以及廣東鄉鎮出來的手藝人。據稱華埠擴展至數條街道，有一百多家商號酒館、十一家旅社、三家演出中國戲曲的表演公司、以及醫院、學校、教堂、廟宇或神社，甚至還有十五家鴉片館，賭窟和妓院更比比皆是。真是林子大了，什麼鳥兒都有。放眼看去頗有些麻雀雖小五臟俱全的味道。在一九零八年鴉片法生效之前，加拿大吸食鴉片合法，賣鴉片就如賣衣服一樣，是正當行業。抽鴉片是一種消閒，一種派頭，一種身份，華人好吸鴉片更是赫赫有名的。聯邦和省政府均從鴉片貿易征收的大量稅款，到一八八五和一八九五這十年之中達到高峰。加拿大禁煙比林則徐足足晚了七十年。

　　此時為維多利亞華埠的輝煌鼎盛時期。

　　自一八七五年巴克維爾衰退後，維多利亞華埠即為加拿大最大華埠長達三十六年，後來就漸漸被溫哥華華埠取代了。一九一一年人口普查發現，溫哥華有 3,559 華僑，而維多利亞只有 3,458 名。溫哥華天然條件是地處加拿大西南角半島，為太平洋海岸深水避風良港，人為條件是為貫穿全國的太平洋鐵路西端終點站，便漸漸承

接了以往通過域多利的貿易，成為加西的最大口岸。華人人口不僅趕過新西敏寺，甚而超過維多利亞。然而，百年之蟲，死而不僵，維多利亞華埠屈居第二又竟達四十年之久。一九四一年全加人口普查稱，維多利亞華人 3,037 人，多倫多 2,325 人，滿地可 1,703 人，溫尼辟 719 人，溫哥華 7,174 人，居全國之首。

三　人無千日好，花無百日紅

　　一九四七年排華移民法令廢除以後，入境華人日多。移民已非廣東四邑（即恩平、開平、新會、台山）同鄉的一統天下。六、七十年代港台來客，絡繹不絕；八十年代始，大陸留學、移民浪潮，波濤洶湧。卻都是擇居溫哥華、多倫多、卡加利與其它大城市。自從有了飛機，維多利亞的第一站優勢也輸給溫哥華了，甚至連去維多利亞的乘客都得在溫哥華過關，有的迷戀溫城春色就留下不走了。花柳繁華、溫柔富貴真是難以抵御的誘惑啊，移民非但不在維多利亞立足，反而誘走了本地華人。維多利亞華埠在版圖和人口上大量萎縮。海運的減少和別處的興旺客觀上限制了維多利亞的發展。一九七一年的維多利亞華埠調查很令人吃驚：光陰荏苒，華埠已減至兩條街，人口僅餘 143 人。是不是已完成歷史史命，功成身退了？華埠一片殘花敗柳，夕陽殘照，店鋪倒的倒了，賣的賣了，破舊的樓宇不是定為危樓，就是推倒空置。昔人已乘黃鶴去，此地空余黃鶴樓。怎不叫人感嘆唏噓！

　　縱觀歷史，維多利亞華埠發生變遷主要有三個原因：其一是交通的發達，具體說來是空運和鐵路運輸，使維多利亞失去了地利。其二是別處的發展和興旺，使維多利亞失去了吸引力。其三是華人漸漸從城市走入鄉鎮，滲入每一個角落，不如過去那麼集中了。縱使維多利亞華人比以前多，唐人街也沒有過去那麼熱鬧，因為他們未必住在唐人街。

盡管如此，維多利亞華埠仍是加拿大華埠中最古樸最具有文獻價值的。它有加拿大第一所華人學校、加拿大第一座中國廟宇譚公廟、加拿大第一個華人墳場，它那座名為"同濟門"的中國牌樓，風吹雨打還依然屹立著……因而仍舊是一個十分緊俏的旅遊景點。一九七九年維多利亞市議會在世界華人日多、遊客對中華文化興趣日濃的啟發之下，通過一項華埠修復計劃。經過政府勵精圖治政策帶動，維多利亞華埠居民回升到三百左右，店鋪達一百強。古老的華埠再出現了生機！這是是半老徐娘回眸一笑，還是她返老還童又泛發出青春的光彩？希望她不至于象曾有過加拿大第二多華人人口的新西敏寺（NewWestmininst）華埠那樣杳然無痕才好。

是氣數已盡也好，是絕處逢生也罷，可告慰同胞的是，在維多利亞市市長任上，也曾有過一個華人，姓劉名志強。

第三節　古今多少事，都付笑談中——記加拿大第一華埠多倫多唐人街

一　多倫多的崛起

加拿大華人的歷史，是從靠近太平洋的維多利亞和有深水良港的溫哥華開始的。在一九四七年華人移民禁令解除之前，溫哥華華埠早譽滿天下的時候，多倫多還沒有多少華人。溫哥華靠海，是時華人稱其咸水埠；新西敏寺靠河，華人稱其淡水埠。又稱溫哥華金山，以別于美國的舊金山。蒙特利爾由於是加拿大第一都市，又有一些華人前去謀生。至于多倫多，華僑未之聞也。

多倫多幅員廣闊，南依安大略湖，水源充沛，西臨尼亞加拉大瀑布，電源不缺。環繞在周圍的小城市鎮密密麻麻。難怪北美汽車

製造兩大系統都選在這里建廠。福特汽車廠座落在西距二十哩的屋會鎮（Oakville）。通用汽車廠雄踞東距二十哩的愛沙華鎮（Oshawa）。還有一間國家大鋼廠，距多市也不過四十哩上下。這三個工廠帶動了眾多的零件配件小廠，無數的旅店、酒巴、餐館又有如雨後春筍、遍地開花，來為重工業生產服務。使得多倫多很快就發展成加拿大的一個工業和商業重鎮！

多伦多唐人街

　　多倫多這城市本來在加拿大一直屈居第二，雄據第一的是魁北克（Quebec）省的蒙特利爾市（Montreal）。魁北克是加拿大最大的省份，面積是法國的三倍，原是法屬殖民地。下面的事情很是滑稽，但讀者閱後未必笑得起來。話說魁北克人口中，法裔約五百一十萬，佔81.9%，英裔約五十萬，土著印第安人八萬二千，因紐特人八千。在北美，這六百萬人講法語的地方有如孤島一樣淹沒在兩億七千萬講英語人士的汪洋大海之中。說來也怪，法裔浪漫，多務農打工；英裔務實，卻多從事工商金融，收入懸殊。文化上法裔很擔心會被同化，經濟上又長期處于英裔之下，在魁北克人民黨推濤作浪之下，于一九九五年十月三十日，魁北克全民就該省是否脫離加拿大舉行人民公決。結果近五百萬投票者中 49.4% 投票支持，50.6% 投票反對險勝，但獨立派放話決不善罷甘休，信誓旦旦要贏下屆公決。魁北克的不穩定政治因素導致很多英裔的大公司大企業紛紛遷離蒙特利爾，此弱彼強，通過力量的消長，從此多倫多一躍而成為加拿大最大的城市。

其實蒙特利爾正是維護國家統一的堅強堡壘，當年統一派獲勝全靠蒙特利爾這個票倉，現在還是跟著背上了黑鍋，經濟受到沉重打擊。執省政務的魁北克人民黨罔顧人民生產生活，長期忙于獨立，空拋心力做英雄。也不知獨立派幹嘛不顧國家龍頭老大身份，一定要自絕于加拿大。

其實世界好些地區也與魁北克相似。記得過去越南窮兵黷武，與美國干完又要和中國打仗，人們嘲笑那些好戰分子道：放著東方美女之國不做，硬要來充當什麼世界第三軍事強國！

二　唐人幫唐人

華人有冒險精神，也就是“明知山有虎，偏向虎山行”的性格。華僑到加先淘金後築路。太平洋鐵路告竣之後，一萬多華工得八仙過海自謀生路。他們有的做廚，有的開洗衣店，有的經營雜貨鋪……在僧多粥少的地方，華人不能去搶華人的飯碗，就是去搶也是後來居下、兩敗俱傷。由是不少人自西而東，迢迢來到了多倫多。

你若問我叫什麼？我的名字叫唐人。有的華人就愛這麼恢諧地與西人調侃。唐人的“唐”當是來自盛唐——古時東方一個強大的皇朝。華人當時仇視清廷不稱“清人”可以理解，何以“不知有漢，遑論魏晉”，就不得而知了。華人眾口一詞自稱唐人，很有幾分自

豪感。而稱洋人為西人、老番、鬼佬……"我家老公是鬼"，意謂我嫁給了一位白人。其中那個"鬼"字，多有被誤為蔑稱，其實是諧稱，與"你家有幾個小鬼？"的"鬼"同義。

美不美，鄉中水；親不親，故鄉人。華人到異域總愛聚居一處，是以世界各地都有唐人街。他們血濃于水、團結一致，對"學得胡人胡語後，爭上城頭罵漢人"的數典忘祖以為不恥。老一代華僑，如見同胞與洋人起了沖突，二話不說就衝上去幫忙，表現出來的狹隘民族主義和愛國主義，令人又感動又擔心。華人在教堂街（Church Street）買下了一些雜貨店和餐館，在芝蘭東街購置家宅，此即最初的多倫多唐人街。爾後唐人街人口漸漸發展起來，有的華人就在舊市政府附近添置物業。接著那里的華人店鋪一哄而起，漸次擴大到目前彌敦菲臘廣場及新市府一帶，形成了新的唐人街。而原來的教堂街華埠竟始而式微，繼而湮沒，最後成為一個供人憑吊嗟嘆的歷史陳跡了。

唐人街從皇后街發展，漸漸北上至依利沙白街。其時爆發了辛亥革命，華僑出錢出力，擁護革命，還成立了中國國民黨都城分部。當年于哈格門街（Hagerman St.）購置供同志們聚集鼓吹革命的大樓，後來還做過抗日會，擔挑過救國救亡的民族道義。

三 頂風冒雪的華僑先驅

各埠唐人街無一例外全是興旺繁華的。同胞來幫襯，洋人來觀光，因而形成它特有的優勢，如今各地政府都把華埠當作搖錢樹，百般呵護。可是最初的華埠不僅又髒又亂，而且到處煙館、通街賭窟、遍地妓女，被認為是藏垢納污之所。是先僑百十年來用血汗建設了它！

那時多倫多還相當靜僻，人工也十分低廉，教堂街的物業從一千到五千，憑君選擇。其時人們還不習慣開鋪子，不願冒那個風險。卻說有個麥姓淘金客，在美國發達了北上求發展，來這里開了家洗衣店。店里雇佣了不少男女洗衣槳衫，自己親自駕馭馬車給客戶送貨。那時節洋人的洗衣店都是大老爺也似坐店，姜太公釣魚——願者上鉤！麥先生送貨上門，趁便還將待洗的衣物捎回來。這樣生意還不全給他拉了過來？以後西人有樣學樣也開展送貨業務，然而始終慢了一步。沒有幾年，麥家就暴富起來。

麥先生事必躬親頂風冒雪去送貨，有一回病倒了，吃遍西藥總不見好。後來偶爾看了一回張景憲大夫，幾帖藥就痊愈了。麥先生的生意腦子轉得快，旋而開了家雜貨店，內設門診，兼賣中藥。醫務自然還得請張大夫打理。是為老店泗盛隆，也是多倫多唐山雜貨店行醫售藥之始。國人起而效尤，出現了附設駐診的萬國、利求、中國國貨公司、治安環球……則是後話了。

唐人鋪頭漸漸多了起來，一個鍋裏撈食，可鍋就是那麼點大，似乎難以果腹。具遠見卓識的華僑就到舊市政府一帶開闢新的戰場。最先是將那間叫賭場的劇院買下來改成一家中餐館。果然生意滔滔，食客有如過江之鯽，往來不絕。這又引發了咱們中國人行事一窩蜂的連鎖效應，以後陸陸續續又開了好幾家唐人店鋪。後來華埠向北發展到了依利沙白街，出現了聯僑劇社、中華餐館、治安環球、合記、荔園、華僑、廣州酒家等等。出依利沙白街向左右伸展，成立了中國國貨公司和誠儀。還有一個租鬼麥——猶太人經營專做餐館供應的蔬菜生果公司——後來轉給了永利行，以後再度轉手，後來叫園林飯店了。

登打士西繼依利沙白異軍突起。黃江夏雲山公所和林西河堂齊來染指，將物業下層租人經營唐餐和雜貨。黃江夏雲山公所租與西湖酒樓，成為華埠最大餐館。僑營波房生意興隆，方興未艾。華商買下金龍酒家樓業，樓下出租又開了一家餐館。對面街也開張了一

家餅店和利求雜貨店。街區由此也漸漸興旺起來。此外多倫多有過或正在開業的著名餐館還有珠城酒家、漢宮、萬寶、金城、林棧、新林棧、星偉棧、大華、黃氏、和黃鏞記……

地產業不落人後，也跟著登陸唐人街。捷足先登的是雅來地產，最先設在新林棧樓上，一遷至文華酒樓（今順發酒樓），二遷至登打士街四九七號（今明愛中心），三遷至金都戲院側，四遷至士巴丹拿街。沿著唐人街發展的足跡，順著搵錢的方向，不斷前進！

緊接著出現的是妙路地產，設在登打士西街東北角。可惜好景不常，未幾便告歇業，改營圖書了。

然而唐人地產業在強勁的經濟帶動之下，有如春江水漲，一浪高過一浪。後來又出現了黃伯濤地產、嘉年地產、鳳凰地產、關文地產、梁健雄地產，近期還出現恒生、侯伯建、古道楊、蘇明漢、誠信、先聲等一大堆地產實業公司。

過去華工賺了錢就將鈔票塞進腰帶繫在褲頭，以策安全。後來知道有利息，方才存入銀行。近年來由於通貨膨脹，他們漸漸曉得就是有利息也不能保值，就設法搞投資。以前落葉歸根的觀念因國內投資環境不好使不少華人坐失良機，如今醒悟過來紛紛置業買屋。地產雖好賺錢，亦有風險，主要是能看得出風頭，一著不慎就是幾萬塊沒了。代理好做，競爭卻十分激烈，一雞死一雞鳴，非眼明手快口齒伶俐之輩不能為之。多倫多雖有數千地產從業人員，一直都在更換。有人棄官不做，有人連夜趕場，每年大約淘汰三分之一，又有新人補充，常常是蹉跎幾年還得改行。

唐人街興旺了，銀行也要來分一羹鑾。最早涉足的是帝國商業銀行，蒙特利爾銀行見有利可圖，也來開業。以後各銀行不甘沉寂，沓至紛來。每個銀行都設有華人經理，既可服務僑胞，又可招攬生意。他們陡然發覺,華人不僅勤勞節儉,且是金融大亨。罔顧這個事實,實在是太傻啦。

四 七十二行第一行——餐館

當你移民一下飛機,就得解決一個溫飽問題。此時你人地生疏,肚子又不等人,怎麼辦?其時,我們僑胞早為你安排了一個去處:做餐館!

講起華僑和唐人街,就不可不提到唐餐館。別看那鬼地方煙燻火燎、異味撲鼻,卻正是我們僑胞搵錢搵食的處所,移民登岸的灘頭陣地。我們可以在那里休整一下,補充糧草,熟悉環境,窺測方向。一旦尋到更好的地方,便辭工自奔前程。如今很多華裔孩子讀完大學出息起來,往往視父母做餐館很丟人。殊不知自己卻是吃餐館的乳汁長大的,豈不可悲?

當年華埠餐館裏都是無師自通或偷師學藝的"雜碎廚"。是時本地最大唐餐館西湖酒樓首次從唐山聘來兩位職業廚師主理。其一是譚錫錚老師傅,擅長"窩燒雞"。是為唐餐館有分頭廚、二廚、三廚之始。廚師以下還分炸鑊、幫廚、打雜、洗碗。等級分明,各司其職,井然有序,儼然軍隊一般。

卻說當年多倫多唐人街出現的店鋪就是各式餐館。開初華人去唐人街打工和購物,進食餐館只為充饑,是所謂打個點心,只要價廉肉多,就是好的。後來請來幾位香港師傅,在茶點上帶來了改革之風。肉餡"彎梳"被幾只小巧玲瓏的透明蝦餃所取代,無花果大小的"山竹牛肉"也變成小巧玲瓏的牛肉丸子了。食客抱怨"食不飽",大喊"搵笨"。歷史在不斷前進,我們畢竟已到"食不厭精,燴不厭細"的時代。食客多吃幾次,發覺分量雖少卻其味極佳,終於還是接受了。反而是抱殘守舊、重量不重質那些,面臨著歷史的

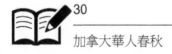
淘汰，因為國人都是美食家，一把嘴刁得很！

大華酒家首創早茶，緊緊跟上的有中國樓、荔園酒家。中國城更帶頭禮聘香港名廚，推動了華人"食為先"的風氣。促進了華埠經濟的發展。有見于華人經濟的蓬勃，曾有西人預言：以後百年，多倫多必是華人和猶太人平分春色！

五　三更窮來五更富

人的基本需求滿足之後，就會追求更高層次的東西。中國人很會賺錢，掙了錢不用，還不是等于沒有？其實會掙錢的人也一定是會花錢的。誰都知道華人通常不會去作姦犯科，但很多華人就有這個毛病，沒事總想摸兩把牌玩玩！

過去大安有個俱樂部，廣恒泰的俱樂部比它還要早，這樣的處所多倫多唐人街有好幾處。唐人街還有一些這樣的地方，白天開了門就是飯鋪理髮鋪，晚上關了門幾個朋友就干了起來，半玩半賭。贏也好輸也好，好玩就好！反正肉爛在鍋里。這類地方可說是數不勝數。入夜，方城開戰，乒乒乓乓的麻將聲此起彼落。

華人愛玩什麼？華人有"國粹"，一是麻將，二是牌九。麻將費時，沒有四五小時還下不來，有點半娛樂性質。一桌四人，一邊下一邊還可以古今中外、飲食男女、生意投資地聊大天。牌九賭注大，基本靠手氣，無巧可耍，一擲千金，萬分刺激，只盼頭尾通殺！賭場之內無父子，一夜下來可以有上千元上落。贏者氣宇軒昂沾沾似打鳴公雞，輸家氣急敗壞惶惶如喪家之犬。倒有點象一種經濟活動了。此外還有人來"番攤"和"麻雀"。贏了要"抽水"，你肯我願現金交易，開館居然也成了一種行業。

俗話說十賭九輸。何也？一來賭桌上總是輸家多贏家少，二來賭館要抽水，三來既使僥幸贏了，必然戀棧，後來少不了還要再輸了去。賭得老婆離婚、家破人亡的事例層出不窮，甚至有把老婆給輸掉的，所以賭徒總是最窮，勤儉殷實的華僑以為不恥、絕不染指。外間傳說華人較為好賭，是誤導。其它族裔斗牌、賭馬、玩彩票，亦有此好。好賭並非取決于人種、而是取決于不勞而獲的異想，可是有人還說這是一種頗為刺激的緊張勞動呢。

六　人在花下死，做鬼也風流

詩云，"數風流人物，還看今朝"。從前的華僑是不帶家眷的。常常是老公出來走南闖北，老婆在鄉里撫兒育女。似這樣，還不等于打單？但是老公也是人，有著亟盼解決的生理需要。聖人都說：飲食男女，人之大欲存焉。俗話也說，人有三急。誰又不是這樣？有時急起來了，還真是急的不行哩！

話說在多倫多唐人街依利沙白和登打士西街東北角過去有間榮氏（Wing's）咖啡店。因地緣關系，出出入入皆唐人子弟，來來往往盡漢家兒郎。然而又還有三兩個唇紅齒白、花枝招展的裊娜女郎點綴其間。是些什麼人呢？原來，這些都是洋妓，知道華人不准帶女眷，來此做華人生意來了。當時賣身合法，人家或有老母、或有幼兒，干此營生必定有其不得已之苦衷，所以人們有"笑貧莫笑娼"一說。

講起來男歡女悅，本族之間最相知，異族之間最刺激。神州小妹，卿卿我我，小紅低唱我吹簫，夜半無人低語時，此種情趣，可以低迴徘徊三日而不絕！異族姑娘，髮澄黃而似金、眼湛藍而泛彩，更兼有一手搔首弄姿扭腰擺臀的絕活，與之顛鸞倒鳳、翻雲覆雨，真是欲仙欲死、此樂何及！

據說燈下看壯士，多一分威風；燈下看寶劍，多一道寒光；燈下看女人，多一分婀娜。所以色衰一點的妓女一般晚上才出來。卻說青天白日有膽出來拋頭露面、敢于暴露在光天化日之下這類洋妞，當是有點本錢的。只見姐兒們一字排開，各叫一客咖啡，低眉順眼目不斜視良家婦女一樣，優雅地架起長腿。不時還努起小巧性感的櫻唇，唧一唧咖啡；間或還挺直如冰似雪的玉頸，攏一攏頭髮。意思是說，喂，你看我怎樣？挺不錯吧？遇上大膽一些的，還敢上前撩撥：「先生吃茶，也不讓讓我麼？」人若相問，她便羞羞怯怯地哽咽起來，自謂是大家閨秀，抗婚出走的；或者說是大學生，假期打工賺點學費。真是「有情芍藥含春淚，無力薔薇臥曉枝」。加上她們嬌滴滴、羞答答，半推半就、欲拒還迎的覥腆，早撩起了客人的飢火。聽這番說話，顯見得是情場老手，任你再老辣的客人也難免要著了她的道兒。可憐迫不及待、心急火燎那些新手，更加會輸慘。

也莫怪人家玩一手伎倆，人家明碼標價，童叟無欺，這種經營方式算得十分誠實了。若是在鳳閣、青樓一類地方，門口標明雛鳳，可能是一只老母雞，摻到碗里就是菜，把客人誆進來再說。這就叫關門打狗，要是客人不滿貨不對板，剛轉身想走，打手就出來攔人了。那時你要得付錢，不要也得付錢。

嬌客進得鋪子，難免會眼花繚亂。但見：嬌滴滴桃花臉兒，高隆隆希臘鼻兒，輕嫋嫋花朵身兒，白嫩嫩水蔥手兒。直叫人三魂出竅六魄飛升。他也先點了咖啡喬模喬樣拿在手上，竟不喝，只把一雙眼睛來瞅那些粉頭，評頭品足，暗暗物色「心頭好」。標準自然是年紀要輕、臉蛋要俏、模樣要嫵媚。見誰使他心頭撞鹿、心猿意馬，就上前搭訕。事情到了這個程度，自然是乾柴烈火，一點就著！按質論價，兩相情願，談妥雙雙徑往附近華人的鐘點客棧。鋪雙枕、放鴛帳，作魚水之歡、效于飛之樂！其嬌嬈風光、旖旎春色、七顛八倒、男呻女吟，自難細細開列、色色描繪。俄頃云消雨止，依依不舍，淫邀艷約、山盟海誓自然是少不了的。其後，男的買瓶蛤蚧酒，一副牛鞭，慢慢回家將息。女的重勻脂粉，再畫雙眉，徑回咖啡館候客。

其時神女流鶯多晚上出動，各據街角，見客就拉。一不留神跌進花籃，進去是錐牛打虎的生猛漢子，出來是蔫頭耷腦的快快病夫。數十年前，多倫多不少三瓦兩舍、花街柳巷。教堂街有間頗具規模的妓院，唐人稱之"雞竇"，內中美女雲集。客人進來先看貨，任人評頭品足，憑君挑肥揀瘦。洋妞膚白眼藍，一對眸子有如兩顆寶石，顧盼生輝，滴溜溜地亂轉。見之而心旌不動者，非男子也！

洋妓也喜歡華人。一是照价付款，不會睡霸王覺。二是憐香惜玉，不會鞭打繩綁做虐待狂。三是客情好，賞錢足，一時興起，抹下金介就予人；有了百日之恩，必定信誓旦旦，不會另結新歡。

聘則為妻，奔則為妾。聽說有個美妓跟了華人，遠走高飛隱姓埋名，從良做了賢妻良母，你說奇也不奇？

難怪神州鄉下多少帶崽婆，依閭相待。望斷天涯路，不見夫君歸！

請不要苛責我們的先僑，是時拜賜于加拿大當時的排華政策，華僑男女之比為 10：1。

第四節　在英法兩大族裔的夾縫中生存——記蒙特利爾唐人街的艱辛

蒙特利尔唐人街

　　在一九九五年十月三十號的魁北克全民投票中，統一派險勝。獨立派哀嘆道：主要是忽略了少數族裔票源。當時，法裔有五百一十萬，英裔五十萬，來自八十多國家的移民約五十萬，土族九萬。在五百萬票中，約二百四十七萬法裔投了獨立票。在以蒙特利爾為大本營、靠結成聯合戰線取勝的約二百五十三萬統一票中，法裔佔了三分之二，英裔、土族和所有其它共約五十萬少數族裔約佔三分之一。而華裔就是第一少數族裔。蒙特利爾華人對國家統一作出的貢獻如此巨大，可是唐人街卻日薄西山、每況愈下。真是情何以堪！

　　蒙特利爾開埠早，華埠的歷史也悠久。一九一一年華埠已經有些規模了。可是地久天長，大多數商號都煙消雲散了，風韻猶存的僅有良棧和泗盛。泗盛老字號的招牌未倒，但已轉移它處經營香煙，可謂前人種樹後人乘涼，老闆仍是創辦人的後裔。良棧最擅長經營臘腸，說起來真是關公面前耍大刀，它的唐山香腸不光暢銷北美，甚至竟然還敢出口到香港去呢。

那時蒙特利爾是加拿大第一大埠，蓬勃的經濟和無限的生機吸引了無數華人前往打天下。自五十年代起，蒙特利爾唐人街也象別處唐人街一樣開始興旺，物業價值不斷提高。可是到七十和八十年代，唐人街三度受到削弱。一為市政府闢建和新建馬路，又興建了一座叫做 Place Guy Fareau 的多層式寫字和住家大廈。附近拆掉了很多華人商店、教堂、食品加工場。二為名為 Place Du Quartier 的大型計劃大動土木。又逼遷了無數華人商家和居民。三為興建蒙特利爾會議中心（Palais Des Congress），征購大片土地，扼殺了唐人街的發展。

此時唐人街已經到了生死存亡的緊急關頭，拯救華埠必需刻不容緩進行。可惜華埠依台海兩岸政治而形成的兩派團體仍在明爭暗斗、互不相讓，無法聯合一致維護唐人街的發展和生存。鷸蚌相爭，漁翁得利，難免遭人分化瓦解、各個擊破。雪上加霜的一九七五年，魁北克省宣布法語是該省唯一法定語言。這不啻一枚炸彈。在與英語省份相毗連的地方，不思加強溝通、互助互惠，反而罷黜英語、獨尊法語，其可行乎？那時，外省人來蒙特利爾竟看不懂路牌。在此為淵驅魚、為林驅鳥的自殺政策影響之下，當下華商絡繹不絕聯袂遷移的有千家之眾。

一九八零年九月，一群華人中的有識之士組成了華人社區聯合中心（簡稱 CCC），立即著手工作。第一步就是計劃將 Laguchetiere 街改建成步行街商場。後來市政府也同意了這一建議。

在加拿大政府重申《官方語言法》（意即強調英語也是官方語言）的一九八二年，市政府允許唐人街設立中文路牌、又撥出三百五十萬給華人社區改善市容，用于植樹鋪路及建立兩個中國式牌樓。政

府也意識到，為推動經濟，華埠應該有華埠的特色。

一九八四年十月市政府通過 6513 法案，Lagauchetiere 與 St.Laurent 街以東地區劃為住宅區，不能商用。如果大家只是住在一起而沒有經濟活動，華埠的繁榮從何談起？華人的憤怒迫使政府在翌年八月修定該法案，允許該區部份地皮可作商業用途，作為妥協。

蒙特利爾華埠就這樣艱難曲折地發展著。

第五節　從自立門戶到溶入社會——渥太華唐人街展望

黃帝子孫有股闖勁，渥太華既為一國之都，固當前往一覷究竟。所謂唐人街者，乃指華人集中，聚居而成街的意思。現在的渥太華唐人街是一九八零年第一批船民抵埠時開建的。當時的市長 Marion Dewar 吸收了大約四千名越南難民，講粵語的越南華僑。他們很多人就居住于商業區的 Somerest Street West。那里一度是意大利人的街區，後來漸漸空了出來，華裔越人就趁虛而入。他們在該地開了幾家餐館、雜貨鋪、洗衣店，象上海飯店一類享有盛名的鋪子就一直營業至今。

過去唐人街是在阿爾拔（Albert）街，其時僅有四間餐館、一家雜貨鋪、若干零售店而已。羽翼未豐，方見端倪，壯志未成大業，旋即為現代化的高樓大廈所取代。只道華人店鋪由此而煙飛灰滅，詎料它們已相機遷入市中心 Kent 街和 Bronson 街之間一段 Somerset 街區，打開新的局面去了。

　　加拿大的大商家大公司，都愛做開名車、穿名牌的富人生意。唐人街的小業主，卻選擇薄利多銷，專門做勤儉持家的窮苦人生意。原來那段新的唐人街，屬於低收入地區，聚居著很多各族裔新移民。他們多是中國人、越南人、印度人、阿拉伯人。受到語言的限制，他們只得自此謀生。就靠了這些死心塌地的基本群眾，唐人街這使得雜貨和租屋生意有了市場，餐館飯鋪熙熙攘攘，甚至一些雜貨鋪晝夜營業。自七十年代末，越來越多的投資者看好這裏，唐人街就漸漸發展繁榮起來。

　　一九八零年四月，市政府把該區定為重新發展區，從此區內蓬勃起來，高樓大廈紛紛動工、雨後春筍般聳立起來。高達八層的華人社區大廈、社區大會堂和圖書館、餐館、雜貨店、花鋪、禮品點……參差錯落、鱗次櫛比地崛立在市中心，形成了新的渥太華唐人街。

　　一九八六年，正當華埠精英、社會賢達建議把華埠辦得更有特色，更有聲色之際，區內其它少數族裔也發出很大的聲音。他們要求把該區造就成一個多元社會和旅遊景點。說來也是，只要興旺蓬勃就好，一個區又哪在一個名字上頭呢？看來，這里將成為一個多元文化的大熔爐，已成必然之勢！

　　書曰：分久必合，合久必分。加拿大唐人街有個共同特點：它們從社會脫穎而出，形成帶有華人特色的繁榮景觀，可是無論你怎樣壯大，最終都還會溶回到加拿大社會里面去。是以維多利亞華埠，岌岌可危；新西敏寺華埠，早已不存；溫哥華唐人街，遍地垃圾；渥太華華埠，今又告急。用古老的傳統文化，與新科學、新思想、新潮流相抗衡，未免也太自不量力了吧？然而，諸君大可不必感嘆唏噓，杞人憂天。這正是"天若有情天亦老，人間正道是滄桑"啊！

第六節　民主精神建華埠——記卡加利唐人街

卡加利唐人街

　　在加拿大華人與日俱增、華埠不斷湧現的大好形勢之下，卡加利華埠也應運而生。半個世紀前華埠初具規模，座落在弓河（Bow River）南岸，由中間街（Centre Street）劃分為東西兩大部份。在一九四五年到一九六六年間，政府數度動議拆遷華埠以作它用。後經商人、專業人士、廣大市民的反對方才作罷。這群精英後來組織起來，一九六九年成立了卡加利華人聯會（UCCA），其宗旨為：一、團結卡加利華人社區；二、保障唐人街之存在及反擊任何外來威脅；三、推廣中華文化及積極參加社會活動。

　　加拿大三級政府逐漸認識的華埠的形成無疑會給地方帶來繁榮，一九七六年通過了重建卡加利計劃。不僅撥款津貼，還批出四十九英畝土地來建造住宅大廈、辦公樓和政府部門辦事處。四年過去了，華埠舊貌變新顏。商店、旅館、酒樓茶肆琳琅滿目，醫務所、會計師樓、律師行隨處可見。華人為華埠的發達興旺甚感驕傲和自豪！

外敵當前之際，華人會一致對外。然而海晏河清、歌舞升平之時，華人就會來解決內部紛爭了。邁入八十年代，部份華人建議在華埠以內允建高密度樓宇，以跟上時代的步伐。政府也允以考慮。但也有人認為商用大樓應該高密度，但居住環境應寬敞舒適，反對興建高密度住宅。政府左右為難、頭疼不已。經專家提供意見，居中調停，遂決定唐人街市中心部份保持中至高密度，而外圍地區則允建高密度商業樓宇，算是順從了民意。

家和萬事興。自此，卡加利唐人街便以嶄新的姿態向前發展。

第七節　總把新桃換舊符——記愛民頓唐人街

愛民頓唐人街

過去愛民頓唐人街座落在市中心九十七街、一百零二道夾乍士柏道（Jasper Ave.），面積不大，卻與聯邦政府許多辦公樓毗連，

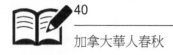
是商家必爭之地。

這麼好的地段以前竟然沒有好好利用，何以？原來政府早有意用這地盤重整部門辦事處，又因財政支絀遲遲沒有動手。看似花團錦簇好不繁榮，只待時辰一到那片建築就要拆個片瓦不存。那叫做武大郎吃藥，吃也死不吃也死！舊華埠就象宣判了但未有執行的囚徒一樣，哪還有一點活氣？華商洋商任誰也不敢往裏面注資。整個華埠也不過是在挨著日子罷了。

這一天終於來了。一九七三年七月政府重下決心，華界再次轟動起來。華埠要拆掉，愛民頓還是愛民頓麼？天下可以沒有你我，不可一日無此君！愛民頓華商會舉行了一個公眾聆訊會，公開表示反對。并慎重聲明：如果政府征購這片土地，必需在 101A 道和 102 道交界處重建華埠。由於反對聲浪高漲，政府惟有擱置了拆遷計劃。這一回，就不是財政問題了。

一九七六年，阿爾伯達省政府出資興建位于 102 道樓高十一層的華人耆老大廈（Chinese Elders Mansion）。趁此良機，華商聯合十五個華僑社團代表，研究遷移和發展唐人街的可能性。在初選的五個未來唐人街地點中一致選定華人耆老大廈所在區域。該區不僅有大幅極具潛力的空置地皮，且鄰近華人聚集的九十二和九十三街。計劃牽涉到拆遷全部舊唐人街以及 102 道和九十六街一帶公四條街道面積的龐大工程。市政府一九七九年原則上同意了這一計劃。不破不立，破，立也就在其中了。到了一九八六年，愛民頓舊唐人街進入歷史，一個全新的唐人街從而誕生了！

愛民頓唐人街的變遷使人想到王安石的詩作《元日》，詩云：爆竹聲中一歲除，春風送暖入屠蘇。千門萬戶曈曈日，總把新桃換舊符。

第三章 任勞任怨的同胞公僕

俗話說，物以類聚，人以群分。人總是以相同的利益而結合在一起的。華人漂洋過海來到異域打天下，因了相同的語言、文化、種族，有其共同的利益。為著對內排難解紛、同舟共濟，對外同仇敵愾、抵御外侮，華人自然也和其它族裔一樣，必定組織自己的團體。

一個人到了異域番鄉，有話聽不懂，有字認不得，到處是奇風異俗，到處是陌生的面孔，心里自是不寒而栗。這時，若有操著鄉音的人，幫你作翻譯，幫你尋找工作，介紹你認識同文同種的朋友，大家互相幫忙、共計未來，你心里就會感到親情和溫暖。

華人社會，過去、現在、將來都是當地華人生存的營地、情感的歸宿和精神的寄托，也是中華文明在海外的灘頭陣地。

第一節 華人社團

一 起源與組織

加拿大華人的第一個社團是一八六二年在卑詩省的巴克維爾建立的兄弟會（Fraternal Association）。也有一說叫同順堂。這種組織源于中國的民間組織，很有些黑社會的味道，顯示出他們自治自決的意向。最初是一班血氣方剛的青壯華人，屢見當時西人流氓欺凌華胞，看不過意，憤而結成這個組織。他們常常為鄰里鄉親出頭，與白人進行訴訟。內部則武斷鄉曲，私了官司，甚至到外地給當地華人解決爭端，如果那邊提出邀請的話。然而這類服務原來是收費

的，不過所得都要用于會務。後來因為良莠不齊、魚龍混雜，漸漸改變了打抱不平的俠客性質，反而欺壓普通善良同胞，敲詐勒索，僑胞苦之。不久，又有一幫有志之士，將其改組為洪門致公堂，發揚民族思想，為華人謀福祉。一八九七年起，一些頗有影響的華人組織洪門（Hung-men）在維多利亞或周邊城鎮活動，這些組織很可能就是洪門致公黨的分支。他們是為新來乍到的成員安排住宿和膳食，擺平礦工之間、華商之間的爭拗，規定不得互挖牆角互搶飯碗，淘金發現好礦要與同伴們分享等等。

簡直不可想象，這些組織都是源于當時的三合會（The Triad Society），也就是天地會。三合會取"天時、地利、人和"的三合之意，天地會得名于其聚義誓詞"一拜天為父，二拜地為母"。其時，中國的社會組織多如牛毛，相傳清初顧炎武等明朝遺臣因《詩經》有云"豈曰無衣，與子同袍"組織了袍哥；曾國藩部將林鈞組織了紅幫；民族英雄鄭成功，不僅從荷蘭殖民者鐵蹄下一舉收復台灣，其後為复明大業依照水泊梁山故事成立了哥老會……這一類社會會堂組織，在社會環境發生變化時也不斷嬗變著，向下就沉淪為打家劫舍的黑社會團伙；向上的就升華成進步革命的政治團體，如美國檀香山孫中山的興中會，湖南長沙黃興、宋教仁的華興會，上海蔡元培的的光復會。後來上述三個會聯合成立了中國同盟會，也就是此後一度號令全國、後來敗退台灣、如今在世紀之交雖有六成民眾支持，大選依然落敗被迫下野，目前氣數已盡、強敵壓境、內爭不斷的中國國民黨。

當今港台的三合會已成人們談虎色變的黑社會團伙，香港警司還專門設立了一個三合會調查科，然而當時，他們還是一個前僕後繼反清復明的地下組織呢。自一七八七年至辛亥革命期間，三合會參加過無數反清起義。清廷一再取締的所謂"會黨"，"會"既是指民間組織；"黨"既是指革命團體。當年，廣東洪門會也曾響應洪秀全太平天國革命，失敗後，為著避禍逃生，藏匿海外，以圖東山再起。很多人就加入了淘金者行列，來到北美。以至于孫中山三度來來加拿大鼓吹革命，華人一呼百應，擁戴共和！洪門有五個分支，據說是由五個和尚創立的。依據加拿大洪門的識別符號，他們似乎屬於中國洪門的第二分支，這幫人馬一度在珠江三角洲十分活躍。海外華僑在中國革命歷史佔有重要的地位。加拿大的洪門和致公黨，今猶在焉。

如今加拿大的社團層出不窮，估計約有十七萬五千個提供不同服務的義務團體，共約一千三百萬義務工作者，平均每三個加拿大人之中就有一名義工。早期的華人社團也經歷過千奇百怪、各式各樣的形式，後來日趨正規化、官方化，慢慢形成了現在的這個樣子。然而，幾乎所有的研究結果都異口同聲指出，不論采用的名字如何堂皇時髦，他們也還是當年草莽英雄的後續者。

一　中華文化中心

古人云，"養女不教如養鳥，養子不教如養豬。"物質是基本需求，固然是人須與也不可或缺的。但人在物質上一旦得到滿足，再不追求精神文化，那與禽獸何異？。

自七十年代初，加拿大華人數量急速發展，對活動場所與設施的要求日漸迫切，溫哥華華人社區便產生了興建一個文化中心的念頭。後在政府和五十餘個社團的主持下一九七三年成了"中華文化中心籌委會"，次年正式注冊成為合法團體。

創會之初，該會只能租用華埠一間小店鋪辦公，經過一連串的籌款活動，七九年開始興建行政教育大樓及商業大樓，並分別于八零和八一年啟用。自此，文化中心一直在片打東街五十號運作。一九八六年，中山公園正式開發；同年林思齊禮堂竣工，也投入服務。

一九九三年，同一街區的文物館落成。

一九九一年，因應華人發展需要，文化中心在列治文市開設辦事處。

除了溫哥華，多倫多等加拿大其它大城市也不斷成立文化中心。各市文化中心也曾經開會統籌服務及協作。

中華文化中心自成立以來為華人社會作出了極大的貢獻。

一，弘揚中華文化。文化中心向海外遊子以及本地對中華文化有興趣的人士開辦各類學習班。如，教授中文、國畫、民族舞蹈；開展書法、美食、玉器識別等國學國粹探討，使中華文化後續有人，薪盡火傳。中心和作協、藝協、美協聯合舉辦的演講活動數不勝數。

二，促進中西文化交流。多年來經中心聯系介紹而來演出的中國文藝團體不計其數，增進了國內外人民的瞭解和友誼。

三，團結各社會團體，舉辦社區文化藝術活動。每逢佳節倍思親，一到春節元宵、中秋十五等節日，文化中心或者單獨，或者聯合其它社團，舉行一些文藝演出、舞龍舞獅一類喜慶活動。

文化中心雇請了二十多位全職或兼職職員，擁有好幾棟大樓，頻頻舉辦活動，開支必然龐大。但是和加拿大別的社團一樣，經費基本得靠自己解決。中心的經濟來源，一靠會費，二靠籌款，三靠物業租金，四靠社會贊助。基本靠自力更生來承擔弘揚民族文化的大任。

溫哥華文化中心是社團之中籌款最多的組織之一，其影響力亦可見一斑。

溫哥華中華文化中心地址：

50 East Pender Street Vancouver,B.C, Canada

電話：（604）687-0729

二　中僑互助會

　　如果你是一個甫到加拿大的新移民，領著一堆哇哇亂叫的孩子。不會英語，沒有工作，眼前還有申請工卡、醫藥保險、牛奶金以及孩子讀書一類亂七八糟的事情，怎麼辦呀？別著急，我給您出個主意——找中僑！

　　溫哥華中僑互助會成立于一九七三年，當時由於不少移民礙于語言和文化的的隔膜，未能享用醫療保健、教育、就業及其它社會資源。為了加強新移民與主流社會間的溝通，讓他們盡早安頓下來，建立新家園，一些熱心的華人組建了中僑互助會。

　　這個組織是半官方的。其三分之二的經費來自政府資助。職能是幫助有困難的新老移民找工作、申請失業金、醫療保險、救濟等福利。在幫助移民申請入籍和準備考試方面，中僑可謂竭盡心力。每逢四月報稅的時節，中僑進進出出都是幫低收入人士報稅的義工。中僑每年一度的百萬行活動，為溫哥華慈善機構籌集到大量款項。中僑還積極組織諸如"學校與家庭聯系計劃"等一類活動，與三級政府及其它社區組織密切合作，開展社會工作。這些活動看似等閑，但當人地生疏的新移民奔往中僑求助的時候，總有一種迷航時望見燈塔的心情。

　　中橋互助會還歷盡艱辛建立了一座老人院。讓不會英語，不慣西餐，懷念中華文化的華人老來有個理想的歸屬。百餘床位，是大溫地區僑胞長者的首選，等候排隊時間最長。

中僑在迅速成地長壯大。如今在大溫地區已設立了十五個辦事處，數十名理事，兩百多職員，六千五百多義工，一萬六千六百多會員。

地址：28 West Pender Street,Vancouver,B.C Canada V6B 1R6 電話：（604）684-1628

三　中華會館

最早的社團是兄弟會一類自發的地下組織。第一個以社區為基礎、正兒八經的華人組織是于一八八四年在維多利亞成立的中華會館。與以家族或同鄉社團不同的是，當時中華會館已具有現代社團雛型，是以代表整個華人社會，以為華人謀福祉為宗旨的龐大組織。在中國領館成立前，中華會館簡直就是華人社會半官方的發言人。幾乎在所有唐人街的城市都會有個中華會館。

溫哥華中華會館

溫哥華中華會館成立于一九零六年，注冊立案為公益慈善團體。其宗旨和目的在于對內聯絡感情、排難解紛、辦理慈善，以加強華人社區之團結合作；對外則敦睦邦交，爭取在加華人之正當權益及平等待遇。

華埠的大型活動，常常都是中華會館、中華文化中心、中僑互助會、華埠商會這四大僑團聯合領銜主辦的。

中華會館成立後在會所設立醫院，贈醫施藥，開辦華僑學校，施粥賑濟，抗議政府施行"四三"移民苛例，籌款支持中國抗日，爭取僑胞選舉權，參與爭取廢除政府對華人的移民苛例，歷來反對種族岐視，籌款支援中國抗災……等一系列社會活動。

地址：108 East Pender Street,Vancouyer,B.C.CanadaV6A
1T3 電話：（604）681-1923

加拿大安省中華總會館

加拿大安省中華總會館（Chinese Community Centre of
Ontario corp）成立于一九四七年六月，其前身為安省華僑抗日救國
總會，乃是安省愛國僑胞為著抗戰守土，慷慨捐輸，聲援祖國自動
組織起來的唯一團體。日本皇軍投降，抗戰硝煙散盡後，志士仁人
就把那政治團體改為華人聯誼團體，發揚華僑的民族和互助友愛精
神，爭取僑胞權益，改善華人與其它族裔的關係，以樹立新一代華
人形象。一九五七年七月十日該會注冊立案成為一個慈善團體，負
責統轄安省各處的中華會館，使之秩序井然，發揮效率。該會知道
宗旨是：發揚中華文化，奉行三民主義，促進中加交流，伸張人權
正義，崇尚自由民主，辦理慈善公益以及謀求僑眾福利。

四　華人商會

多倫多華商會

多倫多老華僑都知道，多倫多過去只有一個華商會（Toronto
Chinese Business Association），主要活動在登打士街和巴丹拿街
一帶的中區唐人街。當時是只此一家，別無分店，因為華鋪不多，
基本也可以代表得過去。而現在為了不至于弄混，只能稱其為"中
區華商會"了。說起多倫多各區迄今成立了的各式華人商會，可真
是數不勝數，大有一哄而起，如火如荼之勢。

時勢造英雄，讓我們先看看多倫多華商會的由來和功勞。

組織是社會的需要才產生的。話說多倫多華人一貫奉公守法、
勤勤懇懇，只道努力本份，不愁沒有生活。不少華人甚至以搞社會

活動為一種花哨，華而不實。真是螳螂捕蟬，黃雀在後，大家埋頭賺錢，誰也不曾想到，自己的生存正面臨威脅。一九六七年，市政府突然通過一個決議，將華埠改成特區，有權征購華埠的土地。這樣，誰還敢向華埠注資？生意總是先賠後賺的嘛，所以說做生意要有眼光也就是這個意思了。一旦你買了樓，里面也裝修完畢，打斷牙齒和血吞，就等著開張賺回來的時候，也許政府的信函也就到了。市府會十分抱歉地說，為了大多市的整體發展，您的地皮，哈哈，我們征購了！

　　政府就象一個喜怒無常的美人，朝三暮四、朝令夕改。然而她一顰一笑、舉手投足，都牽動著人們的神經。曾有一個移民，為著生計，買下一片空地做倉庫買賣舊輪胎。後來政府改例，那里變成了高層建築區，上面蓋起一座二十多層的豪華酒店，地主擁有五分之一股權，驟富起來。大家一定知道，多倫多、溫哥華本來地產看漲，不料前幾年聯邦突然搞出一個什麼"海外資產申報"，弄得港台大批人回流。政府自然沒有收到什麼稅，羊肉沒吃到，反惹一身羶。但城門失火，殃及池魚，回流人賣房子，又導致地產投資人大觸霉頭！一下房價折掉四分之一。此即人算不如天算，非戰之罪也！有的地產投資者急得真想跳樓投海。

　　古人云："天下無害，雖有聖人，無所施才；上下和同，雖有賢者，無所立功。"這也是時勢造英雄的意思。再說回政府計劃把華埠列為特區，這一下非同小可！當下華商召開了一次座談會，商討應變對策試派代表向市府探詢，果然卻有其事。一向與世無爭的華商迅速行動起來，林善堂先生、簡家聰律師、雷鴻飛、溫仲及林黃彩珍女士等十二人組成了拯救華埠委員會（Save China town Committee），代表華埠商家與政府交涉。其時的房屋建設委員會主席是市議員史登堡。捫心而論，多倫多華埠發展已十分困難。東西南北皆遭受高樓大廈團團包圍，似乎到了山重水復的境地。可是怎麼說，不盼發展只圖生存，應該沒有問題，總算聊勝于無吧。拯救委員會發動了一支一千三百多人的隊伍，浩浩蕩蕩開往市政廳請願，并在會上踴躍發言。結果此法案如願遭到否決。其時房屋建設委員會也不是專和華人過不去，只是不大明白華埠對于華人的重要性。事情一說清楚，兩方握手言歡，以後事關華埠市府就主動接觸華人征詢民意。

事件平息之後，華商們業經組織起來，卻又覺得原來的名稱不大穩便。古人有云"定海內者無私仇，勿以前事自疑"。事情既已過去，也不要搞得火藥味濃濃的，與人結怨，眾人一致同意把名稱改作多倫多華埠商會（Toronto China town Businessman Association）。初期有十二位會員，不意華商聞風而至，一下多達五十余位。而且很多並不在華埠經營。眾華商只好再一次又將會名改為如今的多倫多華商會。現在華商會"商業單位"會員已經超過一千多位，可算是七十二行、行行在會。

華商會成立于一九七一年，主席基本是輪流作莊，甚少連任。首屆和二屆主席是林善堂，其後依次是簡家聰、黃伯濤、溫仲、葉敬國、楊燦明、黃偉才、李棟基、任志偉、簡慧兒……但有一個不成文的規矩終是相沿成習了，無論誰做主席，公務照干不誤，但個人的活動開支，包括車馬、膳食、請客、送禮一概自負，以示勤儉，以昭清廉，以獲公信。這給僑胞一個很清高、很得體的印象！

華商會與政府部門始終保持密切聯系。曾建議在華埠增設停車表。政府要求新的國際衡量和法文商標的時候，華商會亦爭取到容許華商將存貨售罄為止。經過斡旋，統一了華人對華埠街道譯名的分歧。該會還為制定移民法例提供意見，替華裔移民爭取到與歐裔平等的待遇。當年華埠周日營業和把華埠定為旅遊區也與華商會的努力活動極有關系。

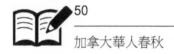
華商會的存在令一切毀壞華埠的妄圖知難而退。它成長的過程象是在告訴華人，如果你不關心、不參與本地政治，你利權益必會大大受損。從來就沒有什麼救世主，也沒有神仙皇帝，自己的權益只有自己去爭取！

此時，華商們面臨著一個左右為難的新課題——應該聯合行動還是各自為政？

（中區）華商會成立于一九七六年，創會會長為溫仲先生，後任分別有葉敬國、黃偉才、黃伯濤、簡家聰、楊燦明，陣容十分強大，全都是華界賢達，社會精英。爾後多倫多產生華商會的區漸漸多了起來，計有東區、士嘉堡約克區、麥咸區、密西沙加、數不勝數。有事後諸葛亮評說，倘使當年決策者眼光如炬，將華商會範圍涵蓋整個安省，各地華商必然紛紛歸附，到處建立支部。似此，倘若有事，一幟高張，八方響應，豈不善哉？結果還真有人就聯合之事進行了討論，不料眾說紛紜、莫衷一是！原來，一個組織，若要運作自如、群眾擁戴，全在于財政的籌措。小組織開支少，大組織花費多，這筆錢從何而來？歷史是很難走回頭的。當初華商會或許力量有限，或許並無必要，沒有全省化。如今各地華商會已經組織起來了，各有各的山頭，各有各的勢力。大家辛苦打拚，搞出自己的經費，自己的組織，自己的會所，自己的成員，忽然一下要它把這一切統統交出來，統一在前途未卜的什麼"安大略全省華商會"之下，誰肯干呢？再作深一層思考，假使統一起來，人多勢眾，內斗可以調解，外爭可以斡旋，戰無不勝、攻無不克，固然是再好不過。可據我們國人的經驗往往是適得其反。人員多了難免婆婆也多，組織大了必然人浮于事。婆婆多了就會無所適從，人浮于事就會互相推諉。甚至可能因為一些小誤會而磨擦起來，叫你清官難斷家務案。如果聯合得如此松散，那就還不如不聯合了。

既使是各自為政的華商會似乎也工作得很好。華商會競相成立，象徵著華商在社團中的重要地位。華商會成員是商人，但服務卻包括了福利和文化等各個方面。士嘉堡約克華商會就曾先後爭取放寬假日營業法例，主持華裔公民入籍歡迎儀式，舉辦商業講座及研討會。密西沙加華商會也曾推廣加拿大香港節活動，舉行新春晚宴，還經常舉辦文娛和工商研討集會。東區華商會身體力行，改善華埠市容。中區華商會籌辦一年一度的龍舟節活動，廣受僑胞歡迎。

過去中區華商會還曾經繁衍出一個"餐館同業會"（Toronto Chinese Restaurant Association），在楊燦明任內易名為"安省華商餐館同業會"（Ontario Chinese Restaurant Association），從此以後，一直是餐館業共同認定的代表機構，為餐館勞資謀求利益。此舉可為眾華商會借鑑。

大概，最理想的結果就是成立一個這樣的總商會，既能統一規劃華商的協調行動，又保持地區商會的蓬勃朝氣，在新的紀元里，領導華商前進。創建這麼一個完善、高效率的強大組織，應該是多倫多華商的美好願望。

渥太華華商會

渥太華華商會成立于一九八四年，約有一百五十商號會員，代表了渥太華各行各業的華商。創始人李錫榮是六十年代末移居加拿大的移民，是個儒商。他最初就讀于 Kingston 市皇后大學，其後遷到渥太華，在 Carleton 大學獲得商業管理碩士學位。一般商人多屬闖蕩型，亂打誤撞；李先生卻是學問型，運籌帷幄。現代科學和知識使這個年輕華商受惠匪淺。李先生頭腦敏捷、反應靈敏。一九七四年他和幾位臺灣友人在 Touraine 區開了家餐館。好好的後來卻賣掉了，轉行去做進口生意。生意沒做多久就賣出了，又和朋友在華埠開設汽車修理廠。雖然修理廠生意滔滔，他卻一點也不滿足原有的成就。李先生終於在 Somerset 西街找到較好的投資機會，主要

是物色一些有潛質的店鋪，買下來裝修一新再租出去。在市道蓬勃的八十年代後半葉，這種生意可謂適逢其時、一本萬利！李錫榮本是華人社區協會的委員會成員，素來關心華人的各種需要，經過數年的醞釀籌備，他和本地的華僑商人組織了渥太華華商會。

溫哥華華埠商會

七十年代的燒臘事件一度威脅著華埠的生存，經華商努力斡旋，雖以大團圓圓滿收場，但至少也把華埠商人結結實實嚇了一跳。華商由此覺得不能任人斷生死，應當組織起來以自保，由是于一九八一年十一月二十七日成立了溫哥華華埠商會。自此，華埠商人團結協調，在美化華埠、興建停車場、組織夏日夜市、努力使華埠不至受到歷史保護的過多限制等方面取得可喜的成績。

溫哥華香港僑商會

溫哥華香港僑商會成立于一九六八年，創會會長是後來做了省督的林思齊博士。往後自然不乏良材接棒，一屆一屆往下傳。有著那樣優秀的領導奇才領頭，商會的興旺可想而知。該會致力于經濟繁榮，創造美好的明天，歡迎各行各業和婦女界人士入會共商生意大計。當年林會長與一班好友每逢周三聚集于溫哥華四十一街活活公司樓下的餐室共進午餐，交流往昔經驗，交換生意信息，檢討會務，集思廣益發展商會。韶光風景依舊，人世幾經滄桑，往事如煙，憶若昨日，不覺已三十余載矣！

港加商會

港加商會（Hong Kong Canada Business Association）成立于一九八四年四月，總部設在多倫多，分部遍布溫哥華、蒙特利爾、卡加利、溫尼泊等加拿大城市。會員約一千人，覆蓋地產、飲食、製造、進出口等各種行業。該會的宗旨是增進港加兩地商家的瞭解認識，以促進雙方的貿易和往來。該會自成立以來，曾多次舉辦過研討會、午餐例會，並積極邀請兩地政府及商人演講報告，極受歡迎。

五　宗親團體

有句話是說"同姓一家親"。一個人如果發覺別人也是自己那個姓，常會調侃一句"三百年前是一家"。語未竟，雙方已親熱了許多。

加拿大以宗親緣故而結成的社團很多。比如"馬氏宗親會"、"蕭氏宗親會"等等，數不勝數。其職能多為送往迎來、婚嫁喜慶、弔死問疾一類。逢年過節若上報發個消息，通知該團體聚會團拜的時間地點，"血濃于水"的會員便會聞訊而來。組織得好的聚會號召力很大，有的人並不姓這個姓，做事不見他，吃飯時也到場了。人們打趣他，他不慌不忙說道：我是不姓 X，但我太太姓 X，我是她老公。哈哈！

六　鄉情團體

俗語說，"水是鄉中美，月是故鄉明"。人們對鄉親特別有感情，也特別肯幫忙，于是又有"三個公章不如一個老鄉"之說。

大家知道，鄉親在異鄉相見，必有一肚子說不完的話，"老鄉見老鄉，兩眼淚汪汪"哩。筆者有位來自滬城的朋友在餐館搵食。一日見一女子來用餐，娉娉婷婷，大有江南遺風，她一時好奇，"儂是上海人？"那女子愕然："阿拉正是上海人！"兩人嘰嘰呱呱不禁聊了很久，當晚那個朋友結果挨炒了魷魚。

鄉親鄉情鄉音將同鄉聚集起來。"你是湖南妹崽，我也是湖南

徠夾，成立湖南同鄉會你冒得意見吧。"　"你嘿廣東？好也，我的
成立個廣東同鄉會！"　"我們都是河南人，搞個河南同鄉會中不
中？"隨著越來越多的華人來到海外，同鄉會林林種種簡直就如雨
後的蘑菇！

　　一個地方可以有數個同鄉會。聽說溫哥華至少就有三個上海同
鄉會，其區別在于會員來源不同。一個是從上海來的上海人，一個
是從香港來的上海人，一個是從上海流落各地後又聚于溫哥華的散
兵游勇。

　　同鄉會有的注了冊，有的未注冊。很多同鄉會早已打破了地域
界線。北京同鄉會負責人聯絡朋友入會。有京油子質疑：　"聽口音
您不是北京人。"負責人從容答道，"但我在北京讀過書。"旁人
插嘴：　"我不是北京人，也沒在北京讀書。"負責人解釋：　"北京
同鄉會會員，狹義說來是些北京人，廣義來說講國語都算數，而根
據我們的章程，凡是中國人都可以參加。"

　　筆者不禁想起有回上日本餐館，女招待是國語小姐，日語不會
半句。有個朋友開了間泰國餐館，問他泰國在哪兒？他抓抓頭皮說，
對不起，具體哪兒實在也不是很清楚。

　　如大專院校校友會這樣的團體，以及形形色色的聯誼會，大概
應該也歸于這一類。

七　專業團體

　　專業團體是因操執相同職業而形成的社團，如中文教師協會，
演藝人協會，等等。大家是同行，交流經驗、切磋技藝，其樂也陶
陶！

八　興趣團體

凡熱愛生活的人必會有某種興趣。很多團體就是因為志同道合、趣味相投而形成起來的。

你喜歡唱歌？那你可以組織個聲韻協會。你喜歡玩賞石子？可以成立個雅石協會。你喜歡民樂？可以組織個明絃樂社。喜愛銀幕表演的成立了影視人協會。愛好乒乓運動者成立了乒乓球協會。以此類推還有足協、羽協、泳協、藝術家協會……

臺灣詩人洛夫和數十新詩愛好者搞了個"雪樓小集"，一月一聚集。葉嘉瑩教授與一群詩詞同好也辦了個"加港華人筆會"，每季舉行集雅餐會。除了"世界華文作協"，加拿大華人作協至少還有兩個。一個在多倫多。另一個在溫哥華，簡稱"加華作協"，該會十分活躍，聯合出過《楓葉文集》、《楓葉篇》等好幾部合集，會員出書無數，并與中國作協有互訪協議。曾多次派員訪問中國，促進了中加文學交流。

多倫多華人合唱團（Chinese Canadian Choir of Ontario）成立于一九八四年八月，目的是聯合華人歌詠同好，推廣文娛活動，提高華人對聲樂的興趣，增進東西方歌唱藝術的交流。該團不僅每年排練兩場公演，對其它社團的邀請更是有求必應，常常登台演出，觀眾好評如潮。

聯僑劇社成立于一九三三年，恐怕是加拿大華人文藝團體中歷史最長的社團了。創社社員有黃新壬、吳兢存、關崇俊、林圣柏、林所、阮偉、關文、何渠、林舉香、黃棟、黃文貴共十一人，後來響應加盟之社員不知幾許！此社的建立還有個歷史原因。在一九三一至三四年間，正值空前絕後、亦成導致大戰原因之一的世界經濟蕭條。其時華人多失業，絕望至沉淪寄意毒品賭博者有之，饑寒起

盜心走險為蟊賊宵小者有之。在多倫多，一些票友購置戲服鑼鼓，籌唱粵劇，以慰藉僑胞受傷之心靈，滿足其精神之生活。經三日臨陣磨槍，隨即初試啼聲，博得喝彩，遂決定正式建社。黃新壬初擬"聯僑胞"為社名，後經林善彰正名為"聯僑劇社"。社址在伊利沙伯街七十七號，一九六八年置新社址于 350 Dundas St.W.Toronto,Ontario M5T 1G5。

九 政治團體

華僑十分關心國家的命運，加拿大華人之中有不少政治團體。他們自抒己見，評說國事，有的還能在百姓之中引起共鳴，獲得支持。下述的社團只是掛一漏萬。

"全加華人協進會"（又稱"平權會"）竭力爭取華人的平等權利，主張平反歷史上政府收取華人的"人頭稅"。溫哥華梁燕城教授經省督林思齊贊助聘張子夜開辦了一個季刊雜志"中國論壇"，談論哲學、指點江山、激揚文字。臺灣大選之時，加拿大也紛紛成立"連友會"、"宋友會"和"扁友會"。李登輝提出"兩國論"之時，一些知識份子不敢苟同，成立了"加拿大中國統一促進會"。洪門和致公堂等，應該也屬於這一類。

第四章　加拿大華人的宗教信仰

　　中國漢族固有的宗教為道教，但本地胡椒不辣，感召力似乎不如其它宗教。佛教自東漢明帝永平十年（公元六十七年）傳入中國後，形成了具有中國特色的許多宗派，佛家思想對中國哲學、文學、藝術和民間風俗影響很大。基督教的一個教派曾于唐初（七世紀）傳入中國，稱為景教。在中國，現在基督教通常專指基督教新教。當華人來到外國後，通常原來信什麼，現在還是信什麼。

　　當科學在解釋各種現象表現得無能為力的時候，人們就會求諸宗教。宗教是撫慰心靈的靈丹妙藥。從世界的起源乃至哲學、倫理、精神等等人們力所能及想象得到的任何疑慮，宗教都會給予解答。它可以痊愈心頭的傷口，豁達人們的心胸。各家宗教雖然名目不同，通常均是以勸善為本，以慈悲爲懷。是以也有人說，宗教重在“信”，而非信什麼。

　　有的華人並不信神，但他們注重宗教儀式。在他們眼中，沒在教堂舉行，那婚禮就好象兒戲似的。喪禮若少了個牧師，看來死者想進天堂，也難領得到通行証。

第一節　加拿大華人第一宗教——基督教

　　海外的華人信徒中大多數信仰基督教。加拿大華人所加入的基督教就是上述的新教（Protestant）。在加拿大，如果把基督教稱為國教，是一點也不過份的。

修筑铁路华工

　　話說一八八五年太平洋鐵路竣工後，萬余華工流離失所。為了生計，他們風流雲散于各城市間，或為農場佃農，或為家庭佣工，或開餐館、洗衣店，或經營街角小店，借以糊口。有的甚至越過洛磯山脈遠達加京，進入安省多倫多。

　　宗教對心靈創傷特別有效。前此在一八五九年間，加裔Woodland 女士在當時華人礦工聚居的卑詩省新西敏寺舉辦夜校教授華人英語，社會反應十分熱烈。其後數年間，隨著夜學的興起，基督教募道會和訓練中心有如雨後春筍般建立起來，教義得到廣泛的傳播。

　　多倫多基督教滲入華人始于一八九四年，當時加拿大基督教各教派紛紛開辦主日學，參與此類以華人為對象的差傳工作之教會計有二十二間之多。一九零三年加拿大長老會從溫哥華聘任伍文慶牧師主理新創辦的差傳傳道會，差傳事工是指國內和國外的傳道。但這類差傳組織，僅為傳道性質，工作多半是和別的教會合辦傳教活動，並未成立自己的教會。五年後，伍牧師辭職返回溫哥華，其職務遂由馬鏡湖先生接任。

馬先生來到加拿大時本是一青年勞工，年僅十九歲，住在維多利亞。其後在溫尼泊（Winnipeg）開了家餐館，雖然生意還好，但他志不在此。一九零五年馬先生賣掉餐館，赴多倫多入讀多倫多聖經學院。一九零八年畢業，恰逢伍牧師離任，遂入主差傳傳道會日常事務。一九二四年晉封為加拿大長老會牧師，此後馬牧師主要是為多倫多華人基督教青年會工作。直至一九四一年馬先生息勞歸主，對華人長老會的奠基工作，可謂任勞任怨，兢兢業業，終其一生！

一九一零年多倫多約有華人六百，家庭數十個。人數的增長使得青年們要求有自己的會所成為理所當然的事情。諾士長老會（Knox Presbyterian Church）以當時基督教青年會為中堅，二月六日在登打士街七十號設立華人基督徒聯會。後因參加者眾，當年十月該會遷至教堂街一百三十號。不料會員不斷增加，過了四年，聯會不得不再次搬遷至同街一百八十七號的三層建築。正層用于禮拜聚會，樓上是中文學校，底層有圖書館、閱覽室，儼然是一家頗有規模的禮拜堂了。

一九一六年多倫多華人增至兩千之數，聯會三度遷移，到大學街一百二十四號。用不了的房間還租給中國留學生棲身。當年，華人基督徒聯會易名為多倫多華人基督教青年會。一九二一年，青年會用兩萬五千元將大樓和隔壁樓業一並買下。地盤大了，根據青年人的特點，青年會還在會所增設健身與娛樂場所。

鐵打的營盤流水的兵。基督教在多倫多華人中日益發展著，但掌旗人馬鏡湖牧師卻安息了。教徒們一時聘不到稱職的常任牧師，會務一度一蹶不振。所幸自一九四七年對華移民條例放寬以後，前來多倫多的華人好似過江之鯽，有增無減。華人青年會老會址不敷使用，加拿大長老會因而首肯興建一座華人教會會堂。當時由僑社熱心勸募，教友慷慨解囊，用四十二萬捐款，于一九六零年十二月

十一日奠基，在比華街一七七號新址蓋起了一座大會堂。

人類有難時要撫慰心靈，順利時要精神寄托，捨宗教孰能當此大任？多倫多乃加拿大第一大埠，得意人、失意人都上教堂，基督教因而十分蓬勃。該城華人教會知多少？據一九八五年上半年調查，共有四十八間之多。八六年達到五十家。做禮拜的華人超過一萬一，幾近華人總人口十分之一。人數多了，自然難於控制，較小的教會應運而生。它們短小精幹，運轉靈活。很多華人喜歡參加較多"個人侍奉"的小教會。百分之八十的多倫多華人教會隸屬於一個宗派的總會。另外百分之二十的獨立基督教教會，其行政、財政、傳道等種種方面完全自理。

多倫多的牧師多數來自香港和東南亞，本地神學院培養的人偏少。可是土生人教化土生人往往更易奏效。如何薪盡火傳，這將是未來多倫多華人基督教面臨的一大挑戰。

由於溫哥華是加拿大西部一大口岸，也是中國留加學生的一個集散地。因此溫哥華的基督教有著與多倫多類似的遭遇而外，在留學生中募道也成為一方特色。留學生來到異國，舊的理念已經破滅，新的又沒有，很感迷惘彷徨。溫哥華有李大衛和謝國慶兩位華人醫生以及妻子，于八九年成立了一個查經班，名為"中國學生查經團契"，現址在菲沙街6858號交52街信友堂樓下。每月第二個周五晚上組織成員查經，聖誕春節還組織聯歡晚會。風雨不改，至今猶存，已有三十餘載矣。

由於忙于晚飯，過去很多留學生未能按時參加查經。為使大家可以安心查經，團契組織義工安排好一頓便飯，供成員食用。受了他們基督精神的感召，很多留學生和新移民都來此交友查經。依語言他們分成中文班和英語班，依程度分成初班和高班。跟著父母而來的小孩子也被組織起來，作為未來接班人，分開學習。團契還定期出版一份圖文并茂的《追求》雜誌，直到如今。

團契寓教于樂，每逢聖誕和春節，都組織聯歡活動。其時，唱詩和民歌此起彼伏，還有猜燈謎、舞蹈和小品，熱鬧活潑。

洪予健牧師，文革老三屆，1982 年畢業於上海復旦大學化學系。1991 年春獲美國賓夕法尼亞大學物理化學博士學位。同年赴加拿大作博士後研究期間信主。1992 年秋蒙招入讀溫哥華維真神學院，並參與該校中國研究部事奉，帶領卑詩大學中國學人查經，現在溫哥華基督教浸信會信友堂宣教。

第二節　天主教在加拿大華人中之傳播

因為羅馬天主教設立新的教區教堂需經總主教審核復查，所以雖然多倫多華人教徒甚眾，天主教卻只有兩個教區教堂。一個是華埠中心的"嘉模聖母堂"，另一個是士嘉堡東北角的"中華殉道真福堂"。

莫道華人天主教堂太少，至一九八七年為止，座落在圣·帕得克街二零二號（202 St.Patrick Street）的"嘉模圣母堂"甚至長期還是多倫多唯一的一座華人天主教堂呢。誰也說不上這教堂造于何時，人們只知道直到一九六七年，在華人信徒的要求之下，該教堂方才轉由多倫多華人專用。然後教堂就在隔壁開設了一個多倫多華人天主教中心。一九七二年，來自澳門的麥文杰神父成為這家教堂的司鐸，在華人天主教中心開辦繪畫班、中文班、青少年聖母軍、聖約瑟會、輔祭會嘉模劇社、祈禱宗會、華人職工協會歌詠團等項活動。王敦惠修女專責協助堂區日常工作。

八十年代隨著華人增多教徒日眾。一九八三年臺灣來的司鐸湯

一煌神父加盟該堂區的管理事務。從一九八二年冬，麥神父就立志重建多倫多華人天主教中心，以適應日益增多的信眾的需要，心願化作宏圖，則是一九八五年五月的事情了。一座帶有寬大禮堂、圖書室、辦公室及其它應用空間的建築聳立起來。教堂落成之日，一千三百教徒聚集出席了慶典。

新"嘉模聖母堂"足夠五千至六千信徒使用。現時主日舉行兩台粵語和一台國語彌撒，加上星期六下午的另一台彌撒估計每周來此彌撒的信眾超過一千人。

據估計一九八七年多倫多華人有二十余萬，天主教徒約有一萬之眾。那年基督教堂已經到處開花、四面林立，然而天主教堂卻依然只有一所，顯見得跟不上形勢的發展，解決的妙方無非是增加堂所。在眾信徒紛紛要求之下，湯一煌神父于同年六月晉見總主教，商議在大多市創設第二個天主教堂區之事宜。總主教同意創建，但有四個條件。

（一）教區教堂必需設立在大多市東北地區，以湯司鐸為神父。

（二）彌撒將在該區一間天主教學校里舉行。

（三）神父將在區內住宿和辦公。

（四）堂區令名得以與中國有關的圣徒有關連。會商後終於敲定彌撒將在"圣嬰小學"進行，堂區則以"中華殉道真福堂"（The Blessed Chinese Martyrs Catholic Mission）令名。第一台彌撒于一九八七年十月四日如期舉行。同年十一月堂區購入 White leaf Cresent 七號建築為堂區中心。當月二十九號，克倫（Clune）主教為湯神父舉行了就職典禮。當新堂區剛剛建立的時候，僅有九十八戶二百余眾天主教徒進行了登記，不到四年，登記家庭就多達九百九十戶，及到一九九二年冬甚至達到一千四百戶，教徒四千余眾！

"中華殉道真福堂"共有四名神父、兩名修女。他（她）們是：主任司鐸湯一煌，助理司鐸陸之樂、趙文煌、趙文銘，以及馮鳳文修女和陳翠姍修女。此外各善會團體也推舉代表與主任司鐸委任的代表共同參與策劃和組織教堂的各項活動。

堂區各善會團體如下：服務組、青少年組、禮儀組、送聖體組、輔祭團、唱經班、傳教組、康樂組、國語教友協進會、聖母孝女會、婦女會、建堂委員會、財務委員會等。諸團體都是各有其責、相輔相成的。眾皆齊心戮力，為辦好堂區而共同努力。

中華殉道真福堂主日舉辦六台粵語彌撒、一台國語彌撒。隨著信徒越來越多，"圣嬰小學"顯然不敷使用，一九九二年，堂區又借用 Mary wood 中學禮堂舉行彌撒，估計每周出席的信眾超過兩千五百人次。

然而，老是借用學校開展活動也不是長策。早于一九八九年，湯神父就計劃籌建一所堂所。為此，還專門成立了一個委員會來經營建堂事宜。一九九一年七月，總主教 Ambrozic 從與大多市相鄰的麥錦市慷慨撥出兩英畝地皮作建堂用地。新建的教堂大約耗資兩百五十萬，有九百個座位。一九九二年十月克掄主教主持了破土儀式，工程為期一年。

"中華殉道真福堂"是加拿大第一所華人集資興建的天主教圣堂，以助于此堂區實現"光榮天主"和"服務華人教友"之宗旨。

第三節　普渡眾生的觀音菩薩——加拿大華人

佛教徒益眾

佛教與基督教（天主教、東正教各是其一派）、伊斯蘭教同為世界三大宗教，相傳公元前六至五世紀為古印度迦毗羅衛國王子釋迦牟尼所創立，主張依經、律、論三藏，修持戒、定、慧三學，而達到斷除煩惱得道成佛的終極目的。不少加拿大華人本來就是佛教徒，加上佛教與中國文化淵源較深，皈依也沒有什麼繁文縟節，不一定要經過受戒一類的儀式，有的就在家中放一尊觀音，點一盞佛燈，就可以拜佛，因而信徒甚眾。有的新移民，一下不能適應新的環境，感到路途坎坷、前程未卜，情緒低落。有的失戀、失業、失意，更會輕生厭世。這時，倘若洋教未起感化作用，他們來到佛門淨境，或許會豁然開朗，一下子看破紅塵，遁入空門。因加拿大華人大都來自沿海地區，他們若非皈依類似國教的基督教或天主教的話，就可能信奉佛教，而跟隨伊斯蘭、東正等一類教會的甚少。已定居溫哥華的中央美院國畫研究生史國良先生，就是經星雲大師剃度，削髮出家的。

佛教首先是日人傳入加拿大的，即所謂于十三世紀從中國傳去東瀛的日本禪宗。但日本本土不錯，往往日人來了不旋踵又回去了，僅在他鄉作客，因此信眾沒有遞增。如今加國佛教之承傳還是靠華人。比如，位于溫哥華維多利亞街 2495 號的東蓮覺苑，就經常舉行祈福、超薦、齋供、齋天、焰口、供燈等功德法事。星雲大師嘗法駕親臨列治文統一廣場的佛光山溫哥華講堂，傳授在家三皈五戒之通啟，暮鼓晨鐘，超渡世人。華埠片打東街 514 號的菩提雷藏寺等，也常常舉辦佛法佛經方面的講座，香火鼎盛、信徒甚眾。華人信眾與華裔人口自成比例，他們于一九八六年于溫哥華成立了全世界佛教協會。其旗下的寺院遍布各地，那些紅牆綠瓦的東方寺院與尖頂西洋教堂以及圓頂鎦金的印度錫克廟宇，爭妍媲美。

由於信眾積極宣導，佛教慢慢也有了洋和尚。他們對佛教感到新鮮與好奇，信仰虔誠。在溫哥華市鬧市區偶而可見，洋和尚高鼻碧眼，也著袈裟，也茹素，也誦經。

大概是源于古時逢飢饉官府設粥棚賑濟饑民的神州傳統，溫哥華幾個較大的華人觀音寺，如溫哥華市東 49 街 525 號的世界佛教會等，除了在釋迦牟尼佛寶誕時辰舉行慶祝浴佛儀式法會外，逢周日還給市民分派免費如意齋與眾人結緣。那種景象確實叫老外們大開眼界！只見自願來服務的善男信女將香噴噴、熱騰騰的齋飯一碟碟端出來免費供給市民享用，就象中國大躍進那年吃飯不要錢一樣。仿佛共產主義的幸福天堂，如今降臨到人間。此時百姓就絡繹前去取飯，管飽！食客中有的是家貧來此蹭一餐飽飯，有的是借吃齋來粘一點觀音菩薩的福氣，有的根本就是前來趁熱鬧看稀奇的……雖然是華人居多，卻也不乏白人和其它族裔。吃飽了還順便帶幾盒飯家去，寺院會主動提供紙盒和提袋。這時，吃的因為肚子很舒服，做的由於積下了陰騭，心內都是同樣的歡喜！

慈濟功德會是一個以台灣為基地、世界性的佛教慈善組織。佛教慈濟基金會成立與一九九二年九月，秉持証嚴法師“慈悲喜捨”精神，從事“濟貧教富”工作。決策人是以証嚴法師為首的慈濟委員會。幹活全靠定期捐款的千千萬慈濟會員。他們的使命是照料傷殘、扶助貧困，老天下之老、幼天下之幼。從紐約巴黎到非洲的埃瑟俄比亞，都有會員在活動。他們辦醫辦學，為中國水災和台灣地震募捐，惠及千千萬萬民眾，故而也得到社會各階層的廣泛支持。因此慈濟功德會理所當然地獲得過諾貝爾和平獎提名。看看此次賑濟九二一臺灣地震就可看出慈濟的“功力”。截至九九年十月二十五日，由各社團托付慈濟用作賑災的善款總額已逾二百七十三萬元。而慈濟此次賑災，預計支付約加幣二億七千元，當時全球捐款已達約一億九千余萬加元。

提起佛教，人們不由會想起鄭州嵩山少林寺。提起少林寺，人們很難不聯想到少林功夫。天下功夫出少林，是說少林功夫了得。講起來，佛教滿世界廣泛傳播，少林功夫功不可沒。國人稱武術為國術，宗教里面有功夫，是中國宗教的一個特點，即使華人走出國門，對此也不敢有忘。加拿大的華人佛教團體就多次邀請少林武僧來北美各地獻藝，表演鐵槍刺喉、以腹吸碗，和少林拳腳棍棒，讓加拿大百姓大飽眼福。不僅把華僑，甚至把洋人都看得目瞪口呆，自此對華人不敢小覷。少林功夫還有兩個絕活：一個是二指禪甚而一指禪；另一個是倒頭碑，就是以頭著地豎倒立。那真叫日美相撲和拳擊摔交相形見拙。

佛家以慈悲為本，所以少林武僧特別注重武德，立有習武戒約：武德有良師，苦恆出高手。習武先挨打，笑臉迎人欺。寧可受人打，決不先打人。持技做歹事，辜負先師心。

第四節　加拿大的東土國粹——道教在異鄉已有一席之地

道教是中國漢民族的固有宗教，淵源于古代巫術。東漢順帝漢安元年（公元 142 年）由張道陵倡導于鶴鳴山。凡入道者須出米五斗，故亦稱"五斗米道"，為道教定型化之始。因道教尊張道陵為"天師"，故又稱·"天師道"。又奉老子為教祖，尊稱"太上老君"。以《老子五千文》（道德經）、《正一經》和《太平洞極經》為主要經典。

　　與華人到加拿大皈依的基督教和天主教不同，道教在加拿大是進口貨，是一些教徒千里迢迢從故鄉熱土漂洋過海帶過來的。

　　溫哥華道教普玄精舍，創立于一九七六年，新近遷入包華街453號新址。上址經常舉辦道學講座，如“修真論陰陽”、“道家哲學觀和方法論”等，吸引了很多同門道侶善信前往聽講。有時也舉行賀誕參拜禮儀或聚餐聯歡，是該市較為活躍的道觀。另一個道觀溫哥華混元觀，也常在觀內舉行禮拜、誦經、祈福及朝賀天後娘娘寶誕活動。

　　在湖北漢江南岸大巴山東段，有山武當，長二百六十余公里，主峰紫霄峰（又稱太和山），海拔一千六百一十二米。山勢峻拔，有上、下十八盤等險路及七十二峰、三十六澗諸名勝。山上有紫霄宮、玉虛宮、太清宮等寺觀，氣派雄偉，為道教名山和武當派拳術發祥地。武當拳是道教的看家功夫，與少林之于佛教相似。道教流傳到哪里，武當拳術也如影隨形般跟著。

　　道家太極多倫多開宗創始人是梅連羨。梅先生先開了家小小的武館傳授太極，慢慢竟將其全國化、國際化，旗號高張，僑界轟動。道家太極社越辦越大，已有自己的產業多處。其在多倫多近郊成立的消閒中心地勢開闊，空氣清新，目前已成一處郊遊名勝。

第五章　僑胞的千里眼和順風耳——記加拿大華人媒體

　　人是社會的動物，他少不了社會信息。你是腿腳奔忙的打工族也好，是悠哉游哉的逍遙族也好，回到家里，少不了要翻翻報紙、看看電視、聽聽廣播，借以休閒娛樂，陶冶性情，也想知道自己的周圍發生了什麼事情沒有。

　　大凡要做成一件事情，總是要先造輿論。你有策劃于密室、點火于基層的功夫，你有雄兵百萬、戰將千員的實力，假如你不會制造輿論，照樣一事無成！

　　一個媒體，通常有新聞、文藝、娛樂、廣告⋯⋯也會有社論和評論員文章。報紙、電視、電台不僅有消遣、傳播信息的作用，還應有抑惡揚善，聲張正義的功能。鐵肩擔道義，妙手著文章。好的媒體，不能僅是有贏余，更應能把振興社會的責任，扛在自己的肩頭。

第一節　報紙

一　《大漢公報》、《新民國報》和《國際日報》

　　加拿大歷史最悠久的華文報紙為溫哥華的《大漢公報》。該報于一九零七年為著鼓吹孫中山的民主革命而成立，為洪門所擁有。洪門當年對革命可謂不遺余力，辛亥革命以後又與國民黨分道揚鑣。《大漢公報》是一份典型的海外僑報，帶有十分濃鬱的唐人街氣息，有很大的老華僑讀者群。它一度擁有最多的廣告，曾和《新民國報》

平分天下，世人謂之"楚漢之爭"。是時另有一個頗有影響的報紙叫《僑聲日報》。在激烈競爭之下，《新民國報》和《僑聲日報》都辦不下去。《大漢公報》苟且到一九九二年十月無法支持方停刊，歷時八十五載，原總經理楊國榮先生不下戰場，其後投效《明報》。當時，該報稱雄一時，華人只知大漢，不聞有其它華報，而今華人益眾、華報益多，大漢卻已走入歷史，豈不叫人扼腕！

溫哥華在二十世紀八十年代還有家中文報紙名《國際日報》，是台灣人開的，當時幾可和《世界日報》平分秋色。記得它的股東曾被台灣當局找麻煩。當時講粵語的華人看《星島》，講國語的一半看《世界》，一半《國際》。可能是沒有背景，不能應對西方世界的變化，後來停刊了。

二 《世界日報》

這份報紙隸屬臺灣聯合報系，為臺灣報閥王惕吾所創辦，財力雄厚。《世界日報》于一九七六年二月十二日在紐約和舊金山創立，即由紐約總社將重要新聞版面用人造衛星傳遞到舊金山分社，使用這種最新傳遞方式，當時是中文報紙第一家。同一天，《世界日報》加東代理處亦宣告于多倫多誕生。一九八零年，代理處升格為辦事處，隸屬紐約《世界日報》管轄，并開始編譯加東新聞。一九八七年八月，該報再升格為分社，開始獨當一面。翌年，完成建廠，并開始自行印刷彩色報。

自《世界日報》創刊不久，溫哥華就有總代理，還開闢了加拿大新聞版，發行于加西各大城市。一九八六年，溫城舉行世界博覽會，《世界日報》增闢溫哥華新聞版，并增聘記者駐地采訪。一九九一年十一月一日，溫哥華辦事處升格為溫哥華社，獨立經營。無獨有偶，昔時《新民國報》老總徐新漢先生，即是溫哥華《世界日報》總編。該報每天用衛星傳版凌晨印報，是繼紐約、舊金山、洛杉磯、多倫多之後，又一間當地設廠印刷、編采合一、富有地方鄉情的《世界日報》。

聯合報系辦了七份報紙，素有"日不落報系"之稱，因該報行銷全世界，可謂事半功倍。該報以國際新聞、副刊等沒有地域限制的部位為主干，一方做好，天下采用，加上本地新聞和財經為輔助，把一份報紙辦得多快好省、有聲有色。該報逢周日還免費送出一份周刊，編輯部在美國紐約，周刊卻滿世界發行了去，圖文并茂。可謂一人種樹，眾人乘涼。《世界日報》幾乎在美加所有重要城市都有記者，社論大多出自文章高手，常常是有論有據，直言諍諫。正如香港報紙滿載專欄一樣，《世界日報》副刊很強。尤其是上面登載小說，在《明報》加西版取消《明筆》的藝文版面後，是本地日報上唯一可見的小說版面。文學是描寫人的內心情感的，是人就不會沒有情感，所以文學總是經久不衰。這也正是《世界日報》的精明之處：要辦好一份報紙，不可把文學拉下！徐新漢先生主持的《世界日報》加西版從唐人街搬到騎士街還堅持了十幾年，在激烈的競爭之下，可惜最後還是停刊了。

三　《明報》

《明報》的大本營在香港，多倫多有分部。該報八九年一度在溫哥華出報，旋即撤回。九三年秋，該報卷土重來，再度在溫哥華發行。

在世界報紙各出奇謀、努力競爭的局勢之下，《明報》的口號是"有容乃大、天下一家"，"為華人立言、立信"，堅持"不偏不倚，實事求是"的編輯路向，以公平、中肯、客觀的原則進行報道，使自己在報業立于不敗之地！

在加拿大的華文三大報紙之中，《明報》起動似乎慢了一拍。但

它勢頭很猛，甫一上市，就站住了陣腳，與《星島日報》和《世界日報》爭雄，形成了三國鼎立之勢。

《明報》積極反映加拿大社會變化和動態，為加拿大社會的和諧與交流，創立條件和發揮輿論功能，並熱情幫助新移民積極融入主流社會。它參與和組織過很多有關社會問題的討論活動。加拿大人權委員會于九六年全國報告中，高度讚揚和肯定了溫哥華《明報》在這方面的努力和成績。

《明報》比較注意自己的鄉土韻味。過去它多次舉行春茗招待本地作家，有很大的一個本地作者群，也有較多當地作家執筆的專欄。該報自九五年秋至九九年底開辦過一個純文學的版面《明筆》，網羅了世界各地華人文學名家和文學新人，登載了約六百萬字小說、詩歌、散文和評論。

不論在多倫多或溫哥華，《明報》周四隨報附售《地產金頁》，周六是《星期六周刊》，星期天是《明報周刊》。有的人平時不看報，但周六、周日定要買份《明報》。

從九七年下半年起，加西版《明報》的發行網遍及卡加利和愛民頓，并有繼續蔓延之勢。

就在世界邁入二十一世紀的新時代之際，紐約《明報》誕生了。《明報》將追隨炎黃子孫的足跡，在美西、澳洲、歐洲等地辦報，讓中華文化的種子可以萌芽生根，開枝散葉！

四　《星島日報》

《星島日報》胡文虎于一九三八年在香港創刊，至今已成一份國際性中文報紙，旗下二十多辦事處遍及全球。該報六十年代全面展開分類廣告業務，創香港報章先河；最先發行航空版至美國三藩市；于七十年代率先采用中文電腦植字；以及利用衛星傳遞新聞內容往海外分社，在當地印刷發行；一九九五年星島正式上網，推出全港及北美首份中文電子日報。這一切充分表現出星島的追求進取精神。

《星島日報》在加拿大報業領盡風騷。在市場上立于不敗，前掌門人姚守一居功至偉。姚先生斯文淡定，頗有儒家風度。此人滿腹綸經、胸有韜略，辦起事來就一點書呆子的氣味都沒有，倒象是巨商大賈，總是得心應手。

有人說在北美要害人有兩種方法，一個是哄他去開餐館，一個是誘他來辦報紙。為什麼？餐館很辛苦；報紙難度大。你想在人人開口哈囉閉口拜拜的地方，還有幾個不忘祖宗講中國話的？就是講中文的里面，又是買彩票的人多，買報紙的人少，不是麼？可是姚先生辦的星島，不僅進退自如，讀者眾多，而且廣告頁總是排得滿滿的。

星島的廣告多，星島的銷量大。是銷量吸引來廣告，還是廣告多促進了銷量？溫哥華唐人街鋪租貴，是以報紙的門市部都處于邊緣地帶，惟有《星島日報》不惜重金在華埠正中緬街上一度開了一爿營業部。很多人往往就是想省幾步路，廣告就在這里上報。這也是人之常情，你若方便顧客，顧客才會幫襯你。想想當年一枝獨秀的兩家大報，為什麼在別的中文報紙紛紛登場以後就日薄西山，是很能發人深省的。

星島把港報多專欄的特點帶到了北美。華人勤勞忙碌，不耐含英咀華，無暇細讀長文。看報不過蜻蜓點水，點到即止，有點刺激有點趣味就行。港式專欄由此應運勃發，多倫多星島專欄好手有古偉凱、吳棟斌、伍玉儀，聲名遠播。星島八二年登陸溫哥華，專欄作家擇其善者而記之亦有阿濃、圓圓、水禾田等一大批高手。社會

名人梁燕城、陳卓愉也不辭辛勞上陣揮筆，各抒己見，顯得十分熱鬧。

星島還曾附帶辦了個《臺灣日報》，試銷价是三毛五分，頗有競爭力。

1999 年胡文虎女兒胡仙將《星島》將股權賣給私募基金 Lazard Asia。"烟草大王" 何英傑長孫何柱國 2001 年開始掌控該報。

五　《神州時報》和《大華商報》

《神州時報》以時政為主，創刊于九二年，在北美共有九家，是周刊，發行量超過十四萬分以上。溫哥華版開辦于九七年九月，最初有十二版，現時常常達二十八版之多周五出報。每期兩萬份，在近兩百個發行點由讀者免費取閱，須臾而盡。該報新聞版以報道大陸、臺灣、香港新聞為主，兼顧世界各國、北美地區及當地華人社區新聞。神州筆會，經濟聚焦，社會寫真，人物春秋，新移民信箱等專版為讀者釋難解惑；影視體育，衛生保健，飲食男女，大千世界，環球掠影，小說連載等專刊將無窮知識和樂趣饗以讀者。

《神州時報》的通訊報道收集面比較廣泛，不僅涵蓋兩岸四地的華人及活動，而且參照英文刊物的報道，結合 CNN、BBC、ABC 等網絡新聞再進行綜合。這份報紙自己有一套編輯班子，非但各地作家惠賜佳作，不少本地作家也在為它撰稿，所以讀者讀來總覺十分親切。

《神州時報》社長張雁九九年十月于多倫多召開的世界華文傳媒會議上，作了題為 "華文報業在海外的生存和發展的空間" 的演講。文中分析了加西讀者群的特點，介紹了加西報業的興亡，并報告了《神州時報》在大溫地區創辦和發展的情況。這是海外報人鬱結于心的一聲浩嘆！

不久該報易名為《環球華報》。

溫哥華還有一份馬在新先生主編的華文報紙《大華商報》，和僑界聯係很多，報道了很多本地華人社團活動消息。是一份很接地氣，很受華人喜愛的華人報紙。2020 年 5 月 11 日還以上網形式和其他商報一起舉辦過 "全球商報聯盟論壇"。

六　五彩繽紛、雜然紛陳的報刊雜志

近數十年間，多倫多所辦之中文刊物可謂數不勝數、此起彼伏。至今有的功成身退，有的仍在戰斗。不論它們是否存在都不可抹煞其歷史上的作用與功績。

多倫多創辦最早的華文報紙要算《醒華日報》，創刊于一九二二年，當時是國民黨的喉舌之一，報頭由委員長親筆題字。後因滿口政治，遂被人譏為國民黨報。但從該報命運來看，此說似乎不足采信。大家知道國民黨有黨產，很有錢的，總不至于把自己的報紙弄到關門大吉吧。主辦人鄭偉志、余道生等雖然鍥而不舍，精神可嘉，可商場無情，報紙從日報改為月報，似乎日薄西山、大勢已去了。

多倫多的《成報》一度挾香港第二大報之威銷量很不少。另有一份八五年創刊觀點較獨特的《加華日報》，八九年改為了周刊，其後報社又進行重組。出版人許丕新、房俊宜諸君子驚嘆海外辦報，難于上青天！

多倫多現存或有過許多報刊雜誌，它們先後計有《多倫多星報》（岑南翔），《快報》（莫夏夙），《多倫多商報》（林君），《廣角鏡》（丁先生），《唐人街雜志》（溫世達），《時代周報》（羅鏘鳴），《城居周刊》（梁國瑞），《多倫多周報》（溫世達），《鴻圖雜志》（賀畢樑），

《多倫多生活報》（溫世達），《電視周刊》（廖紹賢），《幻影雜志》（鄭玉龍），《加華雜志》（許丕新），《文華加居》（林松榮，又名樂仕），此外還有《精選雜志》，《縱橫市場月刊》，《豪情》，《生意》，《吃喝玩樂》，《透視》，《資訊通》……等等。

溫哥華是加西的華人重鎮，如今的唐人報紙真是風起雲涌、層出不窮，其中絕大多數是周刊。以報道國內與國際事件和人物為主的有《東方時報》，側重撰寫生活的有《加拿大生活周報》，以報告經貿消息為中心的有《訊報》，介紹醫藥保健的有《健康報》和《健康時報》，介紹國內建設的有《中國經濟報》，介紹貨品的有《買賣報》，宣傳基督精神的有《真理報》和《號角報》，闡述佛道佛理的有《真佛報》，宣揚慈悲行善、救人一命勝造七級浮屠的有《慈濟道侶》。

還有份《中華導報》，每期共有十六版之多，以時政為主，兼有副刊、本地消息、影視娛樂、人物春秋等版面，是頗有內容、頗有讀者的報紙。溫哥華在 2012 年曾出現一份《世界華人周刊》，老闆張輝，讀者多，作者眾，勢頭很猛。後一再改版易名，變成其它刊物。

還有一份《北美文匯》。主要刊登歷史鈎沉，春秋人物及故事。

華人比較注重宣傳。文化更新研究中心出版了一份學術季刊《文化中國》，網羅了大量教授學者為其執筆，作純理論研究。卑詩大學維真神學院出版了一份《維真學刊》。另有一個"中原讀書社"，也出版過三期《中原雜誌》。

就在此書開筆之時，二零零零年五月二十四日，正巧又有一份半英半中介紹中國商機的《加拿大中國商報》問世。算得是大溫哥華地區當時最年輕的中文報紙了。

第二節　電視

一　中文電視

長久以來，加拿大東部經大西洋交通歐洲，西部沿西海岸連接美國，中間卻是一片漫長未經開墾的隔絕地帶。百余年前，加拿大人民建造了一條橫貫東西的太平洋鐵路，繁榮了國家，一萬七千華人參與築路，披荊斬棘，劈山過嶺，其輝煌貢獻，史不絕書。此前，加拿大雖然有中文廣播，而在視覺傳播頗為發達的當今，聽眾和播音員是雞犬之聲相聞卻不見人面桃花，多少有點兒遺憾。中文電視創始人章建國先生決心象前人築路那樣，拓展電視網絡，連貫東西各城市，把世界的文化、娛樂、商業等信息用五彩繽紛的圖象展現在僑胞面前。

多才多藝的章先生本是一位出色的插圖畫家，擅長工筆素描，其作品散見于各類小說，其藝術功底並不遜于時下連環畫大師馬榮成，為香港讀者所熟悉。可是章先生並不滿足于自己的藝術成就，他要一展經緯之才，作廣告電影製作人。後來他經營的香港第一家可拍活動卡通的廣告公司，其陣容在東南亞堪稱第一。其中有東瀛攝影師、澳洲導演、英國特技演員，業務更是如日中天，不僅客戶如雲，那時甚至連港英政府也常常來找他拍廣告。

章先生對事業有不疲倦的追求。他不滿足于自己精湛的工筆素描，也不滿足于當一個成功的廣告制片人，他還經營中成藥、煙草和地產生意，公司的業務涉足香港、臺灣、印尼、泰國、新加坡、越南……幾乎遍及整個東南亞。然而這個插圖畫家還不滿足，還想在更廣闊的領域裏大展宏圖。

在異域開辦困難重重的華人電視很符合章先生喜歡挑戰的性

格。他這人有勇有謀，行事特點是穩扎穩打。一九八五年他創辦中文電視，其後依計劃一步一個腳印不斷發展：當年打基礎，旨在站穩腳跟，不圖冒進。翌年大開展，開發東西兩方各個城市市場，建立穩固業務據點。是年中文電視開始攻城略地——二月開發坎問頓，四月拿下麥堅肯特（McClean Hunter）專線、打進蒙特利爾，下半年進軍加西重鎮溫哥華。至此，中文電視遍布全國的大業基本完成了。

中文電視在溫哥華遇到一點麻煩。溫哥華是加拿大西海岸華人要塞，那里除了多元文化台每天都有大約兩小時華文欄目之外，還有一個華人的電視台國泰電視。國泰自己的業務都還需擴展，睡榻之側豈容他人酣睡？可是，如果中文電視沒有溫哥華播映權，就等于失去了半壁河山。甚至小城市也會由於虧損無法填補而失守，進而全面崩潰，功虧一簣。商場如戰場，兄弟鬩于牆的局面是不可避免的了。中文電視和國泰電視的訴訟展開了聆訊，結果是雙雙並存、平分天下。表面好象是互有輸贏，其實是中文電視大獲全勝！因為要想反賓為主是不可能的，國泰本來在溫哥華是一統天下，好端端的讓人給攪和了，如今祇剩半壁江山；而中文本是個外來戶，竟然猛地插了一腳進來，一下子搶灘成功！

當時溫哥華華僑都互相轉告：現在多了個中文電視，據另一頻道，是多倫多來的國語台，而且月費比國泰平宜了一半。嘩地一下就把新定戶都拉過去了。章先生是香港人，幹嘛在中文台上安排國語節目呢？後來事實證明果然大陸移民慢慢超過了港台，何況臺灣同胞也一道講國語呢。並且，南人也能懂國語，而北人就沒幾個懂得廣東話的了。不能不承認章先生對此是頗具只眼的。不過也還有很多廣東香港來的電視觀眾，為了祖宗的語言，還在幫襯國泰。

中文攻佔溫哥華，士氣大振！一九八七年轉移工作重點，全力發展節目內容、組織班底、舉辦各種比賽、開展本地社區活動。各方豪杰也紛紛前來加盟，計有何守信、黃桂林、劉丹、岑南羚、盧海鵬，濟濟一堂、衣香鬢影，集一時之盛！

當年章先生在開辦中文電視，有如平地一聲驚雷，令華界相顧錯愕！其實比他更有實力更有經驗的大財團大闊老比比皆是，不料卻衝出這麼一匹黑馬！章先生的成功主要還在能爭取到不少僑社的支持，可見他主辦中文電視的確符合僑界的利益。你想，電視大家看，風險由中文獨立承擔，何樂而不為？

多倫多和溫哥華各有華裔幾十萬，俱是華人重鎮。鐘靈毓秀，兩地亦是人才濟濟。卻說一九九二年四月一日，加拿大中文電視溫哥華區走馬上任的經理是過去在香港有"電視女強人"美譽的黃筑筠。是時，中文電視帳面債務將近千萬加元，可算是"此誠危急存亡之秋也"。黃經理注重節目本地化，樹立本台自己的形象。她認識到加拿大華人背景在逐年變化，香港、臺灣、大陸移民的觀點、思想各個不同，節目製作一定要適應這種情勢，為民眾喜聞樂見。香港演藝界時時鬧出點風波，互不妥協，令她殊覺惋惜。

黃筑筠老家是史稱"四邑"之一的僑鄉廣東開平。父親很早在美經商，做雜貨進口批發生意，家道殷實。她年少時曾在溫哥華著名女校約克候斯（York House School）上學，對加西極為熟悉。八七年三月正式移民，旋即返港任和記有線電視計劃要職。後因為牌照告吹，她又殺回溫哥華。黃經理勇于承擔艱巨的任務，待人熱心，助人為樂，朋友遍天下。

千里搭長棚，沒有不散的筵席。一個事業不管如何興隆紅火，終免不了那個結局。溫哥華中文電視完成了它的使命，也和其對手國泰電視一樣，走到歷史安排的地方，把位置讓了出來。也算是"江山代有人才出，各領風騷幾百年"吧。

二 國泰電視

談起國泰不能不談到它的創辦人蘇成坤先生。觀眾誰不以為他是新聞界圈中人呢？其實蘇先生出身商家。溫哥華華人總還記得七十年代喧嘩一時的燒臘事件吧？那時節，由於有西人超級市場所制燒雞吃死人事件發生，一九七一年衛生當局加強執行對燒臘制品的儲存管制，要求存放燒臘制成品也得按照普通食品的高溫低溫防菌法。似此，最有唐餐風味的燒臘肯定會遭封殺！千千萬萬做燒臘菜，吃燒臘飯的同胞，豈不要陷入困頓麼？華埠商家都感覺得到，唐人街"到了最危險的時候"，燒臘商人"被迫發出最後的吼聲"，一九八一年組織了溫哥華華埠商會，蘇成坤公舉為主席長達八年之久，為求生存與市衛生局斡旋。最後組團前往國會山莊請願，終於大獲全勝。

蘇先生生意做得好好的，怎麼突然又想起創辦國泰電視來了呢？原來，當年由於燒臘事件，商會呼吁華僑簽名支持去國會請願，登高一呼，八方響應，僅一周就得到七萬中西人士署名，給政府很大壓力。這使他醒悟到如果華人光顧著賺錢，很容易遭人一把掐死。一定得想辦法把僑胞團結起來，形成一股勢力。電視就是華人極其重要的喉舌，是最有影響的傳播媒體，于是蘇先生就斥資開辦社區電視台，希望溫哥華華人有幸欣賞兩岸三地中文節目，從而推動華人的政治、文娛、商業活動。

蘇先生與友人向加拿大電台電視及電訊委員會（CRTC）終於申請到《世界電視》牌照，運作兩年，終因沒有黃金時間，客戶裹足不前而虧損百萬余元，宣布破產。其後蘇氏等人再以一百萬從破產官手上購回，易名《國泰電視》，一靠僑胞支持，又靠慘淡經營，終於在傳媒界手得一席之地。

國泰電視在華人的政治、經濟、社會舞台上十分活躍，不遺余力為同胞服務。它替醫院籌款,推動華東水災賑濟,宣傳獅子會及中僑百萬行活動。它開闢社團消息、咨詢、醫學漫談等節目,教育與娛樂并重。國泰電視一度是卑詩省唯一的專門華語電視台,每天平均播放十幾小時精彩節目,還獨家播放香港無線電視的戲劇專場、音樂特輯;星期一至五,均由衛星轉播中、港台每日新聞;逢周六有精選粵語電影;每星期天有大型特別節目。國泰電視還計劃逐漸走向國粵雙語路線,讓南人北人均能欣賞該台的華語節目。由於它在教導華人溶入主流社會,中和種族歧視,溝通中西文化等方面所起的橋梁作用,蘇先生一九九一年當之無愧地榮獲拿破侖酒廠頒發的十大杰出華人獎(傳媒界)。加拿大華界甚感榮幸!

經過長期爭取,一九九二年三月國泰電視終於取得加拿大電台電視和電訊委員會批准播放廣告的特別牌照,廣告通常是傳播媒體的主要收入,該台的經濟前景顯得一片光明。然而是年冬,蘇先生認為自己年紀大了,電視應該讓新財團繼續做為好,國泰電視由是易手。但國泰是溫哥華首座華語電視台,意義深遠。

三 新時代電視

新時代傳媒集團旗下有新時代電視、城市電視、加拿大中文電台和娛樂生活雜誌,百分之八十的華人家庭視聽或收看它播放的節目。溫哥華目前就有新時代、城市兩個電視,加拿大中文電台AM1470、FM96.1 及華僑之聲兩個電台,

新時代電視是加拿大的一個全國性的華語電視網絡,每周播放七天,每天播放華語節目十八小時以上。該台為大溫哥華地區、卡加利、愛民頓以及多倫多華人提供華語節目服務。在上述地區之外的地方,華人也可以透過衛星電視直接收看新時代的電視節目。僅一九九七年,新時代電視全國歲入就增長了百分之四十三,為加拿大增長最快的一個特別電視頻道。

加拿大華人春秋

新時代電視成功之道在于它對加拿大華人喜好的高瞻遠矚。加拿大華人通常腳踩兩只船：一邊是原居地香港、大陸、臺灣的聯系和文化遺產；另一邊是在加拿大的新生活。有見于此，新時代電視的工作就有了兩個重心。它極力搜尋亞洲的好節目來滿足觀眾的特別愛好，同時，它也將本地的新聞時事、商業、體育、生活方式、教育及娛樂，不遺余力地展現在觀眾面前。

華人觀眾喜愛收看新時代電視，超逾一半的華人觀眾收看該台的每日要聞。新時代電視的新聞節目用廣東話和國語報道加拿大或國際間的重大事件。為了滿足觀眾的需求，該台甚至播放來自香港、大陸、以及臺灣的當日衛星新聞節目。香港名演員岳華做雙音播音，國語主播張小姐北大畢業，負責普通話新聞翻譯和播音。

新時代電視為向華人觀眾提供盡可能多的本地信息，從商業投資到流行時裝，從電腦技術到網絡文化，無所不包。該台還從港、台、大陸的著名電視台調集戲劇、笑劇、肥皂劇以及其它娛樂節目以饗觀眾。這些節目收視率之高，足以說明華語媒體在加拿大華人之中深受歡迎的程度。

新時代電視的時事節目一直吸引著加拿大所有華人社會的關注與支持。新秀歌唱比賽和華裔小姐競選是該台一年一度的兩間大事。一九九七年，香港回歸的歷史時刻被帶到加拿大華人觀眾面前。一九九八年，全加華人球迷在電視屏幕上欣賞了精彩的世界杯足球賽。主流社會和華人贊助者都感到透過這些活動最能提高他們的知名度。

四 城市電視

象大多數加拿大移民一樣，中國觀眾喜愛收看用家鄉語言播放的本地和國內新聞。同時，加拿大華人和他們的故鄉常常有著千絲萬縷的聯系，故國任何風吹草動都牽動著游子的利益和情懷。新時代傳媒集團在播放加拿大本地節目的同時，亦增設兩岸三地的內容。他們還組織本地人才與亞洲妙趣橫生的制片人、廣播員、作家、以及其它藝術高手，一起創造華人喜聞樂見的華語節目。

城市電視也 1993 年開播，屬新時代傳媒集團開辦，是一座服務于大溫哥華地區的地方電視台。該台基本采用國語播音，與基本廣播粵語的新時代電視遙相呼應，配合默契。在保留住廣東、香港及老華僑定戶的同時，無一遺漏地也將大陸、臺灣觀眾強烈吸引住了。城市電視轉播很多收視率極高、生動活潑的大陸和臺灣節目。

五　多元文化台華語節目

溫哥華有一個多元文化電視頻道，其中華語也來分一羹戀，是為華社之星，為當地最老的華語電視節目。其中包括一些大陸節目，也有臺灣衛星新聞和世界衛星新聞。每天約兩小時的播放時段。

第三節　廣播電台

一　華僑之聲

匯聲廣播華僑之聲（AM1320）創辦于七十年代中葉，是大溫地區最早的華語電台。最初是每晚有六十分鐘時段，廣播新聞、氣象、社團資訊、同舟共濟（介紹工作）、每晚專題、流行歌曲後延至兩小時、四小時……直至如今全日廣播。過去以粵語為主，至今已增加了許多國語節目。

經過二十五年風風雨雨，華僑之聲鳥槍換炮，過去是唱片騎師放碟，現在是自己即場點唱，每年舉辦十大歌曲選舉。更有不少本地廣播作品，如諷刺時弊的處境劇、恢諧幽默的搞笑劇、悲歡離合

的愛情劇、充滿情趣的生活劇，甚至還有古代武俠劇。

華僑之聲關心社會，講得出，做得到，不但反映市民心聲，更以實際行動去解決問題。如組織義工用車接送新民前往投票；急不諳英語華裔之所難，設立全加第一條"911"中文報案專線；為了維護社會治安，華僑之聲還與警察局合編了一本中文印行的《防止罪案手冊》，造福華人……資訊節目方面，華僑之聲思想解放，從華人羞于開口的講性、到講金（財經、投資）、講心（醫療健康）、甚至到講根（故國的根和加國的根）。該台注重新聞系與及時性，新聞方面從英文電訊直接翻譯，至特派記者到場或出埠采訪；從當時數千元的新產品傳真機到現今的電腦互聯網絡，一切以快准為先。

華僑之聲的國語總監岳華很有幾分傳奇色彩。他原是香港紅星，移民溫哥華以後沒有片子可拍，轉而投身廣播。可能是拍片需要錄音的緣故吧，這人的京片子和他的粵語一樣地道。竟然有北京來的旗人，坦承岳華的國語比自己還講得好。華僑之聲的國語節目《風雲人物》、《成語小故事》、《吃遍天下》、《神雕俠女》等，均得聽眾喜愛。

華僑之聲近來連連舉行活動，如開心派對及 DJ 大賽招募站等，反應熱烈。電台營運總裁詹瑞慶還親自到場台前幕後打氣。今夏 AM1320 還計劃開展業餘 DJ 大賽，東方美少女選舉，華埠夜市同樂日，懷舊金曲大賽等活動。

華僑之聲於 1973 年創立，頻道是 1972 年啓播的 AM1470，後改爲 AM1320。當時是加拿大西部第一間、也是全國第三間多元文化電臺。啓播時牌照條款規定英語或法語外的外語廣播上限為節目表的 40%。

該臺於 1973 年開啓了劉恆信時代，後於 1992 年開啓了賀鳴笙

第五章　僑胞的千里眼和順風耳——記加拿大華人媒體

時代。早年大溫地區尚還沒有其他華語電臺和電視娛樂，華僑之聲就等同於當地華人的精神糧食。

隨著AM1470成爲新時代傳媒集團旗下的"溫哥華中文電臺"(後改稱"加拿大中文電臺")溫哥華粵語廣播的兩臺鼎立正式展開。踏入 2000 年代，有林國安、逸明、黃寶等新人加入。此外，華僑之聲自 2008 年 10 月起於不同時段轉播由《中國國際廣播電臺》製作的國語和英語節目。

2012 年 8 月 16 日起，AM1320 把國語時段改以"環球東方"呼號播放。相關安排直至 2015 年末因《路透社》的一則有關"環球地方廣播"與中國大陸的關係報導而終止。

華僑之聲有首電臺臺歌優美動聽：

華僑到他鄉爲求真理想。

隻手闖天下，經遍了風霜。

華僑在他鄉友情更芬芳，

相愛相助，親切同歡暢。

多少辛勞？多少血汗？

成功經過失敗不要悲傷。

華僑之聲，給你新希望，

安分、努力、爲僑胞爭光！

華僑在他鄉未忘故鄉，

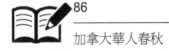
千里相聚，親切同歡暢！

這首歌詞於 1977 年經公開徵詞比賽產生，再配上音樂而成，由香港歌手甄秀儀粵語主唱，一時膾炙人口，深得聽眾喜愛。1992年有一表現港人移民溫哥華生活的港產電影《吳三桂與陳圓圓》，就以此為主題歌。唱了 30 年後，大概想搞創新，與時俱進，一度改成了搖滾唱法。因效果不佳，趕緊又改回原曲。

隸屬新時代傳媒集團的加拿大中文電台掌控著兩個頻道。以粵語為主的是 AM1320，專播國語那個是 FM96.1，提供三十一種語言廣播服務，特別是中文每天播報十幾小時。

AM1320 自一九九三年一月二十三日啟播至今，迅速發展成溫哥華極具影響力的中文電台。姐妹台 FM96.1 于一九九七年九月六日開台，後于二千年一月二十三作了改革，每周廣播五十四小時，成為大溫地區首個唯一純國語廣播的超短波電台。

中文電台配合同屬新時代傳媒集團的新時代電視、城市電視和娛樂生活雜誌、多倫多 AM1430/FM88.9 及卡加利 FM94.7，連通了全國娛樂資訊網絡，成為北美最具規模的華語電台，熱忱服務海外僑胞。

中文電台積極參加社區公益活動，如“中僑百萬行”、“加拿大國際龍舟節”、兒童醫院、中華文化中心等籌款活動。今春開辦財經論壇，請專家和市民聚集一堂，分析預測財經動向，主持人為新聞總監李潔芝。

中文電台給僑界提供了很多政治、經濟、商業以及文藝生活等方面的資訊，用中文廣播在加拿大僑界和兩岸三地搭起了一座橋梁，在華人中極有影響。

加拿大中文電台和兩岸三地簽訂過多項合作意願書，又正式與中國廣東電台在音樂交流、新聞支援、節目交換、活動參與等諸方面展開合作交換計劃。一方面將溫哥華風土人情介紹給國內聽眾，另一方面將富有中國色彩的節目帶給海外僑民，聊解他們的思鄉之情。

第六章　加拿大華人今昔

　　不忍三座大山的壓迫，不堪自然災害、刀兵戰亂的凌逼，不少華人踏波蹈浪，渡海遠颺。可在異域等待他們的是什麼呢？故國投奔不得，父母伺奉不得，妻兒團聚不得。他們政治上受官府岐視，沒有選舉權；社會上受盡異族無賴流氓的欺凌；經濟上不能從事高薪或技術性的工作，不得不投身于無比繁重、工資低得極不合理的種族性行業中去。本來想逃難脫貧、他鄉尋寶，卻發現"處處楊梅一樣花"！事實上，華僑從來都不想落地生根，他們日夜盼望著衣錦還鄉！

　　歷史是一條河，她呼嘯澎湃、奔騰不息！一個世紀以來，世界發生了天翻地覆的變化。人類要打破舊思想、舊制度的束縛，朝著自由解放的道路迅跑。加拿大華人經過默默忍受，也經過吶喊戰鬥，在世界民主和人權取得了偉大勝利的大氣候之下，終於贏得與人平等的地位。而華人的潛能一旦從斗爭與革命轉移到生產建設方面去，就會取得驚人的成就。社會的進步會模糊人種、籍貫以及國籍的界線，加拿大華人也逐漸把這里當作自己的家園，自己的第二故鄉。

　　歷史也是地球的自轉與公轉，她送走了沉沉黑夜，就會迎來燦爛的黎明！

第一節　中國移民的滄桑

一　菲沙河谷的淘金華人

一馬當先的華僑先驅

一四九二年，哥倫布奉西班牙統治者伊薩伯拉和斐迪南之命，攜帶一封致中國皇帝的國書，率水手七十八名，船三艘，從巴羅斯港出航，橫渡大西洋，抵達巴哈馬群島、古巴和海地等海島。這位意大利航海家發現了美洲大陸，四海揚名、流芳千古。然而後來的學者訝然發現，其實早在一千年以前，中國人就到達了加拿大。

據傳，早于公元四九九年，中國和尚慧深（Hwui-Shan）就曾訪問過加拿大。一七七九年，船長約翰·米爾斯載來三十名中國木匠，此船被西班牙人俘獲後，人員下落不明。

一八八二年，有人在溫哥華東北百余里的加士亞（Cassiar）不意發現古幣三十枚。經專家考證，赫然發現系中國公元前二百年的古錢。事情才過三年，有印第安人于電報谷附近又發現刻有中國字的佛教祭祀銅皿。一九五八年，瑪加烈岩士卑教授所撰卑詩省歷史書封面，刊用了一幅英屬哥倫比亞古地圖，在卑詩省區域上注明："扶桑"大約于公元四五三年為中國航海家所發現"。扶桑者，加拿大卑詩省也。地圖是英國海軍少校羅伯特（Henry Roberts）一七七八至一七七九年間據航海家柯克（Jams Cook）的資料繪制的。還有人著書說西岸夏綠蒂島土著多含華裔血統，顯系乃十三世紀元朝大帝忽必烈東征日本失敗，漂流至該島之中國水師云云。

哥倫布發現了美洲大陸，立即回去報告。旋即于一四九三、一

四九八、一五零二年三度出征美洲東岸沿海地帶，聲名大譟。中國人到美洲是民間遷移，一去不返；加上人種的關係，很容易與印第安人溶合同化，不為人們所注意。正如日人來中國一下就變成華人了，一如侵華日軍的遺嬰後來長大的那樣，連日語也不會講。若白人也移民中國，將永遠是外國人，混合的後代則可能會變成三國孫權那樣的黃鬚碧眼兒。

中國與加拿大通商始于乾隆四十五年，即一七八零年，比中美貿易還早了四年。到了十八世紀末，中國的茶葉、絲綢、瓷器等已運銷加拿大，換取卑詩省的皮毛、木材等特產。在當時官場和商場，加拿大皮草是一種奢侈品。

再向前可以追溯到大約一萬五千至兩萬年前，東方人渡過白令海峽成為印第安人這個不爭的事實，實在就沒有多大意義了。這里只想說明，加拿大並非是白人的私家花園，而是世界各民族的共同天下。

據有官方記載的史實，清代咸豐八年，即公元一八五八年，因早些時候在加西菲沙河和參遜河兩岸發現了金礦，一時間，各地淘金者蜂擁而至。那些在美國受夠了岐視的華僑，相邀為伴，從洛杉磯、舊金山長途跋涉跑來維多利亞打天下。此即第一批華人移民。消息不脛而走，數年之中，有的同胞不顧四十多日的海浪顛簸坐香港洋輪趕來；有的迫不及待乘木桅船而至，航程竟然長達三個月左右。據一八八三年統計，在卑詩省大約兩千多淘金者，華人居然佔了四分之三左右。此外，還有很多華人在當地從事餐館、洗衣和種植業。

由於淘金者要從維多利亞過路，以後在那個城市慢慢出現了一些華人鋪面，全加最早華埠由此誕生。那時卑詩省既未列入大英帝國殖民地，也不屬於加拿大聯邦政府，華人入口較為寬鬆。在第一

次淘金時代，加國華僑估計有三四千之眾，遍布于各個金礦場。

一八六一年四月十五日，美國爆發了南北戰爭。頭兩年南軍佔盡優勢，北軍連連失利。後來北方頒布了《宅地法》取得農民的支持，又頒布《解放宣言》得到黑奴的支持，後兩年反敗為勝。炮火連天拉鋸膠著整整打了四年，不僅逼迫華人北上避禍，還使唐山的華人赴美成為不可能，紛紛轉向加西海岸淘金。

一八六二至一八七四年間，華人人口持續上升。一八七四年，美國大肆排華，對華人諸多禁制，迫使部份旅美華僑，輾轉來加營生。維多利亞華埠由此蓬勃起來。

一九八零年，太平洋鐵路公司委托舊金山鐵路華商從中國雇來兩千華工試做築路工作，甚覺滿意。遂于一八八二年再委托維多利亞聯昌公司李天沛代理招募一萬五千華工。浩浩蕩蕩的華工乘船漂洋過海，次第進入加拿大。這是過去華僑移民史上最大一批移民。僅一八八二年就高達八千零八十三人。另外兩家商行——泰沖公司（Tai Chong）和李氏公司（Lee Chuck），見有利可圖，也從事了從香港承辦華工的生意。加盟的運輸公司是斯塔爾施米特（Stahl Schmidt）和韋爾奇（Welch），專責運送這些華工。大多數華工都是以合同制方式招募來的。他們從事很危險的架橋築路、開山打石工作，為一人一天一元的微薄工資賣命。其後約有四千名華工（這個數字在不同的文章里出入很大）——幾乎在每四個人之中就有一個——于築路期間，在爆破、山泥傾瀉、疾病、過度勞累、營養不良中死於非命，葬身異鄉。個中的生離死別、悲歡離合，在中外的書籍、小說、電影和其它紀實或文學的各類作品之中，都有催人下淚、淋漓詳盡的描繪。電影紀錄片《楓骨中華魂》還專門報道了華工修築太平洋鐵路的貢獻和犧牲。人們說，在太平洋鐵路每一英里鐵軌下面，就躺著一副中國勞工的骸骨！

一九八四年太平洋鐵路竣工，舉國歡慶。沿線各地從此飛速發展，溫哥華立即超過了維多利亞，成了西海岸第一大埠。是年，萬余華工全被解僱，彳亍街頭、流離失所。政府對華工不作任何安排，反而也就在這一年，開始征收華人人頭稅，每年每人十元。其後中華會館伸出援手，出錢出力，將其半數遣返回國。余下年輕力壯那些，賈其余勇，披荊斬棘、自奔前程。一些人到加拉補金礦區再度淘金。另一些收拾行裝，跋涉往加中和加東地區。

此後十幾年加拿大經濟低彌不景氣，到一八九一年華人減少了五六千人，降至一萬二千人左右。自一八九九到一九零三年，加拿大經濟倒也沒見好轉，只為國內兵連禍接、生靈塗炭，兩害相權擇其輕，百姓還是不斷湧來北美。梁啟超變法失敗流亡日本，是年訪加，曾著有新大陸遊記，稱說加拿大當時已有四萬華人。其時的維多利亞中華會館，慮及來者有增無減，抵埠者又無工可做，特電粵督敦請限制放洋出口。

一八八五年政府將人頭稅改為開征入境華人每人五十大元，其後增至一百甚至五百。當時，普通勞工月薪也不過十幾元，這一口硬是想咬到骨頭！可是因為災難深重的祖國和民族的原因，移民狂潮高漲不退。一九一一年華僑登岸六千六百六十人。一九一二為六千九百九十五人，僅次於一八八二年創下的歷史記錄。一九一三仍有六千余人。後因經濟蕭條加上世界大戰，赴加華人銳減。一九一四年降至二千六百余人。一九一五年甚而只有八十二人。直到一九一八年大戰結束情況方見好轉，是年華人入口約三千人。一九一九年約兩千人。一九二零年約一千三百人。一九二一年約兩千七百人。迄一九二三年，加拿大政府突然頒苛法，禁絕華人入境。直至一九四七年解禁，幾乎沒有華人登岸。

据加拿大統計局 2016 年人口統計分析結果顯示，加拿大華人年年暴增，現有 1,769,213(176 萬 9 千 2 百 13 個人）屬加拿大英

法兩裔後第三族裔，歐外第一族裔。其中約 27 萬屬於混血華裔。

國家 2016 年統計加拿大華人分佈如下：

	城市	總人口	華裔人口	華裔佔比
1	多倫多	5,862,850	700,705	12%
2,	溫哥華	2,426,235	499,175	21%
3	蒙特利爾	4,009,790	108,775	3%
4	卡加利	1,374,650	104,620	8%
5	愛民頓	1,297,280	71,950	6%
6	渥太華	1,300,730	49,925	4%
7	還有些華人散居加拿大各地。			

小樓昨夜又東風，故國不堪回首明月中——華人背井離鄉的歷史環境

中國有五千年的文明歷史，古時甚至不少外國人定居中國。宋時金主就是垂涎中國的花柳繁華，方為進攻中國 "立下投鞭渡江之志"。

自古以來，炎黃子孫無一例外認為，中國是天下最美好的國家，華夏是天下最美麗的國土，華人勤勞勇敢、知書達理，是龍的傳人。古書稱外國為異域番鄉，稱洋人為野蠻生番。國人牢記聖人的教誨，父母在，不遠遊。就是父母不在了，還是不肯遠遊，"在家千日好，出門寸步難"，"水是鄉中美，月是故鄉明"。既使萬不得已遠走

他鄉，也要"樹高千丈，落葉歸根"，找個油頭溜回來，不能流落異域做孤魂野鬼，令子孫想燒柱香撒撒水飯都找不到墳塋。

為什麼百余年來華人紛紛背井離鄉、遷移海外呢？這與國家和民族的興衰休戚相關的。

鴉片戰爭以後中英簽訂了《南京條約》，主要內容有：中國賠款兩千一百萬元；割讓香港；開放廣州、廈門、福州、寧波、上海五個通商口岸（史稱五口通商）。條約規定，中國進出口貨稅須同英方"秉公議定則例"。一八四三年七月二十二日訂立的《中英五口通商章程》規定英國僑民犯罪應交英國領事照英國法律辦理。十月八日《中英虎門續約》規定將來中國如"有新恩施及他國，亦應准英人一體均沾"。協定關稅、領事裁判權和片面的最惠國待遇使得中國喪權辱國，一步步走向半殖民地半封建的深淵。

鴉片戰爭高達七千萬元的戰費和賠款又轉化為捐稅和浮收，轉嫁的中國窮苦百姓身上。江浙民眾苦于橫征暴斂久矣。抗漕抗租的斗爭遍地開花。一八四六年，昭文縣（常熟）和鎮洋縣（太倉）農民先後攻入縣署。一八五二年，寧波農民居然將知縣碎尸。青浦農民膽敢把知縣倒拖里許，元和（蘇州）、無錫兩縣農民竟自行拆毀知縣衙門。在廣東四邑，天旱水潦，連年不斷。無論北方南方，農村的騷亂和起義連綿不斷。白蓮教和天地會在民間的秘密活動也十分活躍。全國動蕩不安，呈現出山雨欲來風滿樓之勢！

一八五一年一月十一日，洪秀全領導的拜上帝會發動金田起義，建號太平天国。一八五二年太平軍永安突圍，北上圍攻桂林月余未克，旋即陷全州，入湖南。道州四、五萬農民，數千煤礦工人相繼從軍。太平軍攻長沙不下，繞道北進，在益陽和岳州獲船萬余艘及許多水手，組成水軍。一八五三年底太平軍攻克武昌，該城"男子從者十之九，女子從者十一二"。五十萬太平軍順江而下勢如破

竹,連下九江、安慶等省會,三月十九日攻下南京,定為都城。爾後,太平軍勇將林鳳祥、李開芳北伐往皖北,入河南,渡黃河轉山西,跨過太行山逼近保定,佔領天津附近定海一帶。與此同時,西征軍在賴漢英等指揮下,溯長江而西,收復安慶、九江、武漢,並佔領安徽二十余州縣,使安徽成為太平天國的重要活動地區。不久異王石達開率大軍西上增援。一八五六年東王楊秀清率天京守軍擊潰清軍江北大營,又會同石達開擊潰江南大營。太平天國雖然後來發生內訌,石達開率精銳出走,戰事共連綿進行了十四年之久。

與此同時,滿清對百姓的壓迫有增無減,民間的反清斗爭也從沒停止過。一八六一年,廣西灌陽建立了"升平天國"。翌年,潯州成立了"大成國"。一八五三年九月上海小刀會起義。一八五五年貴州苗民起義。同年,各路捻軍匯集安徽活動……那些個災難不斷、兵連禍結的年月!

兩次"鴉片戰爭"花費了大量軍費,還導致了賠款和開放通商口岸,極大地破壞了中國的自然經濟。無數的農民喪失土地,淪為傭工,或者破產行乞,顛沛流離。此情此時,人們抗拒自然災害的能力也大大降低了。當時的天旱水澇、蝗災、地震,接二連三,加上糧食不足、人口過多以四邑為例,每平方公里人口竟然高達一千五百人。台山縣從一八五一年到一九零八年,遭受過四次洪水、七次台風、四次地震、兩次干旱、四次瘟疫和五次飢饉,人民惟有遠走高飛、自謀生路。連清廷都不得不禁止臣民移居海外,此通令始于一八四二年,至一八九三年方取消。

人們就在政治動亂、經濟破壞、自然災害的多重逼迫下,亡命他鄉……

人在矮屋檐——加拿大歷史上對華人的種族歧視

英人有句諺語，"有用的朋友才是朋友（Friends in Need are Friends in deed）"。換言之，朋友沒有用了就請他走路。過去的加拿大政府可算一直格守著這段箴言。

憶往昔菲沙河谷發現金礦，華人紛紛前來淘金或從事相關的服務行業，當地人對此什麼態度呢？一個倫敦《時報》（Time）記者報道道："在這些殖民地人們對他們（華人）並沒有什麼差別待遇……絕大多數都非常高興見到他們來到這個國家。"

在太平洋鐵路剛剛通車不久的一八八五年，政府為此還組織了一個專門調查委員會。為什麼當地人樂于見到華人的到來呢？當時的卑詩省前首席法官薩‧馬修‧貝格比（Sir Matthew Bebie）如是說："如果沒有中國佬，我一點也不明白這裏的人將怎樣生活下去。這些中國佬干白種婦女不能干的活，也干白種男人不願干的活，而且干得很好。"這位法官大人還進一步分析了為什麼華人"干得很好"："說到過去，不可懷疑的事實是：第一，大量被雇的中國佬長年累月所從事的主要是我們煤礦那些最吃力的工作；第二，每個罐頭廠三千人；第三，在從事金礦開采工作的工人中他們是人數最多的；第四，他們是這個省模範的園丁，種植了這裏生長的大部份蔬菜；第五，人們已經認識到他們對于鐵路建設作出了絕對不可缺少的貢獻；第六，他們有很多人，有時甚至是全部人，幾乎被那些白人所選舉出來的委員會或理事會管轄之外的每一家製造廠或其它種類的企業所雇用。"

正如唐時中亞細亞的外夷來到中國和華夏兒女一起勞動生息、繁衍子嗣那樣，華人來到美洲也和當地人民打成一片，和睦共處。他們從事烹調、洗衣、淘金、伐木、采礦、耕種、也有的成了坐賈行商。他們辛勤地建設加拿大。

然而，種族主義的幽靈到處飄蕩。

事情可以追溯到乾隆五十八（一七九三）年，英使馬嘎尼
（Macartney）托詞為乾隆祝壽，向清廷提出六項要求，均遭拒絕。
乾隆給英皇的諭旨中說得明明白白：“所請多與天朝體制不合，斷
不可行。”并說明“若將來船至浙江、天津，欲求上岸交易，守土
文武必不令其停留，立時驅逐，勿謂言之不豫”（《熙朝紀政》卷六
《紀英夷入貢》）。由此中英交惡。

嘉慶二十一（一八一六）年，英國复派史臣阿美士德來京交涉。
結果雙方在朝拜皇帝禮節上發生了爭執，尚未拜見，竟已不歡而散。

英國交涉不成，轉向走私，並向中國傾銷鴉片，而中國則實行
禁煙。鴉片戰爭由此發生。戰爭暴露了清廷的腐敗無能，不堪一擊。
弱國無外交，國勢不強，國民受累。此後歐美的媒體都以揭露中國
人柔弱丑陋為能事。當時加拿大是英屬殖民地，自然也不落人後。

除了政治的原因之外，種族歧視更乞靈于當時頗為流行的社會
派達爾文主義。這種鼓吹種族優越的理論把達爾文的自然界物競天
擇的學說牽強到社會學和人類學上去，將人種分優劣、排高下，諸
如歐洲人最聰慧，非洲人最愚昧等等。此即種族歧視的理論基礎——
優生學。

也有人說排華是因為華人搶了人家的工作。且慢，那麼政府何
不去排斥比淘金和築路華人遲來的那些白人呢？在築路年代，華人
已佔卑詩省人口的五分之一了。事實上好些排華十分起勁的白人還
比華人後來呢。不過他們有一層保護皮，不管是薩克森、法蘭西、
日爾曼、匈牙利、俄羅斯或者歐洲別的什麼地方的來客，一抵埠，
就像真是一個地道的隨哥倫布同來的英國人一樣，叫你怎麼也分辨
不出來，倘若不計其口音露出的馬腳。然而華人永永遠遠是黑眼睛、

黑頭髮、黃皮膚，怎麼看怎麼象一個外國人。于是他們將面孔一板，指著亞洲人的鼻子，聲稱搶了他們的飯碗。這豈不是喧賓奪主麼？

　　其實，在華人來到從加拿大以前，種族主義就存在了。它是野蠻和愚昧的產物，那時的岐視是沖著印第安人的，以至於那個種族人口大幅下降至現在的三百二十萬左右，其中在北美大約剩下八十萬，大部份留在保留地。自從一些亞洲人隨著白人之後進入加拿大，岐視的矛頭就對準他們了。不過開初因為淘金，後來為著築路，社會上亟需華工，種族分子暫時啞忍，一到太平洋鐵路通車，種族情緒方才爆發出來。

　　說及岐視，老華僑首先會悲憤地控訴只向華人強征的人頭稅。這是赤裸裸的勞動的剝削，血汗的掠奪！

　　一八七二年，卑詩省政府提議征收華人每人五元入境稅，幸未被通過。一八七八年，入境稅舊事重提，變本加厲為四十大元，經中國駐英欽差大臣郭嵩燾交涉而取消。

　　話說那時太平洋鐵路剛剛竣工，萬余華工頓時失業，流離失所。加拿大政府不思設法遣散華工，反而莫須有地向登岸的中國人，也僅僅是向中國人，每人征收五十元。這簡直令人發指！因為政府在向中國人征稅的同時，對白人移民反而作出經濟援助。例如英國人來移民政府就補助他們渡海的旅費。

　　當時，向移民征稅前無古人後無來者，根本是師出無名。然而政府就蠻橫地冠之以 "人頭稅" （Head Tax）。而且這莫名其妙的人頭稅越滾越大！

　　一九零零年，該稅增至一百元。

　　一九零四年，該稅增至五百元。

五百元是多少錢呢？據老人說當時可以買兩座房子。筆者手頭沒有資料，不敢妄擬。但從其時普通勞工月薪十至二十元來看，五百元絕不是一個小數目。根據中華會館的檔案記錄，各業月薪如下：

礦工十五——二十五元

洗衣工十五——二十元

泥水木工十五——三十元

築路工二十——二十五元

店員十五——二十五元

頭廚二十五——三十元

普通廚師十五——二十五元

普通勞工十一——二十元

企台十一——十五元

洗碗工十一——十五元

華人教師三十五——四十元

據統計，從一八八五年至一九二三年這短短的三十八年之間，加拿大政府向中國移民征收的人頭稅高達兩千四百萬元！從一九零五到一九一四年，政府單單從華人那里就征收了一千三百八十萬加元。這一數字相當于加拿大這一時期全部稅收的 8%，或國防預算的 14%。而華人在一九一一年只佔加拿大人口的 0.39%。人均納稅是普通加拿大人的二十倍！人頭稅取消在一九二三年，因為這個歧視華人的法規已被另一個峻法所取代。是年，加拿大政府通過了更為嚴厲的"排華法案"（Chinese Exclusion Act），禁絕華人入境。

根據這個法案，只有四種人才能入境：一，外交人員；二，加國土生華人；三，商人；四，留學生。這個法令從一九二三年執行到一九四七年，二十四年中被批准入境的華人不足五十名。

人頭稅無疑是最臭名昭著的種族歧視法案，然而它既不是第一個，也不是最後一個。也虧了那些政客們怎麼想得出，那時的種族主義苛例可算是接二連三、層出不窮。

一八七五年，卑詩省省議會就通過了一項剝奪華人公民權的法案。

一八七六年，同樣是那個省又禁止在政府工程中雇佣華人。

一八八四年通過一項法案，既不允許華人獲得自治領的公有土地（Crown Lands），也不允許華人改變自然水道。

一八八五年，卑詩省政府開征華人采礦執照稅，每張十五元

一八九零年的煤礦規則修正法禁止華人下井作業。

一八九三年省療養院法不許華人進住省政府為老弱病殘設立的療養院。

一八九五年卑詩省不許華人參加省選。因為省選投票當時就是一種資格，所以華人被拒絕成為市政府機關、學校理事、陪審員以及省立法機關的提名人。連國家總理麥當勞也這麼說："華人移民和我們缺乏共同的興趣，他們為我們效犬馬之勞。他們是有酬的，其價值不過如我們向美國借來打谷機器或其它耕具一樣……他們缺

少英國人的本能，英國人的敏銳，和英國人的抱負，因此他們沒有投票的權力。"

一八九七年的卑詩省一項法規禁止在一八九七年的市政工程中雇佣華人。

一八九九年的售酒執照法規定華人無權領取售酒執照。

法令規定，你可以買賣公有木材，如果你不雇佣亞洲人。

有簽證的華裔學生在入境時得繳納三百五十元入境稅，當他在加完成第一年的學業後，該款項才可退還。

一九零三年的另一個修正法則禁止華人在煤礦從事技術性工作。華人也被禁止獲得手伐木工的執照。

一九零八年，禁止華童就讀西人學校。同年，薩斯喀澈溫省（Saskatchewan）剝奪華人的公民權。就是這同一個省份，一九一二年立法不許華人雇請白種婦女。緊接著安大略省和卑詩省也于一九一四和一九二三年分別跟進這個法令。

一九二二年，卑詩省鬧黃白分校。

有的法令並不直接指明反對什麼族裔，然而就象規定"富人和窮人均不得在公園過夜"一樣，針對何人是一望而知的。

一九一七年的市民服務法規定，非英國臣民，既使有投票權，也一律不得從事市民服務工作。

一九二零年自治領選舉法及其一九二九年的修正法規定，所有投票人不僅要具有省投票權，還必需是英國臣民。華人的基本公民權被剝奪了，但卻未被免除任何公民義務，當時的任何一條征稅法都適用于他們，自治國民軍法對沒有投票權的人也不免除兵役。

一九二二年工廠法禁止洗衣店在夜間工作，也不準在星期六和星期天營業。

以上堂堂皇皇、明明白白的種族主義是經過受人尊敬的政客們投票，變成了法律，是系統的制度性的。另一些或策劃于密室、或點火于基層，尚處于醞釀之中，卻荒誕得連政客們都感到羞于舉手通過的種族歧視動議，更是罄竹難書、數不勝數。

一八七二到一八七四年，卑詩省議會曾經有個企圖，向華人征收專門的年度稅，理由是華人在煤田頂佔了白種工人的工作。

一八七八年國會曾二讀通過這樣一條法案：超過十二歲的華人，每三個月得呈示工作証，并繳納十元的牌照費。也就是說華人每一季度都得交出大約半個月工資。同一法案還規定雇主要向政府呈交所雇華人的名單，如有虛報和隱瞞，按他所雇的華人人數罰款，每一人罰一百元。此法案在三讀時幸遭否決。

一八八二年，卑詩省立法機關請求自治政府向加拿大太平洋鐵路建築承包商下達命令，不準他們雇佣華人，而只雇佣白人。承包商又何嘗不想只招聘白人，可那樣就得多付一倍工資。于是這一要求理所當然地受到拒絕，理由是政府不能限制承包人。

一八八四和一八八五年，卑詩省分別通過了兩項法案，不僅對企圖闖關的華人罰款，而且還要懲罰幫助他們的人。後來因省政府無權過問移民事項都沒有獲得承認。

一八八五年以前，卑詩省的政客們一直要求限制中國移民。其時太平洋鐵路正在施工，一八八三年，加拿大第一任總理麥當勞就

曾直率地向下議院陳述厲害：“當我們能用白種勞力全部取代華工時，對他們徹底排除將是極好的事情，但如果我們做不到這一點，我們享有華工還是比完全沒有勞力好些。(加拿大下議院辯論，1883年）”

一九二二年卑詩省漁業調查委員會曾建議，通過減少頒發東方族裔捕魚執照從而將他們從漁業中排擠出去。這個應當被稱為“白種漁業調查委員會”的委員會異常直率地報告道：“是否減少東方族裔漁民的執照頒發數量並不是問題，問題是，減少多大比例應該在不干擾漁業生產的情況下根據在最短的可能時間內白種漁民可以取代東方族裔漁民的具體情況而決定（卑詩省漁業調查委員會，1922年）。”

盡管由於政策不許華人婦女入境，加拿大華人子弟數量很少，但這些孩子到學校上課竟然令好些人如坐針毯。一九零一年雖然僅有十六名華裔學童在維多利亞市的公立學校讀書，卻使得有的人仿佛如臨大敵。一九零二年一月二十六日《維多利亞殖民者》上一篇文章說道：“在公立學校的課堂和操場上讓華人子弟與西人子女混合在一起正在成為問題……為了保護盎格魯薩克森人（Anglo—Saxon）之道德和倫理文化標準，我們發現，在公立學校把部份孩子和別的孩子分開是必要的。”

一九零八年，維多利亞教育局同意給華人子弟單獨開課。一九二二年又決定把所有四所學校的二百一十六名華裔學生集中在王路學校（King's Road School）上課。華裔學生和家長開始了長達一年的抵制行動，直至當局允許學生返回原校為止。

種族歧視有兩種。一種是立法的（Institutionalize），另一種是潛意識、心理上的。前者如“人頭稅”、“排華法案”等等，是有形的。自從加拿大于二十世紀中葉通過了數個人權法案就銷聲匿跡了。可是後者是無形的，情感方面的，它無所不在，無時不在。尤其在加拿大電影、電視、漫畫、流行小說這四大傳播媒介中總是頑強地表現出來。讓你心領神會，讓你覺得別扭。你若問人，人家都說沒有，可你還能叫他掏出心來讓你看看麼？

排華行動往往總是和經濟的不景氣關連著的。由此看來，天下窮人是一家的觀念，未必準確。一八六六年，淘金熱發展到第八個年頭，人們已經很難再找到好礦，只能食之無肉、棄之有味地在次礦殘礦區淘摸的時候，就遷怒于華人了。他們心想：都怪你，你要不來，我不是還在富礦慢慢淘麼？同行是冤家，是時人們總覺得華人在和白人礦工搶飯碗。尤其是有的人覺得華人常常削減工价來與白人兄弟競爭，異常憤怒。當時的社會輿論是譴責華工的。初初聽來這似乎有些道理，再仔細一想，不對！其實那些博得人們同情的白人淘金者，也是聞訊從美國趕來的。他們除了皮膚的顏色而外，與華工并無不同。天下者，眾人的天下，金礦又怎能為他們所得而私？反過來如果華工指責白人淘走了華人的好礦，或者印第安人嗔怪白人來與他們爭食，豈不是滑天下之大稽麼？

這類意識、心理方面的種族岐視常常是毫無羈絆、自由泛濫。它的表現是長期的、複雜的、時起時伏、有時甚至是很激烈的。

一八六零年，白人在雅利礦場將兩名華工殺害。

一八八九年，礦區華人，時遭白人謀財害命。

一八九四年，英裔警察巧借查戶口之名，恣意搗亂，敲詐勒索華人銀兩。

種族主義者還發明一些蔑華新詞匯，如：Chinaman（中國佬）、Heathen Chinee（中國蠻子）Yellow Peril（黃禍）、Chinaman's

Chance（中國佬的際遇），流毒至今。

更有甚者，當時華人最集中的溫哥華竟然兩度發生排華暴亂！

已過去一個世紀了。事過境遷，加拿大社會的種族和諧已經取得了長足的進步。初期溫哥華華埠位于煤炭港（Coal Harbor）的素廬街，即今士丹利公園附近的西端（West End），旁海靠港佔盡地利，後來卻遷往以東大約兩公里的上海街。何也？說來真叫人齒冷，一八八七年，一些亡命之徒為著破壞華埠和威脅華人不要和白人競爭，肆意搗毀華人店鋪，搶劫華僑財產。他們在市政廳集結浩浩蕩蕩開往位於 Stanly Park 入口附近的華埠，竟然放火將華埠燒毀。甚至有的華人被逼得跳海逃生，而歹徒就趁火打劫。是次暴動竟然把華人全部趕出了市區。華人此後逐漸聚集在今文化中心的片打街一帶，則是後話了。

當時溫哥華市長和市級行政官員對于把華人趕出該市至少是持同情態度的。在市政府的許可之下，許多排華集會就是在市政廳里舉行。誰想暴亂的破壞之大竟是始料不及，以至于省檢查總長不得不通過立法手段在溫哥華指定臨時警察（Special Canstables，相當如今的協警吧），還暫停市長、市法官和治安官的司法權。後來成立的專門調查委員會作了輕描淡寫的處理，這麼猛烈的暴亂居然僅有三個人被指控攻擊華人。

結果後來又發生了第二次暴亂。一九零七年九月，溫哥華一個名為“排斥亞種人同盟”（The Asian Exclusion League）組織的游行迅速演變成一次大暴亂。游行旗幟上寫著：“白人的加拿大，不要廉價的亞種勞工”；“我們曾為英帝國而戰，並準備再戰”；“白人的加拿大——保護你自己的種族和國家”。這次暴亂使唐人街和日本街損失嚴重。聯邦政府不得不組織了一個皇家專門調查委員會著手調查，特派員麥克肯齊（Mackenzie）還杯水車薪地建議賠償華人兩萬六千九百九十元。問題在于，暴亂以後人們很少同情華人，種族主義活動仍十分活躍。有人在“排斥亞種人同盟”會議上鼓動說：“暴亂行動給加拿大公民十分深刻的印象，真正行動起來要比在市政廳說嘴更為必要。”

逝水流年，最後在世界人權大發展、大進步的歷史潮流之中，人民群眾空前覺悟，華人以及其它亞非族裔急遽增加、力量飛速發展。那個組織越來越沒有市場。不少歹徒翻然悔悟、改弦易轍，少數死硬分子最後淪為三 K 黨徒。

世界在進步，華人、白人、黑人都在覺醒。種族歧視在法律上已無容身之地。如今種族歧視、種族仇恨已成重罪，人們就算對某類族裔有些看法，也是羞羞答答、隱而不發。有的事情，叫人也真不知是不是種族歧視。十年前，有些白人認為溫哥華的一些新房子大而難看，有礙觀瞻，要求市府改制。立時眾說紛紜、各抒己見。此即喧嚷一時的“怪獸屋”之爭。因為當時不少港台同胞移加，購置新居，很多人就把怪獸屋歸罪華人，從而再生發開去，說華人砍樹，說華人前門栽蔥後門栽蒜，說華人出租房子……市府左右為難，還專門開了公聽會，聽取各方不同意見。場上中西各半，壁壘分明，市府得照顧各種意見，一方面要改，另一方面又不能改得太多。後來是略作修訂算作調和。來說是非者，便是是非人嘛，為了避嫌，雙方都沒扯上種族歧視，可是心知肚明。然而公道自在人心。捫心自問，符合政府規例的算得大房子麼？屋主無權砍樹麼？華人租屋，西人不租麼？西人就不種菜麼？假如你抽空到溫哥華引為自豪的歷史保留地段桑納區（Shaughnessy）看看，那里一兩百年的老房子比“怪獸屋”大多了。那在港台有錢人到來之前怎麼沒有人來抱怨呢？想想，一間豪宅，如果出來一個黃皮膚扁鼻子亞洲佬，豈不叫人氣不打一處來？可要是出來的是一個高鼻子碧眼睛氣宇軒昂的英國紳士，怎不叫人立馬就要站得筆直脫帽向他鞠躬呢！

二 含辛茹苦的海外掙扎

國內同胞把外國稱作"金山"，去美國是去金山，上加拿大也是去金山。顧名思義金山就是容易掙錢的地方。有些華人僥幸賺了幾文，心中一喜不免就夸點兒口。然而失意那些，一來說了怕家里親人空掛牽，二來又于事無補，徒增煩惱，只好啞忍。僅靠口耳相傳，報喜不報憂，國內同胞對海外的瞭解並不全面。

華人在加拿大是從最苦的工作開頭的。淘金，千辛萬苦；築路，披荊斬棘。可是，金礦淘盡和鐵路竣工之後，他們的就業和報酬還是沒有絲毫改善。

現在來看那簡直不可思議。當時和白人干同樣工作的華人，工資竟是白人的一半。統計顯示，一九零零年前後，農業華工月薪是二十至二十五，白人是三十至四十；制靴華人每日可掙一塊多的時候，白人可掙二至三塊；每生產一百枝卷煙華人的報酬是五毛到一塊，白人的報酬是一塊一至一塊九。這種不平等甚至延續到二十世紀三十年代，當時卑詩省工作關系部規定鋸木業每小時最低工資是三十五分，但對不到四分之一的有些工人可以僅付二十五分。這些打入另冊的工人都是東方族裔，主要就是華人。官員還振振有詞說，雖然較諸他人這個工資是低的，但從東方勞動者的實際情況來看，顯見有了可觀的增長。此人也真嘴巧，他要你在西方生活，卻得拿工資和價廉的東方來比較。

華人在許多行業中受到岐視，然而這些行業，又恰恰是因了他們的低工資才興旺起來的。對于白人雇員來說，華人的低薪使得白人的高薪成為可能，否則就要提高價格從而喪失了競爭力。對于白人雇主來說，少支出工資是在價格不變之時增加利潤的唯一方法。可是在經濟不景氣的時候，這些得過好處的白人雇主和雇員幾乎是同仇敵愾聯合起來了。

就是這種受氣的工作，華人也不容易找得到。當華人的低工資逐漸取代白人的高工資的時候，後者就通過種族排斥來壟斷這類工作。使得職業人種化。比如什麼職業是華人干的，什麼職業是西人干的，等等。一度，中國人不得在政府部門工作，不準做醫生、律師及藥劑師等後來被證明是他們很擅長的一類工作。

一位有良心的牧師充滿同情地說，“高中和大學的華裔學生畢業後的一些困難主要在商品化的生活之中表現出來。這里的種族歧視是明顯的……除了那些華人自己經營的行業如水果店、東方食品店、洗衣店和餐館等，可以對他們開放的行業非常之少。”

一位華人談及自身的經歷也感觸良多。“我們這些在加拿大出生的華人，能上大學的已經不多，能找到對口工作的就更少了。就拿我的兩個兄弟來說吧，雖然在卑詩大學取得了學位，可沒有一個能找到工作。我的一個兄弟是土木工程師，一九二三年畢業，因找不到工作，只得去了魁北克……另一個兄弟獲得的是乳制品方面的學位。他也找不到任何工作，所以在一九三五年前後返回了中國。”

華人長期失業，只有放棄一己之長，轉向另類行業。這既是在種族歧視壓迫之下形成的種族行業。這類行業主要是餐館、唐山雜貨一類。人們對唐餐贊不絕口，里面就包含華人心酸的故事，其實這正印証了加拿大過去的職業種族化歷史。當時洗衣是手洗，所以開洗衣店也成了華人的專利。溫哥華第一間華人洗衣店是位于水街的“華昌洗燙”。溫哥華最大的奇華洗衣店（Keefer Laundry），就是唐人街的一家多年老店，今猶存焉。老闆後裔是學習尖端科學的，畢業後回來繼承家族產業。

洗衣店要用手工洗衣乾衣，漿燙折疊，還要趕著馬車給客戶一家家送貨。鋸木廠華工主要是搬運木頭；或是機械工做好產品之後，負責打捆包裝一類工作。餐館分樓面和廚房兩部份。樓面主要是上

菜倒酒、迎來送往。廚房則要冒著煙燻火燎，出菜洗碗。過去沒有碎肉、洗碗消毒的機器，全憑手工操作。華人除了上述行業之外，很多人還從事家庭雇工和農業的工作。

老華僑唐先生一九一五年繳納人頭稅入境，其後在魚廠做工，工種是剖魚。五零年太太攜子抵加，兩人開了間街角小店。其子在唐人街餐館做廚，找的土生對象也是樓面女企台，後來小兩口開了鋪子，還是唐人餐館。加拿大當時的職業種族化由此可見一斑。

據唐老伯回憶，過去溫哥華經常下大雪。作為華人同工不同酬，和被排斥于技術工作的一個結果，華人大都是很窮的。他們還要歸還向親友籌措的人頭稅，這更叫人雪上加霜。當時的華工，根本租不起房子，他們十幾個華工擠在一間大房里。嚴冬天氣，眾人燒煤取暖。白天四出打工，有的洗衣，有的捆瓦，有的烹飪……晚上放工眾人方才見面。買菜燒飯輪值日。私人的錢財，各用一個腰袋綁在腰間，打工、睡覺、洗澡都得帶著。

三 牛郎織女的華僑家庭

相敬如賓、舉案齊眉，此為家庭的理想境界。夫妻願做鴛鴦鳥、並頭蓮，白天有人煮飯，晚上有人暖腳；出門有人著鞋，回家有人更衣。他們不想分居兩地，更不想有個第三者插足其間。

家有一老、勝過一寶，此為家庭的更佳境界。家里有個老人，可以看家，順便漿洗，幫忙帶孩子。小偷知道屋內有人，避之不及，也不至于將電腦給偷了去。

含飴弄孫、兒孫繞膝，此為家庭的完美境界。不孝有三，無後為大。家里兒來女往、喧喧嚷嚷，有儿防老，有人繼承財產，方繪成一幅全家極樂圖。

華夏的老傳統是故土難離。華人到海外淘金修路，目的不過是他鄉作客，不作長期打算，一旦掙足撈夠，就會打道回府，衣錦還鄉。同時環境的艱苦惡劣也不容他們藏嬌納妾。早期華人都打單身是有歷史原因的。最初，鐵路完工當年，政府隨即向中國移民征收"人頭稅"，龐大的稅務使得夫妻團聚在經濟上成為不可能。其後，到了一九二三年，加拿大通過排華法案（Chinese Exclusion Act），更使得華僑夫妻團聚在法律上成為不可能。

　　這兩種人為的干預，造成華人男女比例嚴重失調的惡果。在最嚴重的一九一一年，全加華人兩萬七千八百三十一人，但其中婦女不足千人。每二十七個男人中才有一個婦女。以至于當年土生華人僅三人。

　　男大女大，婚姻就成了當務之急，取什麼樣的女人就在其次了。那麼男性華人怎不就地取材，娶個金髮女郎呢？君不知，一來舊時的華人以打工崽為主，沒有多少文化，有的華工終身不懂英語，一旦與西人打交道，總是比比劃劃，各說各話，甚不方便。二來那時節種族歧視盛行，能克服社會壓力的當地女子也不多。三來異族通婚，文化差異也很大，即使有勉強結合的，最終也常常是以仳離收場。一九三九年涉華婦女所生的一百零九胎嬰兒中，只有一胎嬰兒的父親是白人。另有五胎嬰兒，父親是華人，母親是白人。以加拿大之大，那年竟只有六個新生儿是華洋結合的。

　　于是乎大多數加拿大華人都是千里迢迢渡海回鄉取親。因為沒有接觸機會，到時多是相見不相識。全憑父母之命、媒妁之言。如果還想保持返加資格，新郎成親後最多在鄉下呆上兩年，就得匆匆回來。為著那短暫的溫情，以後那已婚單身公就靠魚雁傳書、匯票寄款，資助他的家屬。而由於須臾的恩愛，那千里之外的新娘就守活寡、做怨婦，撫養老公的骨肉。這樣的牛郎織女即使到了七月七尚不得相見，非得等到男的又蓄夠一定的旅費，方可考慮再來一次

鵲橋相會。有的上次相見還是紅顏黑髮，再度相見已變皓首豁牙矣。

後來由於日本侵略中國，有頃發生太平洋戰爭，切斷了加拿大華僑和唐山眷屬的聯系。抗戰勝利後，神州大地隨即爆發內戰。等到打出輸贏，炮聲歇息下來，共產主義和自由世界之間又開始了冷戰。一度四人幫還制造所謂的"海外關係"罪名，迫害僑眷。即使在特魯多一九七三年訪華，中國政府答應放行親屬移民之後，事實上也只是做做樣子，并沒認真履行承諾。可以說中加移民渠道真正順暢是始于八十年代之初的改革開放。由此向前逆推至加拿大政府開始征收人頭稅，幾乎過去了一個世紀。

一個姓張的華僑回憶，一九二零年他二十余歲時經父母安排回鄉迎娶個小姑娘，小住一年就回加了。待到太太來加再相見時兩人竟已六十多歲。有位蘇女士回憶說，她爺爺和奶奶就見過兩次。一次是經人介紹從加拿大回國成婚，再一次就是奶奶後來病逝，爺爺回來奔喪，真是至死方見。

另一個華僑說了為什麼不能回國短聚的原因："有的人來這二十、三十或五、六十年了，可是從未回家見過自己的親人……回不去呀！你來到這，掙一點，花一點，要繳稅，還要寄錢回去養老養小。這旅費到哪里去弄呀？"

分居極大地損害了家庭的經濟。這種情況，女的基本不可能出去工作。就靠男的一人掙錢，全家花費，必然是手頭拮據，捉襟見肘。社會先是造成這種貧困，接著就來譴責貧困所帶來的各種現象。維多利亞市有鑒于華人住得狼狽，就一度規定人均居住面積為三百五十多平方呎以上。

分離造成夫妻生活上的痛苦。男人孑然一人，下班歸來，冷床冷灶，燒飯洗衣全得自己動手，入夜難眠。女人呆在家鄉治家教子，形單影只，日日盼夫歸。

夫妻分離造成了社會問題。閑來無聊，必定嗜賭成性；男人久曠，神仙也打熬不住。再加上頹廢絕望，人們就會寄情煙酒、流連鴉片。過去的唐人街，歷來是藏垢納污之所，使政府頭疼已極。昔日華埠，有如貧民窟，煙寮賭館、流鶯神女，當街可見；麻將聲、喝牌聲、劃拳聲，隨處可聞。女的在鄉下，紅妝守空閨，若是把守不住，被人捉到可就慘了。光一個祠堂就可以定人生死，或是捆綁毒打，或是剝光遊街，或是裝籠沉潭。

老華僑回憶說，"大家都是單身。下班能去哪里？當然去賭場啦！有的去贏錢，有的去會朋友，有的去打探消息，也有的並不為著什麼。"

兩地分居導致了離婚、重婚、非婚生子。當時華人的一個怪現象就是有的終身未娶，有的卻數度梅開。過去結婚沒有法律手續，父母之命，媒妁之言，一拜天地、二拜父母、三對拜，就算行過大禮。而且舊時風俗允許一夫多妻，有的男人因太太不在身邊，遠水解不了近渴，就地解決，于是又建立了另一個家庭。還有的寂寞難耐，臨時找鬼妹急就一下，待到興意闌珊，再一拍兩散。富人兩邊給點錢，左右逢源。窮人一步走錯，愧對髮妻，索性躲起來。鄉里原配不見消息，還當老公死了，只嘆命苦。有守節的，有改嫁的，有尋短見的……

直至一九四七年加拿大開放中國移民以後，這種情況方才逐漸得到改善。

第二節　當今加拿大華人

一　聯合國授銜——人類居住最佳國

《史記‧秦始皇本紀》："古有三仙山，名曰蓬萊、方丈、瀛洲，仙人居之。"千百年來，中國人對幸福不斷地憧憬著、追求著。戰國齊威王、燕昭王、宣王就曾聽信丹方術士之言，使人往索蓬萊、方丈、瀛洲，說此三山在渤海中，去人不遠。嘗有至者，說仙人及不死藥皆在。及秦始皇兼并天下，也曾派方士徐巿發數千童男童女漂洋過海，尋找仙山福地、長生不老之藥。船遇大風受阻，報曰："未能至，望見之焉。"

"惜秦皇漢武，略輸文采；唐宗宋祖，稍遜風騷。"一晃兩千年，世界起了翻天覆地的變化，飛機頂替了驛馬，木船也早為巨輪取代。在科學昌明，交通發達之今日，過去寐夢以求的痴想，很容易就可以實現了。自近代始，或避戰亂，或為理想，無數炎黃子孫背井離鄉東渡日本，南下南洋，西往歐洲。特別是改革開放以來，為著求學讀書，大量懷志青年紛紛飛抵北美。華人在當地勞動生息、養兒育女，幾百年下來，據臺灣僑委會的最新統計，至一九九九年底，海外華人在亞洲有兩千六百七十八萬八千，美洲有六百零一萬零三千，歐洲有九十六萬八千，大洋洲有六十萬五千，非洲有十三萬兩千，總計三千四百五十萬零六千人。其中美洲華人與一九九八年統計的五百零二萬，大幅增長約 19.8%！

據聯合國調查，一九九九年十月十二日世界人口將沖破六十億大關，并以每秒鐘五個、一小時一萬八千個嬰兒出生的速度狂增猛長。人口最多的中國和印度每年分別是 1%和 1.9%的增長率。估計到了二零五零年，全球人口將高達八十九億！

　　偉大中華河山錦繡、地大物博，特別是改革開放，給國家帶來了無限生機。但她亦有人口太多，高度密集的麻煩。對于由於住房狹小，就業困難，空氣污染，噪音干擾等等因了人的擁擠而吃盡種種苦頭的龍的傳人來說，豐足富饒、地廣人稀的加拿大，無疑是個絕好的去處。國人口碑相傳著加國人民的幸福生活。根據聯合國年終調查報告，從一九九四年以來，根據收入、氣候、衛生、生活、健康等方面的數據評選，加拿大連續六年排名第一，是世界上最理想最美好最適合人類居住的地方。無獨有偶，有一份人力資源顧問機構（William M.Mercer）關於生活素質的國際報告出籠，比較三十九個項目，以紐約為一百分作基準，溫哥華得一百零六，與瑞士首都伯爾尼（Bern）、瑞士城市蘇黎世、奧地利首都維也納，並列榜首。多倫多得分一百零三點五，排名第十五。蒙特利爾得分一百零二點五排名第二十四。卡加利得分一百零一點五，排名第三十四……倒數第一為剛果首都布拉柴維爾。該顧問公司負責人稱，加拿大、澳洲和瑞典城市生活素質得分素來高，往往奪得前十名，加拿大的強項是基建優良、社會穩定以及有充裕的休閒設施。

　　凡有人的地方就會有中國人，你知道他們是多麼聰明！他們千方百計，用聯姻、投資、團聚、留學、移民、跳船……甚至有人不惜用假結婚，用"假的真護照"和"真的假護照"闖關過閘，用偷渡來做黑市居民或申請難民身份等林林種種合法和非法的手段來呆下來。留在加拿大就是勝利，留在加拿大就是幸福！加拿大華人人口直線上升。

　　據統計，一九七一年華人是十二萬五千，一九七四起快速增長，八一年達二十八萬五千、九一年六十萬、九六年八十六萬、九七和九八登岸分別是兩萬和一萬八。截至 2016 年全加約有一百七十六萬華人，還不包括黑市、留學生人口，否則可能超過兩百萬，華人是 G7 國之中增長最多的。人口比例在加拿大是 5.1%，族裔排第七，

排名分別是加拿大,英國,蘇格蘭,法國、愛爾蘭、德國。多倫多有70萬,溫哥華50萬,卡加利有10萬5,在蒙特利爾10萬9,,屋太華5萬,溫尼伯2萬6,還有的流散于廣大鄉村城鎮。全加母語為普通話有61萬人,母語為廣東話為59萬4,混血27萬。

一本2000的書指出,不計魁北克省,加拿大說英語人數佔總人數百分之八十六點三,踞首位。其次是說法語人士,佔百分之二點九,人數為五十八萬八千八百八十五。緊接著就是說華語人士,竟有五十五萬三千零四十五,與使用官方語言法語的人數僅差三萬六千。預見二零零一年人口普查會顯示,華語將取代法語成為魁省以外加拿大第二種最多人在家中採用的語言。值得一提的是,最早的華人主要來自廣東四邑——新會、臺山、開平、恩平。其後是香港,然後有臺灣人加盟。長期以來,華人社區都是粵語的一統天下,仿佛國語已淪為村言野語似的。有如雞同鴨講,不會廣東話幾乎不能在華埠立足。可是,通過團聚和留學,大陸來客人數一直潛滋暗長,八十年代末葉由於舉世皆知的事情,一夜之間不少人輕而易舉得到居留權,竟然一躍而領先于港台了。如今華埠基本是粵語國語各半壁河山、同聲飛揚。

關於加國華裔生活的好壞,可以說是各說各話、仁智互見。有的褒揚有加,有的罵不絕口。這大抵取決于具體的個人情況了。若是沿海農民,僥幸來到國外,必會額手相慶,一頭扎進餐館立馬就干起來了。以後將些錢往家里一寄,鄉下立即傳遍誰誰誰發達了的消息,親戚娶媳嫁女、喜慶喪葬都會來信商量,村里籌款募捐、架橋修路也會想到他們。他們出了血其實也覺肉痛,但為了避免親戚尷尬,也只好壯起膽子,權且充當一回李嘉誠了。鄉親們艷慕之余,群起效尤。為了理想,為了幸福的明天,他(她)們撕掉旅遊護照稱難民、藏在壓在底層的貨櫃箱闖關,二八丫頭都可以嫁給花甲老伯,如果加拿大老伯打算為新婚太太申請的話。

　　然而城里那些過去生活比較優裕，原是什麼"長"或者有什麼捷徑弄錢的，到了國外一試打工歲月，唬得哇地一聲掉頭就跑！從此國內也開始流傳著捱工生涯的恐怖故事。有的先生出來打前站，掙下偌大一個家業，老婆抵死不出來，寧願勞燕分飛。也有妻子留洋加國，得了身份，申請先生，老公竟然要一刀兩斷的！有的出來賺了點小錢，美酒美女，就把糟糠髮妻撇在一邊，當現代秦世美。也有人仗著幾分姿色，蹬了親夫和老外廝混，做外國潘金蓮。應當承認，更多的愛情事跡還是生動感人、催人淚下的。他（她）們在國外干得很是艱苦，依然排除萬難申請愛人出來團聚，對方在國內本來混得不錯，只因所愛在加拿大，祇有放棄小我，毅然出行。兩人攜手並肩，一葉扁舟，共赴天涯！

　　加拿大華人的生活由此更為撲朔迷離、眾說紛紜。他們的衣食住行、工作學習竟是個什麼樣子呢？

　　天不為人之惡寒而輟其冬，地不為人之惡險而輟其廣。天有常度，地有常形。雖然人們喜歡說三道四、添油加醋，其實，加拿大的華人生活，還是加拿大華人生活的那個樣子。

二　華人家庭

1　家庭

　　家庭是社會的細胞。加拿大對家庭十分重視，有家庭法、家事法庭、家庭問題研究機構，大學還設有家政學。加拿大家庭因文化、歷史、地區、經濟狀態、社會地位等種種差別而異。歐洲人來到以前，土著居民圍繞著重要活動而組織形成自己的家庭形勢，勞動分工根據年齡和性別而定，共同生產共同生活，倒象是原始群居的狀態。通常男人外出狩漁放牧，婦女小孩在家操持家務，頗有點陶淵明筆下桃花源的味道。是謂"共有型家庭"。

　　歐洲人到達後最早就是和印第安人做毛皮生意，一些公司雇員和印第安婦女同居，以後分道揚鑣，所誕下的愛情結晶有的帶回國內，有的留給孩子母親撫養。也有的男歡女悅，珠胎暗結，卻又受不了婚姻約束。還有人情到濃時，難以自禁，要逞一時之快。再有一些夫婦情感生變，勞燕分飛。由是形成了“單親家庭”。

　　還有由於戰爭、事故、病逝、婚變的原因，出現了一些短暫的婚姻，鰥夫寡婦打熬不住再娶再醮，兩邊子女合並，再加上兩人共生子女，造成了“混合型家庭”。

　　近來源于男女地位的平等，思想開放等諸多社會變化，未婚同居也在不斷增多，大有後來居上的勢頭，法律上也取得和家庭同等的地位，謂之 Common Law（同居人）。

　　華人較為保守，大多是雙親和孩子組成的“傳統家庭”。這種純淨、理想的家庭結構羨煞世人。文化使然，他們較顯著的另一個特征是不少家庭在傳統家庭的基礎之上又變成“擴大型家庭”。他們請來老爸老媽、岳丈岳母；他們讓已婚的子女賴著不走，結果那些子女又繼續在家繁殖生產，老老小小濟濟一堂、鍾鳴鼎食；他們讓三姑六婆、小姨小叔在自己屋檐下棲身；他們慈悲為懷地有時也讓一兩個朋友來寄宿。這種家庭體現了中華文化愛屋及烏“仁”的精髓，倘若把人多事雜口角爭鋒略去不計，應該算得人歡馬叫、活潑熱鬧的。

　　如今開放之潮勢如奔馬，華夏的傳統之堤似乎把守不住了。華人聰明伶俐，學什麼象什麼！加拿大單親和獨身的華人也為數不少。他（她）們獨來獨往、瀟瀟洒洒。一人吃飽，全家不餓；方才飲罷，又上歌場。他們不想讓青春消耗在家庭無謂的爭吵里面去。今天不知明日事，急什麼？客觀來說，別看華人誰都是黑髮黑眼黃皮膚，其實如今好些同胞實在是比老外還要老外了。是以人們稱其

"黃皮白心"，或 "香蕉人"。

2　婚姻

加拿大法律規定，婚姻必須是男女雙方的自願結合，夫妻均享有平等權利。重婚、手續不完備、未到法定年齡又未經父母同意、強迫或因健康問題不能履行夫妻義務的婚姻屬於非法婚姻。魁北克省還規定，合法婚姻還必須舉行有一個象樣的結婚儀式。

華人普遍認為，老年忽得子、他鄉遇故知、洞房花燭夜、金榜題名時，同為人生四大喜事，而洞房花燭夜又是大喜之極品。他們自然不肯輕易將這一歷史時刻白白放過，必會張燈結彩、大肆慶祝。屆時，親朋好友也攜了賀儀前來捧場。這種事最能體現華人那具有 "中國特色" 的心理文化了。客人既要勤儉節約，又要到足禮性，也就是魚和熊掌二者都要得兼的意思。什麼事都難不倒中國人！他們算出人家招待一位客人所需的花費，禮金上再放寬一碼。"蓋帽"那部份，也就是眾人對朋友的資助。其數量之多寡，能顯出客人與新人的關系。

席間通常也可以看得到三五個黃髮碧眼老外危襟正坐，想必是新人的至親好友無疑。文化使然，他們多會帶上一扎鮮花，簽上一張賀卡，翩然而來，闊談豪飲，大醉而歸。依照人家的習俗，筵席是新娘娘家掏腰包 "請" 的，客人到場已經是給足面子了，賀儀卻是沒有。怎麼辦？難道就這樣讓這幫家伙白蹭一餐不成？有辦法，入鄉隨俗嘛。將來他們結婚如果有請，你也帶上花束賀卡，再和新人熱烈擁抱，然而就款款入座，安心開香檳切牛排就是了。

在中國喜事由男家操辦。結婚，男家叫娶媳婦，女家卻叫嫁女。因女兒成了潑出去的水，中國人總覺得有點吃虧似的。加拿大的風俗恰巧反過來。有位白人愛上華裔少女，結婚時請求女家辦事，也

就是這光彩不能讓給旁人的意思。誰知女方父母一聽勃然大怒，說我們好不容易養大一個女，嫁與你做媳婦，不敲你它媽的一筆彩金就是便宜你了，還想叫我們幫你討老婆？事情搞得哭笑不得，喜筵上就多了一個故事。

中國結婚朋友會到新房熱鬧一番以表慶賀，謂之鬧房。據說"不鬧不發，越鬧越發"，以增添新婚喜慶氣氛，搏個彩頭。鬧房又分"文鬧"和"武鬧"。文鬧通常請新郎新娘介紹戀愛經過、唱歌、"咬糖"，甚至問及尷尬，恣為諧謔，盡興而止。武鬧則是動手動腳，調戲新人以取樂，遂成陋俗。加拿大人結婚只在酒店宴客，新郎新娘及其父母兄弟上台致賀，講兩句好話吉語。如此而已，有的朋友都不曾到家認個門兒。華人結婚，一般是依照洋風俗。因為新人總不至于太老，朋友中也不乏洋人，倘若鬧房，徒惹人笑。

男大當婚，女大當嫁。選對象可能是一個人一生中最重要的抉擇。嫁雞隨雞，嫁狗隨狗，嫁個掃帚背著走。國人擇偶一般都挑志同道合、家道殷實、人品出眾那些。有的還要講究門當戶對，家庭出身什麼的。到了加拿大，華人往往又有個人種的問題。青年人一般都跟著感覺走，對膚色並不在意。家長們多數希望孩子找個同文同種之輩，以托終身，只緣鞭長莫及，只得聽之任之了。但有的家長對白人很是尊重，卻不希望子女找個西人。因為語言不通，文化有異，易造成家庭隔閡，以離異收場，尤其不喜看到一家子白白黃黃，象聯合國。亦有家長反其道而行之，他們不能溶入主流社會，嘗夠了受岐視的氣，指望找來洋女婿或洋媳婦，頂門壯戶，甚至還有要求子女非洋大人不嫁（娶）的。

和世界各地一樣，在加拿大，華人也好西人也好，婚姻對人的約束力，顯見是日漸式微的了。加拿大不岐視非婚生子，不岐視非婚家庭。那些沒辦手續卻沿著人生道路走到一起的男女，照樣活得好好的。有情人皆成眷屬，只是有的登記了，有的沒有登記！不知你知不知道，沒有登記那些，在領取救濟金和報稅方面，還有一點兒優惠。所以有的男女，雖然天天如膠似漆、難捨難分，卻堅決不去登記。

想必讀者都聽說過假結婚。事緣有的人羨慕加拿大生活，卻又沒有條件過來，只好出此下策。常常是想出國的那個付出一些"報酬"，請在加拿大的單身男女以結婚名義申請她（他）出來，拿到身份便即刻離婚。

卻說有個廣州姑娘是透過假結婚出來的。不久身份到手了，婚也離了，姑娘開始籌備終身大事搞對象。可是爾後她談一個崩一個，氣得姑娘整天抹眼淚！原來，盡管姑娘很有幾分姿色，男人一聽她是離婚的，馬上掉頭而去。他們心說：你和人家登記過，拜了堂。雖說是假鳳虛凰，天知道用過沒有？也許是 Second Hand（二手貨）了，卻來詐我。

話說有個留學生，老婆不肯來，兩人離了，搞得他心灰意懶。有人說你既然不找了，何不幫人申請過來，掙它幾文？他一想可也是，就應允了。怎知後來"新娘"來了，早上他到機場接機，乍見那小姐俏麗嫵媚十分可人，心下驚艷，不覺有兩分滿意。接著交談起來，他見她溫柔有禮、言談得體，滿意度再增加兩分，加上前面兩分，成了四分。中午送她去寓所，他一路上見她老成持重、應對從容，滿意度直線上升，這時成了六分。下午小姐宴請恩人，他見她落落大方、端莊嚴肅，心下暗服，滿意度又有所增加，成了八分了。席間漢子禁不住開懷暢飲，當晚他借酒裝瘋，醉倒在小姐房中。小姐一整夜沒解衣沒合眼，奉湯侍水，有如賢妻。他醉眼看去，至此已是十分滿意了。這事結果弄假成真！

3　分居

夫妻不再同房，分開居住即為分居，那是情感破裂的標志。分居兩年即可辦理離婚。但許多分居卻是別的原因造成的。它通常是離婚的前奏，卻未必是離婚的導因。分居可以是緣于情感的疏離，可以是因為稅務的優惠，可以是求得生活的清靜，也可以是並不為什麼。

一對夫婦如有兩間房子，一個算自住，一個算投資。要是分居了，兩間都算作自住，就可以節省一點稅。這種情況，他們或許就"分居"了。平時卻親密無間，怎麼都撕扯不開。

兩人起了矛盾不想搞在一起，分居後兩邊卻都要花費，華人通常又較為節儉，怎麼辦？吾有一友，夫妻合不來，但又不想傷及孩子，沒離。結果兩人分房分爨。偶爾邂逅，形同路人。看官以為這個法子如何？

老外較為直率，一言不合便拂袖而去。華人愛面子，加上"上天化為比翼鳥，下地結成連理枝"一類浪漫愛情故事的陶冶，不到萬不得已，決不輕言分居。萬一分居了，別人問將起來，也用言語支吾，堅不吐實。

4　離婚

在愛情走到盡頭，山重水復，在家里那本經念得坑坑巴巴，實在念不下去的時候，人們就會離婚。可以說敢于離婚的人算是比較認真的。他（她）們追求完美，如果愛情出現裂痕、看出瑕疵，絕不隱忍苟且，定要推倒重來。實際上很多人再婚以後，也真的走出了昔日的夢魘，開始了愛情的春天，過上了童話般美滿的幸福生活。

國人多以為外國性生活很隨便。誠然，色生於心、發乎情，一些加拿大人，自然也包括一定的華人，對異性朋友萌感情、有異想，倒也是很難非議的。然而事情一旦做了出來，或有了百日之恩，或腹中珠胎暗結，就十分危險。據此太太或先生如果狀告法院，當場就可以離婚。

華人奉公守法，甚少與警察打交道，可是華人因家庭暴力而召警的現象還是很普遍。除了常因找工未遂，遷怒于家人，主要還是有的男人挾大男子主義的封建余勢，輕視婦女。家起勃谿，動輒一個漏風巴掌，或者抬起鐵腿，使勁踢上一腳。以強搏弱，勝而不武。自己還以為威風，卻不知已經觸犯刑律了。女人孱弱，就算皮開肉綻捱得住，那顆心弄破碎如何受得了？奉勸諸君揚起巴掌的時候，最好將手輕輕放下來。如今"打是痛來罵是愛"的觀念早已過時，女人百依百順的年代亦成過去。警察到場，鎖上就走的狼狽還算事小；將來離婚，孩子房子都可能判給女方了。

有的女人動不動就撿起東西回娘家。本來只是芝麻綠豆大小的事情，自己內心也不想把事態擴大，常常是自己本覺得老公還可以，算得十全九美了，但出于脾氣倔、性子犟，有的乾脆就是意在假以顏色、給對方一個下馬威，故意小題大做。她們心想：不識好歹，老娘走了看他日子怎樣過？想到對方寂寞痛苦，半邊席子起了青苔，心里就萬分暢快！說起來這種動作非常危險，根據加拿大法律，有通奸、身心虐待或分居達一年以上情況者，如一方有訴求，可視為家庭破裂，准許離婚。所以你決不可義氣用事，除非婚姻真的無可救藥，只好"妹妹你大膽地向前走"，否則走前定要三思而後行。因為一旦你前腳走出大門，後腳就未必一定還可以再跨進大門！

加拿大有假結婚，也有假離婚。因為可以多領一點救濟，一些人晚上還是夜夜夫妻，卻早早搞了離婚。其實加拿大的法律十分嚴肅。有個華人女子挨了車禍，為著多一點賠償，夫妻就假離婚了。誰知桃花有意流水無情，丈夫本來就有個紅顏知己，見太太如今受

了傷，手續一辦妥，迫不及待就走人，杳不可尋。留下女的捧著一紙休書，追悔無及，大罵無情郎。

有的夫妻相互間並無不敬，亦無外遇，但情感淡薄，倘若雙方願意好走好散，也可作協議離婚。一些西人離婚後反而成了好朋友，互相往來。華人可能就沒有這種雅量了。他們通常非友即仇，口頭上也稱"買賣不成仁義在"，"不做夫妻還是朋友"，心里卻暗暗賭咒對方早死。

在婚姻問題上華人通常較為審慎。西人家庭平日並無動靜，忽然他就可能坦然告訴你說自己昨天離婚了。有的華人家庭時時有小打小鬧，分了合、合了分，反反復復，光陰似箭，最後問將起來，結果還是未離。

如今加拿大包括華人在內的離婚率呈上升趨勢，細究起來原因有三：一，壽命延長，增加夫妻間不和的可能性。二，職業婦女增加和社會安全改善，增加了婦女經濟的獨立性。三，社會與宗教對離婚的偏見減弱。華人常說"家無犯法之男、再婚之女"，以此自豪。但加拿大社會無此觀念，並不岐視離婚。雖然未至于象國內那樣見面就迫不及待相問"離了沒有？"但也不羞於啟齒談仳離。

5 贍養問題

夫妻、父母、子女、監護人都有贍養的義務，費用的多寡依照各人收入和經濟情況而定。根據政府制定的《離婚條例》，如果不履行贍養義務，可通過銀行將其應付的贍養費從其收入中直接扣除轉交收益人。事實上贍養費用常會成為一筆爛帳，不少人想逃避責任，把負擔推給社會，打納稅人的主意。

比如，一對夫婦養著兩個孩子，不知怎麼忽然離婚了。女方領著孩子成了單身母親，從此辭工不做，靠社會福利過日子，也收取孩子父親的贍養費。這樣，這個家庭就比未離婚的同樣家庭多收一筆福利。非但如此，後來男的忽然失業了，每月付給女方那筆贍養費由此泡湯。發生了這種不幸有什麼辦法？政府不僅給女方發放足數的福利金，還得給男的也發一份。然而，其它家庭丈夫失業的時候，妻子就得出去打工了。

又比如，兒子擔保老父老母來團聚。到移民局辦手續，呈報的收入很高，就批了。後來，誰知是公司不景氣還是自己不想干，總之他被解雇了。這樣，非但兩老需要社會福利，連他都要領取失業金呢。一算，兩份福利金加一份失業金，可能比一份工資還高！

加拿大政府愛民如子的好名聲基本是靠贍養子民而來。社會上眾多人士，包括移民、難民、土著、單身父母親、失業者、孤兒、老、弱、病、殘……都要從政府那口大鍋里分一羹臠。

華人"養兒防老"的觀念主流社會並不贊同。法律認為撫養後代是父母的義務，但憫貧恤孤是政府的責任，如果國家照顧無子女老人卻不照顧有子女老人，就會形成一種岐視。政府對老人大包大攬，以至于治療醫院是少數，大部份醫院為長期護理（Long Term Care）院。加拿大約有五分之一的老人及殘障人士就在那里安享晚年。子女們通常在周末或節假日帶束鮮花探視一番，然後親吻道別，把起居飲食端屎端尿留給社會。

有的華裔視子女將父母送去護理為不孝，華裔老人有的抵死不去老人院，對子女收了房子趕老人深惡痛絕。殊不知"明有所不見，聽有所不聞"，部份護理需要技術和設備，在家中是無法進行的。似水流年，華人也漸漸意識到老人院其實是一種福利，硬把老人留在家里其實是浪費資源、自找苦吃，那也是為什麼不同族裔在這同一問題上大都采取相同的舉措。

隨著華裔老人的日漸開化，越來越多的老人選擇老人院而不想留在家里。首先，老人院伺候得好。你沒牙，它給你煮爛飯弄米糕；你多病，它二十四小時有醫護；你洗澡不便，它有特別的設備和機器……特別是老人院還有一大群和你一樣的老人，聊天娛樂頗不寂寞。最為重要的是，老人院的職工領工資，態度好，誰發脾氣開除誰！要是呆在家里，久病床前無孝子！鬼知道他們心里怎麼咒你？

6　家庭財產

錢是最絕情的，它能使朋友翻臉、夫妻離婚、父子反目。有錢能使鬼推磨，有錢能使磨推鬼！國內辦事要送好處費，動手術得封紅包。進餐館，小費足企台就嬌花巧笑，小費少一點立馬就摔臉子給你看。家里吵架，有產權那個常常會指著門口咆哮：你給老子滾出去！所以有人稱金錢為萬惡之源。有幅名畫叫《不相稱的婚禮》，畫的就是一個如花似玉的二八佳人，挽著一個穿金戴銀的龍鐘老漢。

可錢這東西也真是好，人們對它是須臾也不能缺少。錢是衡量物質的一種尺度，是代表價值的一種證卷，人們的日常生活、吃喝拉撒，分分鐘少不了它。有錢走遍天下，無錢寸步難行！不信請試試，你以為當真有共產主義烏托邦哩。

"親兄弟、明算帳"，一個家庭，如果沒有在婚約里注明財產的所有形式，便被視為財產為夫妻共有。婚前財產各人所有，婚後財產共同所有。通常夫妻各佔有婚後財產增值的一半。以什麼名字注冊登記也很重要。一般來說，一個人名下的財產通常被視作為其人所得而私。有個人中了獎時妻上法庭告他，因為彩卷是離婚前買的，獎金應一人一半。若離婚後買中獎，則歸其一人所有。華人家庭雙方收入懸殊的，通常是財產共有。正所謂"經濟地位決定政治地位"，多數又由收入高的那位"話事"。雖然過著共產主義的幸福日子，收入低的卻又好象人在矮屋檐，遺憾著某種不平等。在夫

妻旗鼓相當的家庭，如同西人家庭一樣，井水不犯河水，常常是各人管好自己的帳戶，并希望對方不要覬覦別人的口袋。

三　幼有所哺

1　妊娠產假

加拿大法律保護胎兒。曾有這麼一個個案，醫生接生發現嬰兒身上有粒氣槍子彈，當事人由是吃上官司。過去法律還規定不許打胎。有回一個少女遭強奸受孕，欲將胎兒打掉。強奸犯當即狀告法庭，辯說強奸犯法但胎兒無罪，要求被他強奸的姑娘生下他的骨肉。置少女於兩難之中、二度受傷、終生痛苦。後來通過了墮胎法令，墮胎診所方許開業。

華人相信"胎教"，認為胎兒在母腹之中早有鍛煉和學習活動。許多母親盡量制怒，指望兒女將來成心地平和之人。有的孕婦捧著大肚子參觀文藝演出，希望孩子能多一些文藝細胞，或成音樂演奏家，也未可知家。也算是英雄所見略同，加拿大總理克里田也指出，幼兒早期的培養舉足輕重，父母應該盡量親自哺育幼兒。根據總理在一九九九年十月十三日在國會透露的消息，自二零零一年一月一日起，生育父母可領取失業保險金產假由現行的六個月增加到一年。克里田同時信誓旦旦承諾會考慮增加津貼和放寬領取人資格。換言之，也就是說政府不特讓產假比過去的產婦時間多出一倍，而且打算讓她們的領取額加以提高。這對于認為"多子多福"，"養兒防老"的華人來說，無疑是一個振奮人心的大好消息！

人力資源部長珍史超域（Jane Stewart）早前表示，有薪產假每延長五周，當局須額外發放二億五千萬元，并說計劃實施後，政府就得額外承擔十二億五千萬元之巨。可見政府決心之大！政府部門決定，同性戀者領養子女，亦享有同等福利。部長還表示父母雙

方可以自行決定由誰休假照顧嬰兒。換句話說，將來加拿大很可能是由收入較高的老公呆在家裏來坐月子了，因為收入高，保險金額也高。

其它尚未披露細節的兒童福利計劃還有：于二零零一年七月之前制定納稅人子女優惠計劃，將現時主要惠及低收入勞工家庭的七十億稅惠制度基礎再擴大，也就是廣濟天下、與民休息的意思。看來政府是痛下決心的了，因為政府素來自顧不暇，目前本有一屁股欠債，大約六千億。

2 家庭津貼（Family Allowance）

兒童是祖國的花朵，是社會的希望，加拿大非常注重兒童。在妊娠期間，嬰兒還在母腹拳打腳踢呢，社區衛生部門（Medical Unit）據醫生報告，就派一個護士登門造訪來了。護士上門主要是傳授對于嬰孩以及產婦諸如洗澡喂食一類衛生護理知識，以便產婦將來可以少住院，盡快自理。醫院一個床位一天數千上萬元，雖然加拿大是全民健保制度，為了不浪費公帑，自然是能省一個算一個。護士也關注產婦的吃喝拉撒，檢查妊娠期間的衛生及飲食狀況。若是營養不足，政府便會發放例如牛奶一類物品的營養卷。這些對于慣于節儉、特別是不大會英語的華裔新移民，幫助頗大。

家庭津貼，華人稱其牛奶金，是政府對有孩子家庭發放的補助金。早期華人擇其用途而名之，相沿至今。加拿大人覺得，孩子無罪，既使父母工作懶惰或者身有殘疾，他們的小孩也應和身體健康、勤奮努力的人家的孩子生活在同一水平線上。二次大戰結束那年，政府開始向每個有十六歲以下孩子的家庭發放六至七元補助金。此為加拿大第一個全民福利。當時物價很便宜，所以這筆錢不是小數目。以後牛奶金逐年調整，一九八六年，約三百六十萬家庭、六百六十萬兒童每人獲補助金三十一塊五毛八。華人在此政策中長期受惠。本來政府一視同仁，按人頭放款，見者有份。後來政策作了改動，抽肥補瘦，中、高收入家庭孩子分文沒有，低收入家庭孩子金額倍之，如今最多的一人 6 歲以下高達年牛奶金 6,496 元。如果是 6-17 歲，是 5,400 元。好多人怕折扣，就不愿出去打工了。華裔不少是新移民，初來乍到，收入不豐，特別是孩子多的家庭常把牛奶金視為相當重要的收入。孩子們悄兒沒聲已幫家里掙了大筆加幣回來。此外低收入有孩子家庭還可以享受高收入有孩子家庭不能享受的稅制優惠。其實那些錢恰是出自高收入者稅款，但加拿大人有博愛精神，有福同享，有難同當，損有余以奉不足，亦不在意。

3　免費午餐（Free Lunch）

一九五八年，中國開始史無前例的大躍進，實施"行動軍事化"，"鋼鐵元帥升帳"，"吃飯不要錢"，"全國一盤棋"等種種新政。後來，付出了高昂的學費以後，別的口號還勉強硬撐，惟有那個"吃飯不要錢"，卻是無論如何也撐不下去，鬧出了國際笑話。豈不正應了人們常說的那句老話："天底下是沒有免費午餐的。"

你信也不信？現在加拿大局部地區已經有了免費午餐！人們常說，"日求三餐，夜求一宿"。世人腿腳奔忙、含辛茹苦，不正是為著這一宏偉目標麼？看來加拿大距離世界大同是越來越近了。

問題也不知是溫哥華哪個議員首先發現的，說是孩子們上學讀書，有的沒有吃好，有的沒帶中餐，許是家里太窮，不然就是乾脆給弄忘記。雖說既使領取救濟，孩子也一樣有名分的，大約父母有吸毒貪杯或其它嗜好，將錢昧下了。然而大人糊涂，可也不能委屈了小孩呀！接著一些政客、社會賢達紛紛發出"救救孩子"的吶喊。最後地方政府通過決議，撥出款項，推行這一計劃。

神農嘗百草，難在一個敢字。說穿了就是一個"錢"的問題。只要敢向納稅人開刀，那只要和一些食品公司挂鈎，叫他們做好午餐送到學校去就是了。然而免費午餐是備給窮苦家庭，你怎知誰是窮家兒童，誰是富家子弟呢？"大小之獄，雖不能察，必以情。"在實行午餐計劃的溫哥華市，教育局經過研究，挑出窮困校區，送出一份熱食、一碗熱湯的午餐大禮。為了既不讓別的孩子順嘴揩油，又不讓他們看著流口水，事先就讓家長們填寫家庭收入登記表。普通家庭孩子，必須支付一塊錢，才可以一視同仁地享受窮家孩子待遇。家長見不要付款、或者只要支付區區小錢，孩子就可以享受熱飯菜，皆大歡喜。這計劃讓沒有就讀供應午餐學校的貧苦學童，以及學校沒有爐台雪櫃、中午祇好啃干麵包喝冷水的富家子弟，艷羨不已！

也奇怪，同是加拿大兒童，窮的免費熱食熱湯，富貴的自備冷飯冷飲，而且是不納稅人家的孩子享受，納稅人孩子不得享受，卻不聞有人抱怨。如在中國，可能早有人到中南海靜坐去了。

4　兒童福利（Child Welfare）

兒童福利是加拿大省市政府建立起來對兒童進行監護的服務體系，用以解決忽視、虐待、剝削兒童事件，處理流失兒童，監護無家可歸又無自立能力的孩子，幫助單身母親。加拿大不準體罰，如果將孩子責罰致死，將以謀殺論罪。

加拿大對受虐待兒童有"替代照管"制度。兒童福利辦公室有權將父母義務性監護下的兒童轉入福利機構作非義務性監護，將這類兒童安置到兒童福利辦公室所選定的家庭去代管甚至收養。政府向代管家庭給付工資和支出，並定期巡視他們的飲食起居。

很多華人家長認為"子不教，父之過"，過份強調了家庭對孩子的教育，忽略了社會對孩子的影響及監護。甚至有的華人家庭相信"棍棒底下出好人"，孩子不聽話的時候，父母"恨鐵不成鋼"，就給他（她）來點厲害，讓他（她）牢牢記取教訓。殊不知這種中國傳統式教育方式早已違反了加拿大法律。其實在加拿大"叫人打崽莫叫人離婚"的觀念是十分危險的。打人犯法離婚不犯法嘛！

有位太太很疼女兒，愛之深，責之切，著急起來，掐打兩下也是有的。別人說了幾句，她還振振有詞"我打自己的孩子，你管不著！"誰想事情被學校捅去兒童福利辦公室，警察就到她家把孩子帶走了。這一下把媽媽急得不行，可是一點兒也沒有辦法！經過奔走，母親終於取得探視權。那就是說，當媽的每隔一段時間允許去看看孩子，但不能做任何料理，否則立即取消她的探視權利。她倆相見那天，平日歡蹦亂跳的女兒變得陰沉呆板。老媽發現，女兒頭上竟然還長著蝨子。托管家庭就算不壞，可怎麼也比不上親爹親媽呀！何況人家還有責任，不能讓孩子出事，孩子外出要是逾期不歸，還得立即報警！母女倆當下抱頭痛哭。哭過以後，老媽還是一個人紅腫著眼回去了。

有個中國老爺爺打了孫子。社會極為憤怒，一些居民正在聯署要把他那個家庭從那學區趕走，另外買房子。一晚學校叫他到家長會上作解釋，要眾人引以為戒。他去了，向憤怒的人群交待經過說："孫子上廁所，不掀起馬桶上座板就向上面撒尿，弄得到處都是尿水。做爺爺的說了他兩句，他才七八歲就張嘴罵人。你們知道他罵他爺爺什麼嗎？"老師家長們聳聳肩都說不知道。"Fuck You（肏你）！"老人說。言畢教室一片沉寂。當時就有人覺得這孩子真它媽的該打。

還有一個母親是上海人，為人急躁，孩子犯事總是非打即罵。一晚兒子頂嘴吃了鞭子，就按老師課堂教的那樣把警察叫來了。他還以為警察會好好批評打人的一頓，替他出出氣，誰想警察一來就

把孩子往外帶。母親早就聽說兒童福利辦公室的大名了，情急生智，突然用吳儂軟語大叫一句上海話。警察見孩子一震，知道那句話肯定有恐嚇的意思，立即警告母親住嘴。到了警局，無論警察怎樣軟硬兼施，孩子堅不吐實，咬死說手臂是自己摔傷的。警察知道孩子是嚇壞了，可是沒有辦法，只好又把他送了回來。母子相見，其樂也融融，遂為母子如初！後來母親得意洋洋告訴朋友，那句警察聽不懂的上海話她是喊"你要講我打你就永遠也不要再進這個家門！"

還有一個個案真叫人哭笑不得。有位媽媽去幼稚園接孩子，警察出來接待她，說是調查兒童虐待（Child Abuse）事件。原來當日老師帶孩子入廁，不意發現小孩身上有淤傷，已將孩子送往兒童福利辦公室了。母親聽說孩子受傷，簡直痛不欲生，後來聽說竟是自己打孩子屁股弄傷的，是一大片青紫，遂破涕為笑解釋說那是從娘胎帶來的，不是傷。華人誰不知那個故事？說是陰陽交界之處有一條奈河，小鬼用船將眾嬰兒從陰間渡往對岸，朝著屁股一腳一個踢下船頭去投胎。所以小孩出世，屁股上總有一塊青紫，是為"胎記"。可是任她說破了嘴兒人家不信，硬叫她坦白交待。你信不信？大概是上帝的疏忽，只有咱中國人才有胎記，老外的屁股雪白光潔，沒有青紫。事情是越講越糊涂了。結果還勞動了醫生事情總算才說清楚。媽媽終於領回心肝寶貝，失而復得，狂吻不已！

這樣的笑劇上演多了，一些華裔家長十分憤怒，要求兒童福利辦公室多學些其它族裔的文化習俗知識，要分清家長是教育還是體罰，是歹心還是愛心的界線。他們認為苛責孩子正是對孩子負責，對子女放任自流是不足取的。

當然，但在政府修改規則之前，什麼建議都是不算數的。

5 萬聖節（Halloween）

十月是最多節日的月份。最重要的首推"感恩節"。那是加拿大傳統宗教節日，起源于歐洲民間以羊角為豐饒象征的豐收慶祝活動。加拿大政府規定每年十月第二個星期一慶祝感恩節，為全國有薪假日。其它兩個加拿大較為重要的節日是春天的復活節和歲暮的聖誕節。

十月華人間有個重陽節。王維詩云："獨在異鄉為異客，每逢佳節倍思親。遙知兄弟登高處，遍插茱萸少一人。"就是寫重陽節憶兄弟。是日華界各社團、教會、善男信女、孝子賢孫們紛紛到墓地拜祭祖先，弘揚"百善孝為先"的傳統國粹。

中國有個六一兒童節，加拿大十月三十一日有個 Halloween，中文譯法不一，有叫萬聖節、鬼王節，甚至叫其抓鬼節的。據民間傳說，有個叫杰克的孩子，生性調皮好搗亂，結果死後天堂地獄皆不敢收留。他惟有拿著隻燈籠到處漫遊。加拿大在這個時節售出的玩具佔一年生意的一半以上。是日天黑之後，小孩子們就穿上神秘古怪的服飾，手上綽著杰克式燈籠（Jack Lantern）或其它如魔杖、塑料刀槍一類行頭逐家逐戶敲門要糖，口里說道：Trick or Treat！意思是說你若不給糖當心我砸破你的窗子！

中國食糖一度是限量供應的，大陸來客對糖票並不陌生。可是在萬聖節這天，很多加拿大家庭向上門的孩子們派送糖果。他們擺設應節的燈飾，將家門布置成陰森恐怖的鬼屋，入口擺個雕成燈籠狀態，裏面點著燈火的大南瓜。不少大人這一天也裝扮起來，有的扮牛頭馬面，有的扮虎豹豺狼……孩子們一敲門，他們就猛地開門跳出來，哈哈，看看誰唬誰！是晚孩子得糖多少主要是看其奔跑速度。早出晚歸的孩子拿回十幾磅糖果絕非奇聞。

在這一天，大人們也會舉行派對，紛紛扮鬼扮馬，娛樂一番。晚上街上會鞭炮四響，鬼影憧憧，非常有趣。但是這時節要十分注意安全。食物定要先檢查方可朵頤。報道說還有位母親和三歲兒子走散了，汽車開來的時候，她萬分焦急高喊對面街的孩子不要動，誰知孩子本來沒動，聽到母親聲音，反而不顧一切橫穿馬路，結果樂極生悲。

6 教育（Education）

教育是人類社會中獲得知識、掌握技能、繼承發展文化傳統的基本活動和主要方式。加拿大人主要通過三種渠道接受教育：共同的生活經歷、大眾文化和信息（如電視、廣播、報紙、雜志和書籍）、學校正規教育。

在第一種渠道中，家庭是最具影響力的。比如孩子在家學會烹飪、打掃、洗衣等等。鞋匠的兒子制鞋，礦工的兒子下井，農夫的兒子種地一類事情，叫做家族職業。隨著科學的發展進步，家庭不能夠也不可能獨立完成教育這一艱巨任務了，因而變成在學校教育之下的一點點生活影響而已。絕大多數孩子尚能潛心向學，但也有不少孩子到了十三四歲就開始有了反骨，家里管教嚴厲一些，就聲言報警。特別在一些新移民家庭，他們認為自己十分了得，覺得父母無知。他們寧肯和同學瘋癲一整天也不願分出一小時陪老媽去唐人街買菜。然而他們的"知"，常常只不過是口耳之學和打情罵俏罷了。由於社會的原因，一些少年甚至會離家出走。

在加拿大眾多族裔之中，華裔可能是最具家庭影響的一族了。他們的子女學成畢業之後，有時會放棄自己的專長，子承父業，回去慘淡經營父母難以舍棄的鋪子。當然，更多唐人街老闆的兒女們在新思想新潮流的影響之下，常會義無反顧地沿著西式、自我的康莊大道前進，拒絕回家繼承那個小店。

第二種渠道中，電視佔主導地位，是知識、價值、信仰的主要傳播者。有線電視和衛星傳播設施的普及使人們在選擇節目方面更有余地，電視已進入千家萬戶。加拿大人均電視收看每周高達二十六點六小時，以至于社會上都承認出現了"電視兒童"。不欲電視影響孩子學習的華人家庭常常限制兒女觀看電視。最簡單的方法莫過于將電視插銷上的小孔挂鎖，限期開啟。"一寸光陰一寸金、寸金難買寸光陰"的國粹思想造福于無數華人學童，弄得學校教師都普遍以為華人孩子特別聰明。華人父母大多要求小孩尊師重道，聽從大人的指教。"知之為知之，不知為不知，是知也，"要用別人的"知"填補自己的"不知"，要勤奮學習，不要放任自流。西人卻不欲左右孩子，任其自由發展。覺得人為的干預會搞得孩子無所適從。他們常認為書本知識是死的，社會知識是活的。

中國杭州市小學教師周武通過一次師生聚會偶然發現，過去名列前茅的學生，日後表現平平，反而有的中等學生，長大能當大任。他立即連續調查研究了十年的畢業生，發覺表現優異的往往是班上第十名左右的學生。他把他的發現名之為"第十名現象"。這可能與教學上重記誦、輕理解，重紀律、輕思考有些關係，頗值得靈魂的工程師們注意。這個發現與老外的觀念竟然不謀而合！

加拿大學校分小學，中學，社區學院和大學四大類。魁北克省上課用法語，其他省份用英語。6 歲到 18 歲完成 1-12 年級義務教育。學年由 9 月至次年 6 月。一般學期分上下兩學期，部分學校采用三學期制。

加拿大中小學分公立學校，私立學校。還有公費私立教育局，這類學校多與宗教有關。

大學裏分本地學生，非本地學生，國際學生三類。國際學生學費是本地學生的 2-6 倍。

加拿大有超過 170 所學院提供與職業相關的教育學習。

　　加拿大的正規學校教育歷史較長，較穩定。早在一六一六年就出現了第一支教師隊伍。國家重視教育。以一九九五年為例，教育經費五百四十二億加元，佔國民總產值 8%，高于其它西方國家。加拿大中小學是免費教育，孩子們人均每年都要消滅掉國家好幾千稅款！幾十年來，加拿大的中學後續教育人數不斷上升，大學生佔學生人數的 59%。高校林立，專科學校約有兩百所，綜合大學七十余所。本地學生繳費僅是外國留學生的三分之一，其余部份由公帑支付。港台大陸來的華人都記得，全國高考可是人生旅途上一大關口，因僧多粥少，聯考前後，投繯跳樓之事時有發生。華人見到加拿大升學這麼容易，自然絕不肯輕易放過這大好時機。學習成績一般來說，移民兒女好過其它兒女；華人子弟優于其它子弟。"書中自有黃金屋，書中自有千斛粟，書中有女顏如玉！"發憤讀書，言公可以為國家社稷；言私能夠謀出身及第，何樂而不為！他們能讀名校就讀名校，實在不能就讀普通學校；能讀本地大學就讀本地大學，實在不能就讀外地大學。有的華裔子女分數在溫哥華沒能上線，寧肯開車千里迢迢到維多利亞、到喬治亞王子市求學。懸樑刺股、鑿壁偷光、映雪讀書，也要將大學文憑搞到手！在華人集中的多倫多和溫哥華，你若到大學一看，黑壓壓一大片黑髮黃膚的亞洲人佔很大比例。

　　文憑，雖然並不說明那人就一定有真才實學，但倒也顯示持有人或有一定的謀生技能，是人們借以求職的一塊敲門磚，是人們肉眼可見的一塊金字招牌！是以圣人云：仕而優則學，學而優則仕。

　　孩子教育還有一個大敵就是早戀。加國物質豐裕，女孩十三四歲便成窈窕淑女，男孩十五年紀已成彪形大漢。糟糕的是他們生理成熟，思想幼稚，發展並不平衡。西方民風開化，男女交往，父母不禁。金風玉露一相逢，便勝卻人間無數！孩子若墜入情網，學習成績必會直線下降。這下家長可就慘了，你罵她（他）吧，她（他）立馬和你翻臉！那可是"豆腐掉在火灰里，拍也不是，吹也不是"。等到他們熱戀過了，分手了，學業也耽誤了，有的女孩男友走後自己還懷起了肚子。唉，栽倒在這上面的孩子真是數不勝數。連政府都在考慮將合法的性愛年齡從現時的十四歲調高到十六歲。專家建議，預防勝于治療，最好事先思想上多作疏導，講明先立業後成家的道理。不然一旦事情發生，那可就象古詞《春來喜》說的那樣一發不可收拾：從來好事天生儉，自古瓜兒苦後甜。奶娘催逼緊拘鉗，甚是嚴。越間阻越情恢！

　　出自書香人家的西人孩子學習往往是頂尖的，但西人家庭大多數還是讓小孩自由發展，等孩子一到十八歲就拼命往外趕。因而有的西人孩子得到鍛煉十分發奮，賺足學費就回去讀書，三十四十大幾的學生比比皆是。較易滿足的那些就順水推舟出去打工掙錢，做體力勞動者。好在西方沒有"萬般皆下品，惟有讀書高"的文化觀念。舟子農夫和學者專家平起平坐。一致公認職業只是社會分工、是各人的謀生手段，大家的地位人格還是平等的。

　　某機構研究得出加拿大教育排名全球第三。當然這只是若干家機構其中一家，依次排名如下：1，英國。2，美國。3，加拿大。4，德國。5，法國。6，澳大利亞。7，瑞士。8，瑞典。9，日本。10，荷蘭。11，丹麥。12，挪威。13，新西蘭。14，比利時。15，芬蘭。16，意大利。17，愛爾蘭。18，西班牙。19，盧森堡。20，新加坡。

7　教育機會均等(Educational Opportunity)

　　華人有句老話：教育乃立國之本。加拿大的一個國策就是為不同的人種、部族、性別以及社會階層提供均等的教育機會。除了實行中小學免費教育而外，自一九六四年起政府推出大學生貸款計劃

以便讓貧寒人家的孩子一樣可以上大學。另外，各省政府還另行發放學生貸款，提供助學金和獎學金。貸款是無息的，每年度約有二十至三十萬學生受惠。優秀學生的獎學金或助學金有的每年甚至高達一兩萬元之多，完全足夠一個學生的食宿、車馬和學雜費開支。這個計劃不僅造福于貧困學生，也可以惠及富家子弟。據政府法律，雙親和未成年子女構成家庭。既然成年孩子被擯除于家庭之外，他（她）們只須在申請表格父母資助一欄填上零就可以等同于窮人孩子了。事實上雖然父母有錢，但並不等于他們就會幫助兒女。

政府津貼學校，發放獎學金和學生無息貸款，把頑皮無知的毛頭小子培養成國家棟梁。十分奇怪，孩子們學成以後，不少人就離開生他養他的加拿大，前往美國掙美金。說來掃興，原來加拿大福利好，政府慷慨幫助學生求學，便于學習。而美國沒有加拿大那麼多福利負擔，經濟蓬勃，機會多，利于賺錢。你能說在加拿大領牛奶金、吃免費午餐、拿獎學金、借學生貸款，學畢徑往美國高薪公司就職，不是一個絕妙的好主意麼？

8 外來學生的英語教學（English as The Second Language）

外國學生或移民子弟剛來加拿大時，由於語言的障礙，難以跟上正規班級的進度，學校便會給他（她）們安排名為 ESL 的特別英語課程。盡管一些人認為這額外的開支形同開小灶，是慷納稅人之慨，政府還是以加拿大主流社會特有的仁愛和犧牲，堅持 ESL 課程。

ESL 花費知多少？BC 省最為舍得，1999 年就用了七千二百萬，平均一個學生一千一百九十二元。全省共有七萬五千名 ESL 學生，其中九成在大溫地區就讀，每人最多可以接受五年 ESL 服務。如果這個學生果真享受了五年 ESL 教育，大約總共要花掉六千稅款。

過去，不少華人子弟只緣不會英語，上課聽不懂，成績一落千丈。父母責罵，朋友看不起，弄得他（她）們信心盡失。有的無心向學，轉移到社會上去活動，由此墮落下去。現在華人新移民有增無減，但孩子們只要讀小學二年級以上，教育局就會通過鑒定考試，先給他（她）們惡補英語。待他（她）能夠跟得上進度，就回正規班級學習。孩子們因而能夠順利渡過轉型期，走上正軌。

ESL 對移民造福不少。其代價就是為此額外花費一筆金錢，土生加拿大人為此甚覺不公。有人認為移民孩子也應和別的孩子一樣學習，如果不行就得自己花錢補習，不應多花公款。還有人堅持要求移民事先學好語言再入境。然而移民若非政府幫助大多都會陷入絕境。政府既不能任由移民自生自滅，又不能不顧及社會輿論，就學習中國的"中庸之道"：ESL 照開不誤，但每個移民繳付七百加元費用。這一下新移民又反彈起來，聲稱此為新"人頭稅"。弄得政府顧此失彼，跋前躓後。正應了中國那句俗話：針是沒有兩頭利的。

四　壯有所為

1　社會保險號碼（Social Insurance Number 簡稱 SIN）

老華僑們常說"分分鐘都是錢"，意思是嗟嘆不去打工真可惜。可是你若去找工，人家首先會看你的工卡。

任何移民，下機登岸第一要事，便是攜帶兩份身份證明（英文簡稱 ID）去加拿大就業中心（Service Canada Centre）申請一個社會保險號碼，華人稱其"工卡"。原來，政府為了便于管理，從一九六四年起，給每個納稅人或津貼領取人都發了一個九位數的社會保險號碼。人名可以更改，甚至還有曾用名，別名，小名，乳名。華人、印度人等少數族裔的英文姓名拗口別扭，西人名姓又千篇一

律，若非保羅，必是彼得，不然就是邁克、約翰，總是在幾十個名字裏面打轉轉，容易弄混搞錯，冒領漏稅的事情也容易發生。但是，社會保險號碼一不會變更，二不會拗口，三不會弄混，成了一個人有如指紋般的身份識別標誌。所以在加拿大，找工、辦駕駛証、辦醫療保險、開銀行戶頭……都要填上工卡號碼，不然什麼事也莫想辦得成！壞人犯事，警察就是知道名字也未必管用，若是查出了社會保險號碼，不怕他飛得上天！那些呆板的的數字里面又深藏玄機。比如如果開頭數字是九，表示是難民等等。在管理上帶來很大的便利。比方說，一個人可以用兩個名字去冒領雙份福利，但是他不可能弄得到兩個社會保險號碼！

2 求職

求職找工作，廣東話來說就是"搵工"。

國人出奔加拿大，絕大多數還是沖著西方的富足而來的，不然，怎不跑到非洲去？若然，每人都得打工，否則富從何來？要打工就得覓職，下了飛機第一要事少不了便是找工作。

略有閱歷的大陸來客都知道，過去什麼都在國家掌控之中，由不得各人作半點主。過去有個口號叫做"一顆紅心，兩種準備"。意思叫你聽從政府分配，分好分壞都要去。那時的大陸人誰找過工作？大學畢業了，與領導關系好的，分到好單位；和領導抬杠的，分到壞單位。勞動局來了指標名額，有關系有路子的，分到國營事業單位；平民百姓子女，分到工礦企業單位。分到偏遠地區不去的，就不給工作，說是思想不好，不服從分配。到了加拿大，好了，你就是想去艱苦的地方也得要自己安排，誰也不會管你。所以華人移民要落地生根，就得入鄉隨俗，首先就得學會找工作。

據專家研究，百分之八十的工作是經人介紹找到的。國內失業了常常被認為這人沒本事，是很丟人的事情。國外認為有就業就有失業，轉換職業非常普遍。西人失業期間，別人問他正在幹什麼，常會理直氣壯答道：哈哈，我辭職了，正在找事干！國人既到異鄉，就得因地而異。切不可羞羞答答，猶抱琵琶半遮面，也得誠懇告訴朋友自己想找一份工作，並且將本人的學歷經驗、以及找工的要求詳加說明。這樣，一傳十、十傳百，親友鄰居都調動起來了。有的公司正有空缺，有的朋友的朋友那里恰好請人，大家就會給你留意。特別是華人集中的飲食業，人員流動性很大。餐館停業啦，換老闆啦，都會引起人事調動。廣結人緣、消息靈通，對找工絕對有幫助。

除了朋友幫忙，你還可以翻閱報紙的"事求人"欄目，或到就業中心詢問，去查看裏面的招聘廣告。社區中心告示板和商店門口，往往也有"Help Wanted"的告示。眼尖的人有時會有意外發現。

求職人可以到醫院、酒店人事部門申請工作。通常人家會讓你填表留底，如果認為你合適，剛好三個月裏又有空缺，那你就有可能成為幸運之人。

你可以打電話或親到可能聘用你這種人才的公司去申請。也可以通過黃頁電話簿尋找私人職業介紹所。求職需要填寫履歷。履歷有兩種，個人履歷從過去寫到現在，工作履歷從現在寫到過去，主要是自己的學歷和工作經驗這兩個方面。面談時言談舉止應盡量落落大方，穿著要與申請的職務相符，如體力工作就整潔樸素，若公關工作就得有點風度，化化妝、活潑一點也無傷大雅。

3　勞工政策（Labor Policy）

加拿大第一項系統的勞務市場政策就是始于四十年代的失業保險和國家職業介紹所。五十年代後期，由於失業率攀升，國家又制定了職業技術培訓援助法，此為由聯邦和省政府分擔費用、旨在職

業培訓的計劃。到了七十年代，持續的失業與貧困迫使政府提出給學生提供機會的暑期計劃；解決冬季失業的"地方失業援助計劃"；七五內又增加一項"新區職業策略"等等。

一九八四年保守黨組閣，新制定的"加拿大職業策略"計有：一，職業發展計劃，津貼長期失業者受訓；二，市場投入計劃，將培訓和實踐結合，幫助青年和婦女進入勞務市場；三，技能補缺計劃，補助雇主，使其能提供在職培訓或專門教育；四，技能投資計劃，對受到技術變革或市場變化而需要再培訓的工人給予工資補貼及學費；五，新區遠景計劃，為長期失業的新區工人提供資金；六，更新計劃，對促進市場調節的試驗性項目提供財政援助。

入行如隔山，由於新來乍到華人移民往往不能重操舊業，常常面臨失業威脅，所以上述計劃，對他們很實惠。

4　失業保險（Unemployment Insurance）

這是由政府、雇主、雇員三方提供資金，為失業者建立的保險項目。原來，雇員發薪時，工資單上已扣除一定比例的失業金，雇主再為雇員付出相應比例的資金，不足部份由政府補貼，這就是失業金的三個金額來源，頗有幾分三馬拉車的味道。自雇者欲取得失業金領取資格，就得付出雇員和雇主那兩部份資金。

通常要取得領取資格，失業人此前必須工作 910 小時以上，還要證明自己雖沒工作卻在努力覓職，並且親到人力部登記。完備了這些手續，兩周後可以受領原工資的 56%，最多可以領十個月。但失業金最高額有上限，目前是每周 413 元。領取條件和金額會依國家政策浮動。

依教育程度高低，華人移民無非分高低兩種。低的那類做粗工，沒有專長；高的那些時異境遷，也惟有借餐館來謀生。因體力不如，還常會遭到工友們排斥哩。相信華裔移民憶起失業金都會覺得十分親切。失業金政策還給季節性工作帶來生機。漁業和建築冬天難開工，工人也不用擔憂。幾乎為華人所壟斷的花草剪植，也可以半做半休。夏日趁著風和日麗拼命工作，一來增加收入，二來也可以提高淡季失業金的領取額度。寒風呼號大雪紛飛的時節，他們就不必象別人那樣沐雨櫛風出去打工了。他們品茗吸煙，欣賞雪景之時，覺得失業金政策豈止實惠，簡直還充滿詩情畫意呢。

聽說有的雇員知道公司打算減員，就想方設法來遊說老闆。口稱本人對于起早帶飯的緊張生活實在膩透了，這回應該輪到自己抻腿展臂好好休息一下了。

國家公教人員、警察、醫院雇員、醫護等類人因不會失業，自然也談不到領失業金了。他（她）們是失業金默默的奉獻者。不過他們工作較好，吃皇糧，捧鐵飯碗，似乎也沒多作計較。想一想，失業金制度不過也就是一種強制性的互相幫助。換言之，也就是這只羊的羊毛，出在那只羊身上罷了！

5　勞務市場（Labor Markets）

人們好生奇怪，為什麼移民申請人，有的批准，有的不批准？其實，受拒的申請人很可能就是其專長不符加拿大的需要。原來，加拿大有自己的勞務市場！

這方面可分為熟練工作市場和非熟練工作市場。前者指經過高等培訓出來的專業人員市場，是國際性的；後者是地方性的，甚至如果逼不得已也從加勒比海國家引進農業工人。很難說加拿大市場什麼工作需要什麼不需要。就目前來講，城里教師過剩。一般公司管理層通常從內部提升而不從外面招雇。律師和醫生開業須經省級

主管部門批准，若非很特別的專科專家很難能從國外雇人。在有工會的地方，若非新職，一般不能雇請非會員。偏遠的中餐館請廚師，除非證明本地確實請不到人，也不能回國招聘。

地區不同，勞務市場的需求也不同。

6　人權（Human Rights）

一九四八年，聯合國大會頒布《世界人權宣言》，明確了什麼是人的基本自由和合法權利，以及平等的經濟、社會和文化權利。一九六六年，聯合國在《人權宣言》的基礎上增加了《關於公民和政治權利的國際公約》和《關於經濟、社會和文化權利的國際公約》。加拿大于一九七六年一致通過參加以上公約。還通過《公民政治權利公約草案》。加拿大公民可以就政府違反公約向人權委員會提出控告。

加拿大一九六零年通過了《加拿大權利法案》，把人權定義發展到平等權利。一九八二年還通過著名的《憲法法案》和《加拿大權利與自由憲章》，保證公民的基本自由、民主權利、遷居權利、法律權利、平等權利、語言權利。

人權在加拿大絕不是可有可無的一紙空文。加拿大立法保護人民免受他人、集體、或者政府的岐視，幫助因健康或失業問題而陷入經濟困境的人，都是以人權法案為法律依據的。日裔據此成功取得政府對他們在第二次大戰期間的岐視作出賠償。華裔針對加拿大政府過去向華裔收繳的人頭稅，也正進行過聲勢浩大的平反人頭稅斗爭。政府制定對同性戀以及墮胎的政策，也要基于人權法案的有關考量。任何藐視人權的行為，諸如罵人"黑鬼"或者"中國佬"一類的，極可能惹上官司或被判高額賠償。這對于加拿大華人、和將到加拿大的華人，以及對加拿大進行研究的同胞來說，未嘗不是好事。

7　雇用法（Employment Law）

雇用法調整單個雇主與雇員關系的法律，內容涉及不正當解雇、最低勞動標準、人權、工作條件和安全、工人的賠償等問題。絕大多數華埠商號和別處華人公司，與其雇員的雇佣關系，都涵蓋在雇用法的範圍之內。

雇主不能以雇員的人種、宗教信仰、性別、殘疾、年齡、性取向為由拒絕雇佣。事實上，雇主請不請是毋須說明理由的，雖有國法，還不是請高大健壯、英俊漂亮、英語流暢那些！何況移民英語又不是太好，通常男人超過四十五找工就不是那麼容易，更莫說六十好幾的老太婆了！

國家規定有最低工資。各省的標準是不同的，目前卑詩省的最低時薪是十五元。最低工資是逐年調高的。

雇員每天工作八小時，每周工作四十小時。超時工作至少得付一點五倍甚至兩倍的加班費。但農場工人和家務佣工不在此列。唐餐館常常要求工人每周做六十小時左右，豈不是要付出八十小時工資了？其實不然。原來老闆支付月薪而非時薪，比如周一至周六每天十小時，月薪兩千元，加班就不付雙薪了。說來這也是違規的。你干不干？不干？來找工的新移民有的是！

雇員每工作五小時就應該有三十分鐘休息時間，但那三十分鐘未必計薪。如果輪班工作，每天亦不得超過十二小時。雇員每星期至少獲得連續三十二小時休息。如果雇主要你在這段時間內工作，則必須支付雙倍工資（Double Time）作加班費。

雇員享有有薪公眾假日。如果雇員該日工作，雇主應支付加班

工資，或擇期補假。

雇員兩周領薪一次。雇主必須在結止日期八天內將支票連同工資計算單一並發放。工資單要列明時薪、鐘數、金額及扣除數額。法例規定，雇主必須從雇員工資中扣除入息稅、失業保險額及退休金計劃。其它扣減如私人公司退休計劃或人壽保險等等，需經雇員書面同意。雇主得將雇員薪金紀錄保存七年。大公司多數用電傳將工資關餉當日就匯到銀行雇員戶頭。可是華人小公司呢，常常有意在周五下午出糧，工人趕去提款銀行早已下班，要等到下星期才可以兌現了。這樣公司就能省下一點利息。

有些雇主會給雇員承擔額外的福利，支付全部或部份醫療保險費、牙醫保健費。全職雇員每年至少享有兩星期有薪年假。要是沒給雇員假期，就得最低支付工資的百分之四作為補償。在有工會的地方，對于沒有任何勞保福利和年假的鐘點工，公司通常支付工資的百分之十二作補償。

雇主不能要求雇員支付任何業務上的開支或損耗。例如制服，短缺的現金、貨物損壞……也不能從雇員的工資或小費中扣除。

雇主裁減雇員（Laid Off），必須提前幾星期通知，並將聘用記錄書（Record of Employment）開給雇員以便申請失業金。解雇（Fire）或自動離職（Quit），則可能領不到失業金。如果是華人老闆，給離職人出具裁減證明應該沒有問題。因為於己無損，而且華人不欲與自己同胞結怨。雇員因工受傷或患病可到工人賠償局（Workers' Compensation Board 英文簡稱 WCB）申領賠償金。

8　勞動法（Labor Law）

加拿大勞動法調整集體性勞動的勞資關係以及由此產生的其它

關係。

　　一九四四年《工業糾紛調查條例》(又稱 "工會法")出籠以解決工會組織產生後新的勞資關係，主要是 "鼓勵雙方有利的集體性談判和建設性解決糾紛"。假如工會和資方談判無果，雙方可申請聯邦或省勞動部長出面調解。如果還達不成協議，作為斗爭手段，工會通常用不記名投票決定是否合法罷工；資方則可決定是否合法關廠。如果達成協議，雙方都得服從。協議有效期通常是一至二年，期間雙方都不能有所動作。期滿以後，談判，調解，罷工，關廠就可能周而復始。工資增加了，以期滿時間開始補發。普通民法和刑法都規定了工會罷工施行糾察等活動的限制。

9　勞工組織 (Labor Organizations)

　　《加拿大勞動法典》和相關省級法規保護雇員參加工會的合法權利。雇員要成立工會，組織人首先要收集到過半數雇員簽名。然後將簽名交給勞工關係委員會確認申請，或者交由他們打算參加的工會，如 "醫院雇員工會" 或 "政府雇員工會" 一類工會的上層機構代為與雇主和勞工關系委員會交涉。到此，建立工會就勢在必行了。

　　其中，收集簽名要秘密、不動聲色是至為關鍵的。若走漏風聲，管理層會立即開展解雇行動。一般說來，政府部門和大機構大公司管理層不大阻撓工會成立。"青山遮不住，畢竟東流去"，勞資兩方真要干起來領導也頭疼。然而私人公司就很不想搞出個工會來和他作對。這方面華人管理的部門最為明顯。以老人院為例，幾乎所有老人院雇員都參加了醫院雇員工會，而華人老人院有些就辦不起工會。說來雇員有雇員的辦法，老闆有老闆的辦法。誰敢收集簽名組織工會，發現一個開除一個！華人單位不少人本是沾親帶故的，沒有關系根本就打不進去。很多雇員本是老闆的親朋好友，在老闆

手下討口飯吃，常存感激之心，便暗暗給老闆報信。似此，工會怎麼組織得起來？

下面的故事曾發生在沒有工會的單位。一天在某部門門口不知誰吐了泡痰。清潔部主任吩咐一清潔工去擦。工人說：現在是午飯時間，我吃了飯就去。主任笑一笑：好，你慢慢吃。後來工人飯罷就去把痰擦掉了。不久主任過來，只字不提痰的事情，只問：你吃完中飯了麼？工人說吃了。主任一抹臉當即宣布：現在你可以回家，你被除名了！

說起來在沒有工會地方，老闆一言堂，權力集中，指揮靈驗，減少了爭執抗命之事，效率較高。可憐了手下雇員，為著一家老小糊口，忍氣吞聲。受了委屈不敢則聲。有脾氣那些也常會一怒而起、掛印而去，因而人事流動較大。試問沒有工會保護的工人，如餐館的廚師，樓面的企台，誰做工不是換了一家又一家？管理層握有雇佣大權，盛氣凌人、挾私報復的事情，也是有的。有的主管欺下媚上，分配工作層層加碼、吹毛求疵追求工效，根本不顧客觀條件。政府欠了一屁股的債，規定男女都要到六十五歲方得退休。可是有的活路做到五十歲就已吃不消了！法令規定不準因年齡、性別岐視雇員，老闆也不說不請老人婦女，只要給你一點重活，嘗嘗味道，你就會自己走路。如是，法令還不是一紙空文？這時要能有個工會，為雇員代言，可以起協調作用。

那麼在有工會的地方又是什麼景象呢？誠然，工作有了保障，雇員勝任愉快，勞資相處也較為禮貌。但工會為雇員爭取到優厚待遇，假期一個月，有薪病假又高達十幾天，再除去十一天國家假日，一年能做多少功夫？還有健保牙醫，報銷大部份藥費，以及人身意外保險，又要多少開支？有的雇員還經常拿工傷，一搞又是數月，單位叫苦不迭，可又毫無辦法！

有工會的，一般都是國營的或者是大行業大公司，如工業製造、醫院、警察、教師……。沒工會的通常是小公司或者民營單位。華人聚集的華埠對工會怨氣很大。他們認為工會浪費公帑，薪金優渥還經常罷工，影響社會的正常運作。華埠商號自己組織了商會，是雇主的組織，對外交涉，對內調解。但為著在科學飛速發展和大工業生產的環境下保持競爭力，商號反對雇員成立工會。然而雇員又是一番說話，他們顧不上"家丑不可外揚"，愴然自白：最苦不過唐人街，再苦莫做唐人工！這對于血濃于水的黃帝子孫，是頗具有諷刺意義的。

說來也怪，華人小業主多，不歡迎工會，然而華工大多也不喜歡工會。他們看到工會會員薪金高，福利好，有保障，而自己的公司沒有工會，分享不到工會的種種好處，甚覺不公。盡管如此，工會里面卻有大量華裔會員。原來西人較為直率，工作中起了意見，常會一怒而去。西人輕車熟路，英語好、有路子，就業不愁。所以他們是來的快，去得疾。華人文化不同，珍惜自己的工作機會，知道"委曲求全"、"小不忍則亂大謀"道理。他們工作上與人有了過節，往往心想："你想氣走我？媽的，要走你走。好容易才找到這份工作，老子才不走哩！"

10　社會保障（Social Security）

書云，"聞有國有家者，不患寡而患不均，不患貧而患不安。"

人民怕窮，政府也怕百姓窮。為什麼？窮則思變，要干要搞事。富貴生淫念，饑寒起盜心。小則搶掠偷盜，社會雞犬不寧；大則推翻政權，改變現有的社會結構。富人也怕別人窮，大家都過得下去，他們才富得安穩哩！

為了維護人民的基本生活水準，政府可算是絞盡腦汁了。

你怕沒技術，人工低，入不敷出？莫慌，我們定下最低工資標準，各省的上限有不同。最高是努納武特省 16 元。最低的是薩斯喀徹溫 11.45 元。如在卑詩省，最低時薪 15.20 元，諒他老闆不敢祇付 15.19 元。以後逐年還有調整，只增不減。

你失業了？別著急，我給你發放半年失業金，先安頓好一家老小吃喝拉撒。工作嘛，你老慢慢找！

你孩子一生一大堆，張張嘴都要吃飯哩。好，兒童是加拿大的花朵，可別餓壞了啊！我們有家庭津貼，給他們一人每月發五百大洋。生了多少？四個？四五二十，整整兩千加元，算術會吧？拿著，你慢慢生！

你身體不好，看醫生，看專家，住院多天。看你，都唬成這副模樣了。甭怕，我們有全民醫保。據統計，老人人均年領退休金兩萬元，看病一萬元，住院一萬元，共四萬元。

你是耆英，無兒無女？假如你做過工，我們給你發退休金。要是不夠，我們還補以老年金，再不夠，我們發放補助金，每月總有八百左右吧，如果你在加拿大住夠十年以上。就是新移民，擔保人不認帳也沒啥關係，我們政府絕不會坐視不理。光是我們安省每年為擔保人推卸責任的一萬七千名移民就支付一億四千萬元生活費。別怕，我們一聲不響地付錢，因為若要檢控你們，律師費比生活費還貴。什麼？你還不能自理？我們送你去老人院，每月豁上兩三千元，請人服伺你。

唉，你年紀輕輕竟找不到工做？別是高不成低不就吧？"家貧莫說曾祖貴，好漢哪怕出身低"，人不俯就必有大志！這樣吧，你去領救濟算了。救濟分住宿費和生活開支兩項，各幾百元。少是少了點兒，誰叫你這麼不爭氣呢。暫時委屈一下吧！說實在加拿大的人道與博愛，哪個社會主義國家比得上啊？能在加拿大吃福利實在是比發展中國家的上班族還有錢。借句你們華人的話說來就是“寧為太平犬，莫做亂世人”了。

本來以加拿大強勁的經濟，些許開支本是不難對付的。可是法律賦予議會無限借貸的權力，政客多為選票大派利市，慷慨的福利使得國家捉襟見肘、寅吃卯糧、醫瘡剜肉，嚴重地傷害到經濟。一些遠見卓識人士早已指出：楚雖三戶，亡秦必楚！

這話也許言之過早。然而自古以來，未有不亡之國也。

11　貧困（Poverty）

加拿大也有貧困？有啊。凡有人的地方就有左中右，是吧？根據加拿大統計局的定義，凡衣、食、住等基本需求方面開支比例在收入中高過全國平均數 20%以上者為貧困家庭。平均生活水平提高了，貧困線也相應提高。所以說在加拿大的貧困是相對的，不是絕對的。在低收入家庭中，56%自食其力，稱為“勞動窮人”。其余44%主要靠政府救濟，叫做“福利窮人”。所謂“窮人”的界線是人定的。現在比過去的窮人之所以大幅度減少，也絕非是窮人掙得多了，而是政府的福利越來越多。過去統計過，加拿大靠救濟生活的成人佔成人人口約 8%，他們的子女佔兒童人口約 10%。加上那些“勞動窮人”，貧窮人口永遠在四分之一的比例上下徘徊。六十年代一些反貧困法規出台，此為福利政策之始。一九六六年政府通過”加拿大援助計劃“，為傷殘、失業、低收入者提供資金和社會服務。一九六八年實行醫療法，給所有窮人免費醫療保健。一九七一年修改失業保險法，給失業者發錢，提供更多保障。一九七八年實行對有孩子的低收入家庭提供津貼。自此，加拿大債台高築，政府一方面要支付高昂的債務利息，另一方面還要繼續發放引起那些債務的福利。加拿大人沒有“不勞動者不得食”的觀念，他們用經

濟角度看待就業，怎樣劃算怎樣做，認為如果有健康問題、精神問題、和工資低於救濟的情況之下，不做工是可以理解的。約十年前政府把每個單身家庭福利每月削減五十元，一個單身母親就憤怒抱怨說，她和三個孩子每年才領兩萬多元，如今不加反減，這麼她就買不起汽車保險，孩子也就不能如常乘車往社區中心學鋼琴了。唬得政府又趕快改變初衷。

中國諺云"看菜吃飯"、"量體裁衣"。靠借錢來過的幸福日子是不能長久的。其實加拿大大興福利基本是靠舉債。在短短幾十年政府竟然幫每個加拿大人大約借了兩萬加元。國家建設就背負著這筆巨債和它帶來的債息奮勇前進。

福利成了國家的一個大包袱，不少加拿大人認為福利問題就是政府的福利政策造成的。你給的那麼大方，誰還願去做工呢？另一些人卻認為加拿大這麼富裕還有這麼多的窮人，真可恥！

其實加拿大的窮人勢力很大。社會上有不少反貧窮組織。每有風吹草動他們就發起游行、示威、演講，甚至于佔領政府辦公部門，不獲全勝，絕不收兵！反正他們不上班，有時間。

12 稅制

國家向個人和企業征稅，主要用以支持政府營運、資助公益事業、進行收入再分配以及左右消費和投資行為等。自一八六七年，憲法賦予國會無限征稅權，後來政府橫征暴斂、恣意揮霍就有了法律依據。此後五十多年裏，稅收主要為關稅和貨物稅，一九一三年達稅收總額的 90%。在接踵而來的第一次世界大戰，令國家不得不廣開財路，征集生產以及其它營業稅。此外還征收個人所得稅，此即個人入息稅之始。在關乎國計民生的諸項稅務中，這是最為華人和其它族裔關注的一種稅。每個成人每年都要填表繳稅。一式二份，一份上交，一份留底五年備查。不少社會服務機構在四月報稅期間，常把免費代低收入人士報稅當作工作中心。

2020 年加拿大聯邦所得稅分五档，收入与稅率分別是：

0 至$48,535：15%

$48,535 以上至$97,069：20.5%

$97,069 以上至$150,473：26%

$150,473 以上至$214,368：29%

$214,368 以上：33%

除了聯邦稅還有省稅。BC 省一個人的入息免稅額（BPA）2020年是$12,069。超過部份得納稅，稅率依收入之豐薄分別是二十六、三十三、四十四，最高可達五十五。而且要在公司在繳付了營業稅牌照稅這個稅那個稅之後，發工資給你，你才開始交你自己那份稅款。稅款要發薪時事先扣除，因為政府迫不及待早等得不是很耐煩的了。由於出糧時還不確切知道你當年收入是多少，所以到了年底還要重新做稅，多退少補。政府每年抽查 1%的報稅單。不報稅的或補報，或罰款，或系獄。至此，你該知道加拿大為什麼能有那麼美好的福利了吧。這真算得是 "醫得眼前瘡，剜卻心頭肉" 啊！

且慢，稅余的錢也不盡是你的。比如，既使你可能活不到六十五歲老闆還是要扣除你應繳的退休金，既使你從不失業老闆還是要扣除你的失業金。順便說明一下，失業人沒收入就不繳失業金了，繳失業金的都是沒失業的。換句話說就是交失業金的不領，領失業金的不交。當然領取人事先一度繳過才有領取資格，是給一寸得一尺。還有，有房產要繳地產稅，去旅遊得繳機場稅，買隻輪胎得繳

環保費，倒垃圾得繳垃圾費（計入地稅）……值得一提的是，買東西本有個購物稅，只為政府入不敷出，又來了個稅上加稅，美其名曰"貨品服務稅"。連報紙都驚呼"萬稅、萬稅、萬萬稅！"

民主政治有個好處就是政府不得不傾聽百姓的呼聲。沒有選票，你那個官就沒得做了。幾乎每個政府，都以攻擊前任債台高築而獲選，而他們下台之時，又總把更高的債務拱手給繼任政府。例如，二零零零年二月二十八日聯邦財長馬田出奇招宣布：五年內將減稅五百八十億。平均每個家庭從今年的減稅四百至七百元，逐漸達到一千五百至兩千元。

可就在民眾還來不及歡呼的時候，各省財長已紛紛表態。說是聯邦有錢全靠減少對下面的撥款，為了維持原有的社會服務，在聯邦稅減低的同時，省稅將會提高與減免相應的額度。

13　食有魚

西餐早飯是牛奶麵包，也有的加一碗麥片，或者煎兩個雞蛋。要是能來點燻肉或香腸，那已算是最高檔的了。中午由於在外面工作和辦事，中餐較為簡單，是謂 Lunch，也就是便餐的意思。如果夜半吃點什麼充饑，也叫吃 Lunch。通常是一塊三明治加杯飲料，條件好的可以來碗熱湯。西人通常在晚餐才會享用牛扒、烤雞一類的大餐。由於飲食習慣不同，這種洋餐要叫華人來吃，真是活受罪喲！

華人如果上班將就幾塊麵包也還罷了，如有閑暇，他們肯定選擇中餐。早晨來碗稀飯、一碟咸菜。午茶是蝦餃、春卷、蒸牛百葉、燉牛腩、炒河粉……挑它一盅兩件即可。晚上弄點海鮮，再搞兩杯曲酒，那真是神仙過的日子。

　　中外吃的文化差別很大。中國人有肉有菜才喝酒，光有蔬果叫喝素酒，沒肉沒菜光喝酒叫喝寡酒。西人喜歡喝寡酒，華人卻要擺好一桌子下酒菜，慢慢抿。西人聚餐各吃各份；華人開飯局最愛圍著一桌筵席互相敬酒夾菜。西餐菜譜上"豬扒"、"子雞"直呼其名；唐餐稱作鴛鴦席的菜里莫道鴛鴦，恐怕連一只鵪鶉都沒有。西人晚上吃了東西生怕不好消化睡不著覺；華人惟恐餓著肚子上床要吃宵夜。西人烹飪菜要生、肉要熟；華人烹調菜要熟、肉要生。西人聚餐分擔費用實行 AA 制；華人吃飯爭著付款有如打架。西人席上佳肴如火雞、奶酪可以令華人掉頭而去；華人桌上美味如心肝肚肺足以把老外唬個半死。

　　通常在加拿大做廚的都是兩岸三地的頂尖廚師，一些從世界各地來溫哥華和多倫多的華人甚感奇怪，怎麼過去竟沒吃過這麼可口的唐餐。

　　一般說來華人愛到唐人街或華人開的食品店買菜。唐餐好吃主要在于海鮮。過去，即使本地海產如石斑、紅斑、三明魚……都是冰凍出售。自從八零年以來，溫哥華華埠出售活海鮮。最初上市的是本地蟹和東部的空運龍蝦，新開張的餐館也開始自稱海鮮酒家了。如今，菜市里嘩啦啦游水的是錦鯉石斑，歡蹦亂跳的是黃鱔活蝦，悠然爬行的是鱉和白鱔，款款移動的是蜆和蠔……就象電視節目海洋世界一般。

　　本地漁民經常連魚帶水送貨入市，活魚比死魚價錢相差一倍有多！過去在國內筆者親眼看見魚販將死魚切開抹上魚血冒充活魚。這里百姓十分精明，如果沒有眼見那池中之物被撈起來開膛剖肚，你怎麼說它是活魚都是沒人相信的。

　　加拿大的海寶是三明魚。有的活魚如果掉進河里繁殖就會吃掉三明魚卵，令三明魚減產甚至絕種。所以漁業部經常派員到華埠檢

查，發現外來淡水魚一定要當面弄死才賣，并要業主保證不會危及本地水產。有回游客在中央公園水塘赫然看到一條可能是什麼人放生的青魚，公園局居然辛苦一天抽乾一塘清水把它捕勞上來。

14 出有車

人要出門就要有交通工具。古時南人乘舟、北人乘馬。筆者過去騎的是一輛鳳凰十八型。加拿大人用什麼代步？

加拿大如果不是人人有車，至少也做到一家一輛。就算上班不用開車，上機場、看急診、買米買菜，還是離不開汽車。所以移民都說：“不會說，是啞子。聽不懂，是聾子。沒有車，是瘸子。”

對沒有什麼汽車常識的新移民來說，買什麼車令人頭痛至極。其實買車還得看個人的具體情況。如果經濟上許可，最好還是買部新車。原因是舊車容易出毛病，修理是很貴的，如果半夜高速上拋了錨，司機又是個妙齡姑娘，那更是糟糕透頂！

買什麼牌子要看經濟實力。普通人家，買部兩萬以下的就很不錯了。如果經濟許可又喜歡玩車，不妨買部六缸車，那樣也只算得中檔。要是兜里的錢真的花不了，那當然可以買高檔車啦。高檔車賣價高達四萬以上。主要是歐產名車，如奔馳、寶馬、奧迪，還有日產的凌志等。自從上演過《北京人在紐約》，美國的凱迪拉克也算得上一個。

新車基本不存在質量問題，問題在于價格。同樣的汽車在不同的公司價格可能相差到數以千計。怎麼辦？最省事的方法就是貨比三家。先看廣告要价，後打電話講價，足不出戶就可以把事情搞定。

新車一出門就要降兩千，開舊車照理要儉省很多。但舊車的檢驗和講价技術性很強，驗車最好找個修車師傅幫忙，可以把把質量關，也可以驗出車子的實際狀態以要求合理的售價。

其實對于較為富有的年輕一代華人來說，汽車早已不是代步這麼簡單。它是一種品牌，一種身份，是比較能爭回面子的東西。香車美人，是他們不倦的追求目標。甚至有的新移民，住的吃的什麼都差，惟有一部奔馳，閃閃發亮。

15　居有室

人們常說：住洋房，吃中國菜，討日本老婆。唐餐色香味俱全，日婦溫柔嫵媚，洋房能與之相提並論，自然是因為舒適方便啦。

其實房子有許多種。

華人總喜歡擁有點什麼，所以最愛住獨家房屋。所謂家園家園，有家有園。前門栽花後院種菜，真是給個神仙也不換。住戶較為清靜，可以為所欲為，鬧翻了天都沒有人來干涉。但獨立屋很貴，因為它有地。那塊地比建築物要貴出好幾倍！因此經濟上要多開支很多。那為什麼華人還是願意住獨立屋呢？原來，獨立屋不僅是的棲身之所，也是業主的投資，當地產上漲的時候，自己的房子也增值了，令投資人欣喜若狂。但是，自住業主並不希望地產狂飆，因為房子一增值，地稅也跟著提高。住同樣的房子，卻要白白多孝敬政府幾百元，不劃算！

不少人住公寓（Apartment）。公寓與國內的樓房單位相類似，好處是便宜一點，不便之處是眾人居于一樓，雞犬之聲相聞，互相間難免有干擾。有家華人，女兒在家彈琴，樓下鄰居竟然以棍敲擊天花板以示抗議。所以大樓管理部門常會制定一個公約，規定朋友聚會不得晚過什麼時辰，衣物不得涼曬室外，以免有礙觀瞻云云。老人不論貧富多愛住公寓，因為它不要自己剪草和維修。公寓可以

自購也可以租用。

孖屋是在一塊宅地上蓋有相等的兩個單位，城市屋（Townhouse）是一幢大房子分有若干單位。可以說它們的價格和舒適程度通常處于獨立屋和公寓之間的等級。新移民常常租住獨立屋黑矮的底層，人稱"土庫"（Basement）。倒不是土庫還有什麼優點，而是租那地方便宜。

16　富人難為

上街一走，滿目之中誰是窮人、誰是富人，你根本看不出。政策使然，抽肥補瘦。肥的瘦了，瘦的肥了，大家不就有如一棵樹上的果子，一般色彩、一般形態了？

感謝上蒼，這說明政府已經滿足了窮人的基本需求。然而，只要作進一步的觀察，就會發現中間的區別還是有的。就拿衣食住行來說吧。貧者之衣僅可保暖；富者可以抖幾件名牌。貧者進餐只為果腹；富人可以品味餐館。貧者租室棲身；富者購宅而居。貧者買巴士票上街；富者駕私家車出入。貧者春夏秋冬蜷在原地；富者不時乘飛機周遊世界。這可能就是主要的差別了。

加拿大有個劫富濟貧的社會制度。高收入納稅比率是依其數目遞增的，是累進制。如果你收入比別人多一倍千萬別妄想可以比他富一倍。其實你的錢可能只比他多那麼一點點。比如他年入二萬五，你年入五萬，你納的稅可能是他的三倍。加上你還要比他多繳些養老金、失業金、工會費……口袋裏自然也剩不下多少錢了。

在加拿大，養著丫鬟、小廝、佣人、車夫的有錢人只能出現在于古裝文藝舞台。社會生活保障政策已經使得富人不富，窮人不窮。稅後的工資所剩無多，工人人工又是那麼高，誰還請得起誰呀！加拿大人家，戶戶自己烹飪、自己洗衣、自己開車，能每周請上幾小時的鐘點清潔女佣，就算是十分闊氣的了。

很多香港、新加坡、菲律賓來的華人常常會深情地緬懷著往昔，談及他們有過多大的房子，有過多少佣人，以及他們結婚時節的風光日子。那是因為當地的政府奉行用者自付、多勞多得的原則，不大干預社會上的競爭，不用行政手段進行社會再分配。有的政府甚至提出不勞動者不得食。政府不取不與，社會貧富就會比較懸殊。在香港，年入一百萬港元只納稅 17%，掙兩百萬的也是。要是在加拿大，就得繳納 54%，叫你無端端將收入的多半拱手相送。

前面是少數富人，後面是嗷嗷待哺的福利窮人、勞動窮人、難民好一大攤子，小康家庭也搖旗吶喊要求減輕負擔。政府不上前勒住闊老的脖子，更宰何人？高收入者也只得噤若寒蟬，他們的票數不到百分之十，政客略一思考，便知道屁股應當坐到哪邊去。雪中送碳為君子，錦上添花是小人嘛。富人無罪，罪在有錢！

宰羊要選肥的下手。國家開支龐大，政府也得絞盡腦汁想辦法。在溫哥華不少華人居住的西區，很多房子都超過百萬。後來市政廳忽然取消這類房子的政府津貼。換言之就是屋主每年必需比別人多繳四百五十加元地稅了。同時市府還宣布，對它們額外征收一筆附加稅，就象對高收入人士再有額外征收那樣。誰知這類屋主中很多是吃退休金的老人。他們年輕買房子時房價並不貴，房價炒了起來坑了他們來付高昂的地稅不算，如今還要付一筆莫名其妙的附加稅，豈不是要將他們趕出家門麼？一群老人怒氣沖沖跑到市政廳論理。這件事鬧得很凶，後來那稅也不附加了。

華人頭上拖條長辮，與顧客討價還價、錙銖必較的寒磣形象早已成為往昔了。特別是港台兩地輕徭薄賦、物競天擇的經濟環境使市道十分興旺。八十年代末加拿大為了吸引外資，移民政策網開一

面，增設了商業移民。由是很多港台人士經此渠道來到楓葉國。他
們心想，港台經濟蓬勃，加國生活美好，如果到港台賺錢，來加拿
大過活，豈不善哉？于是有的人就把全家移民出來過幸福日子，自
己回原地掙快錢，做"太空人"，翱翔于兩地之間。可是加拿大的
大方不是沒有限度的。社會上漸漸產生了一種意見，認為太空人在
外國服務納稅，又來享受加拿大優厚的福利，比如孩子上學、老人
看病所費不菲，甚為不公。有感于此，聯邦政府就搞出一條新政策，
要求移民和公民申報十萬元以上的海外資產，以便納稅。此即在華
界引起軒然大波的"海外資產申報"。

　　香港稅低，地產市价驚人。哪怕一個小小的停車位，就賣到八
十萬港元了，相當于溫哥華一個單房公寓的價格。今後加拿大政府
打算在這些業主向港府完稅之後，再向加拿大繳納二道稅，補足加
拿大稅率和香港稅率的相差部份，而這二道稅竟是一道稅的幾倍！
要照加拿大稅率納稅，卻要和香港同業競爭，豈不是笑話麼？消息
傳來，很多港台人士紛紛回流，地產市場一落千丈！有的回去不做
加拿大人了；有的將物業易主，改成滯港兒子女兒的名字。還有人
憤怒抱怨說，過去英國人來時不申報海外資產，後來意大利人來時
不申報海外資產，獨獨咱們中國人來了就申報什麼海外資產，你當
中國人好欺負啊！

　　難民、福利窮人……不向國家納稅卻享受有錢人都沒有的國家
優裕的福利，這可是世界少有。難民一月兩千多，公民一月一千多，
窮人免費牙醫等等。有的家庭子又生孫、孫又生子，子子孫孫無窮
盡焉，然而都食髓知味，子承父志、孫從祖業，全干這一行，令政
府頭疼已極。如今頗有家私的移民也來分一羹攣，政府更一嘴都苦
完了。這個可算得加拿大的獨家問題。別國既不提供國民什麼福利，
也就不在乎你有無納稅了。政府燒出了這只燙手山芋，若不自己捧
在手上，還能扔給誰呢？

17　高不成低不就的小康之家

　　加拿大什麼人最多？富人最多。為什麼？因為它是西方發達國家，世界七大工業國之一。它若算窮，誰個不窮？它不叫富，誰敢稱富？中國百姓對此最有感觸了。十幾年前，華夏學子奔往西方求學，有如錢塘之潮。話說有個女學生前來加拿大留學，入境表上有一欄是月薪幾何？其時誰都知道，國內做也三十六，不做也三十六，可笑那老外真是孤陋寡聞。女留學生大學畢業，是五十四。不過她不想讓外國人說中國窮，便報了加元二十。海關人員好意提醒她：二十是時薪？她搖搖頭。那人似乎不耐煩了：是日薪？她又搖搖頭。那人竟然咆哮起來：難道你敢說它是周薪麼？留學生滿目羞愧，無言以對。

　　也有頗有掌故者說：由簡入奢易，由奢入簡難呀！你們先窮後富，自然十分滿足。若是換了我們，就不會"下車伊始、哇啦哇啦"了。月入幾百元，夠得什麼？你到過喜士丁街麼？見過排免費大餐和免費食品的長隊麼？飽漢哪知餓漢飢呀！你們慢慢久了就知道：加拿大窮人最多。

　　富人永遠是少數。他們是因為比大多數人相對多一些財產才成為富人的。窮人在別處可能成為多數，但在加拿大決不可能，因為窮人是領福利的，他們的多寡取決于社會的承受量。如果他們成了多數，靠誰來養他們呢？華諺有云：兩頭小，中間大。加拿大的多數只能是比上不足比下有余的小康人家。

　　窮人易為。如果政府削減對他們的救濟，他們立馬會拉起隊伍圍著市政廳示威。其中領取救濟那部份人比較有時間，常常成為社會上集會游行的主力軍，給人一種惹不起的印象。他們人數不少，喊聲很大，其盛衰基本取決于政府扶貧的政策。

富人易當。雖然在加拿大高稅制政策之下他們也是很無奈的一群。雖然人數不多，呼聲低微，但他們有錢，對該承當的社會義務也不十分在意。他們通常將資金分散于不同的股票里去，而"不把所有的蛋放到一個籃子里"。每當股票大跌的時候，他們還笑得出來，說：籃子里的蛋現在可是輕了些囉！

小康人家常常是夾在中間的工薪階層。他們懼墜于腳下貧困的深淵，又難登頭上發達之青雲；福利他們沒望，納稅他們有份，惟有早出晚歸、胼手胝足地掙扎。人往高處走，水往低處流。雖然福利窮人也能有溫飽，但是華人自尊心很強，是絕少或不會依賴福利金的。盡管他們有的新來乍到、人地生疏，有的英語不是那麼地道、不太理想，可是依然會努力向前，朝著小康的幸福目標努力。

五 老有所養

1 老年問題（Aging）

華人都知道，"家有一老，勝過一寶"。老奶奶給孫兒把屎把尿、洗澡換衫，伺候孩子勝過注冊護士。老婆婆給兒孫講孔融讓梨、灰姑娘、美人魚，其繪影繪聲令幼稚園的阿姨相形失色。老人做出的糖醋魚、腌蘿卜、小米粥，鮮甜味美叫餐館的大廚們慚愧不已。老人看家護院、關門閉戶，見到壞人以死相搏的拼命勁頭，足以相當一隻生猛野性的德國牧羊犬。舐犢情深的爺爺公公，對兒輩大公無私，有的在兒子家幫忙還自備糧草；有的將女兒留在家中，把宮殿般的家宅慷慨贈與；有的節儉一世，死時自己買塊好地都捨不得，卻遺給子孫後代房子、店鋪、股票和銀行存折。

老人可以好得不得了，差起來也請你莫見怪。機器舊了零件會壞，人口老了器官受損。老年失禁，下面兩閥門關閉不住，常會漏點稀的或干的出來，那股味兒，真是十里飄香。開火炒菜，鍋裏的食油熊熊燃燒，旁人急得跳腳，可老奶奶泡在廁所還沒出來。洗碗手滑，嘩啦一聲，好家伙，一摞盤子掉在彩瓷上給你全砸了。親親的孫女兒放學，老爺爺湊近兒子悄悄耳語：竟是誰家閨女，這等面善？

加拿大人口呈老化趨勢。六十五歲以上便被視為老人。世紀初，60%老人都得工作，拜退休金和養老金之賜，一九八六年減至 12%。

據最新統計，男人平均壽命為 70.31 歲，女性為 75.33 歲。女性為 75.33 崴。據 2021 年統計平均年齡，加拿大男人 80.2 歲，女人 84.1 崴。加拿大有個女人瑞是吉布，生於 1905 年 4 月 25 日，卒於 2019 年，活了 114 崴，在加拿大祇排第 5，世界第 9。

男性老人 76%有家室，14%為鰥夫。女性 44%有老伴，40%守寡。也不知是不是女人好清靜，也可能是她們命長。老人不論鰥寡、離婚、單身都寧肯獨立生活而不願依賴家庭和朋友。因為數代同堂，大家通常不是互相照顧而是互相拖累。

據一九八三年統計，老人夫婦的貧窮比例是 11%。一九八五年，51%孤寡老年婦人生活在貧困線以下。

加拿大老年人可以享受免費醫療，還可以免交大部份藥費。政府還為不能自理的老人依情形提供家務、料理和老人院等各式服務。老人伺候得好，年輕人方無後顧之憂。

加拿大還有一門學科叫老年學（Gerontology）。是研究延長人壽和老齡化的一門綜合性學科內容主要包括老年醫學和老年生物學。加拿大老年學研究始于一九四四年，一九七一年成立了全國性老年學協會，分社會學、心理學、生物學、醫學和社會福利五個分會。會員一千五百人，發行會刊《加拿大老年學雜志》。研究人之黃

昏及其垂暮之年，竟然成了一門新生的學科，培養出不少博士碩士，養活了無數專家學者。龍鐘老人仍然為社會就業作著卓絕的貢獻！

在加拿大，六十五歲以上和十八歲以下者與就業人口之比通常為二比三。概言之每三個就業年齡人口就得負擔兩個非就業年齡人口。而且就業年齡人口中又有一些失業和福利人士，這麼一算工作人口和非工作人口幾乎對等了。國家企圖通過移民改變人口老化問題。移民們倒也是很年輕，殊不知由於經濟原因，許多包括華人在內的移民父母寧肯背井離鄉、離開國內眾多的兒女，也要投奔來加拿大。有兩個留學生在加拿大成婚之後，六口之家，居然有四個老人。鄰居都稱贊中國人孝順。加拿大的大方與慷慨，致使很多從未在加拿大做工納稅的外國人，晚年就來加拿大分享優厚的福利和待遇。

老人最怕什麼？告訴你，怕窮！年老力衰、難以掙錢的時候，窮愁潦倒是很可怕的。有時你想吃點好的補補身子，有時你要買件衣服御御風寒，可惜你沒有錢，多麼可憐！如果你今天叫女兒帶你去看病，明天叫女兒車你去買菜，女兒肯定會一嘴都苦完了。又假如你不能獨立門戶，死乞活賴泡在兒子家里，日子長了，兒媳婦不咒你老不死才怪呢。雖說好兒女伺候父母應該任勞任怨，實際上有幾人能做到？可是你若常常幫車你的孩子灌灌汽油，與讓你棲身的兒女分擔一點生活費，過年過節給兒孫封一個大紅包，大家關系肯定融洽得多！

老人要生活幸福，日子過得有尊嚴，就得有點經濟實力。

有見于此，加拿大政府制定了退休金制度（Canada Pension Plan 簡稱 CPP）。加拿大人通常都有洋房汽車，生活水準很高。國家的社會保障系統要確保老年人有不低於貧困線的最低收入，并使勞動者個人退休前、後的收入保持合理的平衡，據此制定出退休金

和老年金的標準。退休金主要是由僱員供款、僱主供款和政府發款
三個來源支付。這是一個全民性的制度，只要你做工，就得繳納供
款，過去為工資的 3.5%，2019 年後調整為 10.2%。同時僱主也得
上繳相同數目的供款，那麼，等到年老力衰、風燭殘年之際，政府
就會給你發放退休金。其金額之大小取決于供款之多寡，約為退休
時工資的 25%，2019 年後約為 33%。但供款、領款都有個上限，
無論你供款期再長也還是和別人拿一樣的養老金。數額有限，但生
命有長短，人均會領取退休金十年。長命之人到後來就領短壽人的
供款。

　　2019 年起，供款收入百分之 10.2%。退休金全年最高供款數
額為一千一百八十六元五毛。年逾七十的上班族，不用再供款。是
年領款最高限額為每月 $1154.58。平均額度是 $679.16。大概是他
工資的 33%。六十歲老人也可以提前退休領取退休金，但是數額會
據距離六十五歲的月份數目每月遞減 0.6%，即每年 7.2%。老人也
可以延遲退休，每延遲一個月，也遞增 0.6%，一年 7.2%。

　　一九五一年退休年齡定于七十歲。人生七十古來稀，有的人其
實就是做到死都不夠資格領退休金。想想，老人大概不可能重開新
職，六七十歲高齡人做的肯定還是三十、四十歲時就干起的行當，
你說這政策荒唐不荒唐？政府欺善怕惡，吃救濟的就吃到死，打工
的就打到死，兩不相擾。人家繳了一輩子養老金，抻腿時分文收不
回，如何瞑目！更何況非老年金收入超過一定數額的就是到了法定
年齡也不給。一九六五年退休年齡方才提前至六十五歲。

　　西人使錢大手大腳，加上現時社會有了信用卡，更常寅吃卯糧，
老來對退休金的依賴較大。華人過日子比較節儉，兼有積蓄，好投
資，老了財源較多。

　　據有關部門統計，加拿大有個龐大的地下勞工市場，主要是個

體戶和現金交易的小公司，如餐館、雜貨店、裝修公司等等，部份資金沒有入帳，甚至有用現金支付雇員工資的。香港、臺灣稅率很低，大陸過去甚至沒有所得稅，他們的稅制觀念比較淡薄。這與行業也無不有關，比如剪一塊草地二十元，你若再加14%稅款人家必定另請高明。華人從事這類行業的比例較高。有的人報稅不多，卻相當有錢。當他們領取退休金的時候，金額當然要少些，可是失之東隅，收之桑榆，他們因而可以用"最低入息補助"那個名目申請生活費。

其實加拿大喜歡搞平均主義，不論貢獻多少老來所領的金額只是名目不同，數目實在也差不了多少。一個全額供款人退休金養老金算在一起月領$1,700，而從未供款人月領$1,500。然而，僅就經濟而言，他們也沒有吃虧多少。雖然他們的退休金看似少了，然而羊毛是出在羊身上的，羊未拔毛，那毛可不還在身上麼？

2 養老金（Old Age Security Pension）

華人稱其老人金，是聯邦和省政府給老人的補助金。條件是必須在六十五歲以上，且要在加拿大住滿十年。滿額現為每月$613.93。但如果僅來加拿大十年只能拿四分之一，20年的拿二分之一。如果你的退休金和養老金很少或是完全沒有，如果住滿十年或是難民，是合資格領取福利金的。如果是沒滿十年的移民，當局就會要求你的移民擔保人贍養。要是擔保人也不能負擔你，這時，政府就會給你發放福利金，名字叫"最低入息補助"。總歸要保證老人每月有足夠的生活費。實際上加拿大每年耗于那些有意或無意逃避擔保的受保人身上的福利開支，數以億計。

不少加拿大人有一個用一個，不存錢、不置物業，隔三岔五上餐館，年年出遊、走遍世界。他們努力在六十五歲以前把自己弄得一文不名。他們簡直太清楚了，窮人富人在老人院的生活都是不相上下的。不同的地方就是，有的使自己的積蓄，有的花政府的資助。

3　最低入息補助

老人的收入低於政府標準的時候，政府就會發放一些錢。滿額為\$732。如果還不夠，再想名目，什麼寡婦金，無房金，傷殘金，退伍軍人金，獨居金，等等你都想不到的由頭，加上退休金、老年金，務必要使他們的入息達到一千五，足夠生活而後已。

4　死亡（Death and Dying）

過去加拿大很多人死於傳染病，現在則有 32%死於心血管系統疾病，25%死於惡性腫瘤，10%死於交通事故、中毒和暴力。

人貪生惡死。假如未及成年而死，我們稱其"夭折"。如果晚輩先死，我們稱其"白髮人送黑髮人"。若是丈夫先死，我們稱其遺孀"未亡人"，有人死於意外，我們稱其"橫死"。這時我們悲痛欲絕，"如喪考妣"。可是，要是死者高齡稀壽、耄壽，我們稱其"壽終正寢"。此時，親屬雖然也十分傷感，不忍與之邊別，但見其終於"駕鶴歸西"了，你能說他心里不是暗暗松了一口氣？

和結婚、生育一樣，死亡也具有社會意義。結婚帶來生之喜悅，逝世帶來死之解脫。結婚給人開創了一個新紀元，死亡令人功德圓滿。結婚我們稱其"紅喜"，死人我們稱其"白喜"。各種文化都將死亡及喪葬風俗列入人類學、社會學、哲學、心理學、生物學範疇加以研究。死亡還會有社會和政治意義。加拿大法律修改委員會曾對安樂死、終止治療、死亡定義作出研究并提出報告。

安樂死就是要無痛苦且體面地結束生命。人患病的時候，有時是非常痛苦的。如果一個人活著比死去還要痛苦，便會產生輕生的念頭。癌症折磨病人十分厲害，精神病令患者神智癲狂，人們實在

打熬不住時，便會覺得人生毫無意義。

中國文化對生之渴望十分強烈。國人都知道“好死不如賴著活”那句名言，珍惜生命。甚至覺得“身體髮膚，受之父母”不能自行毀傷。病得實在難過，有的叩拜觀音，有的祈禱基督，常會尋找精神寄托。“生的偉大，死的光榮”也給人們對待死亡的問題上帶進政治和哲學的新觀念。在大陸一度還視自殺為“自絕于人民”，把個人的取捨不分青紅皂白硬加上了政治色彩。

西人則不然。他們較為自我，認為生命是我的，我愛怎麼樣就怎么樣，誰也管不著！如果有人想死，華人聞知會疑竇叢生，心想此人若非病入膏肓、痛不可擋，必是債台高築、遭人追逼，總之一定有個原因。而在西人看來，這祗不過此人情緒低落罷了，也許並不為什麼。西人覺得人活著就是為了享受，假如活著受苦，還不如死了痛快！愛是人活下去的精神支柱，失戀令人痛不欲生。《少年維特之煩惱》出版後，有的失戀青年有樣學樣，也穿同樣的衣著，也用同樣的手槍，也槍擊同樣的部位。因病魔纏身只求速死的也大有人在。過去就有人找了醫生幫忙注射毒針，又召來議員作個見證。結果此人痛痛快快去了天國，撇下醫生和議員惹上一身官司。原來加拿大還沒有通過安樂死的法案，置人死地就是謀殺。法學界因而展開研討。有人說將人活活弄死太過殘忍，理當禁止。又有人異議說，人不僅有生之權利，也應有死之自由！如今，安樂死問題還在討論之中，辯論之中，輿論界大打出手、互相鬥法，但目前尚未見有法律結論。

自一九七二年自殺不再被視為犯罪。但慫恿或幫助他人自殺就可能面對十四年以下監禁。如果發現某人有自殺意圖，治安官或醫生可以下令將其拘留。自殺統計可以反映自殺的年齡差異、性別差異以及群體差異。一九八六年，每十萬加拿大人就有十四點五人自殺。其時匈牙利、捷克、瑞典是二十人以上，墨西哥、愛爾蘭和以色列是五人以下。那年加拿大有 3670 例自殺記錄，其中男性 2850例，女性 820 例。自殺是加拿大十大死因之一，在 32 歲以下死亡者中佔第二位。男性自殺通常使用武器、炸彈、自縊等暴力方式，而女人常用藥物，較為文靜。自殺與遺傳沒有關系，但與自我敵視的沖動有關。專家認為幾乎每一椿自殺事件都反映出當事人想殺人、被殺、和死亡的願望。切身的痛苦、絕望、孤獨或不幸的家庭生活都會促使自殺。土生華裔可說與西人無異，但保持著中華傳統的華人，即便有難，念父母、顧妻子，隱忍苟活，自殺非常罕見。

　　終止治療也是加拿大人十分關心的事情。在華人來看，人有病不予治療，豈不是 "諱疾忌醫"？但是在西人眼中，患者有治病的自由，也有不治病的自由。特別是一些不治之症，投藥除了延長病人的痛苦，還能怎樣？長痛不如短痛，他們寧肯聽其自然。閻王叫你三更死，不敢留你到五更，人為的藥石不過使病人徒然白白掙扎。醫院里的慢性重病人不僅有權知道自己的病情，而且有權決定接不接受救藥。曾有這麼一個病人，不堪病魔折磨，自願放棄搶救。誰知有一天他心臟病果然犯了。醫務人員見到情況緊急，不由自主就投入救護。經過可歌可泣的緊張戰斗，後來起死回生。眾人互相祝賀，彈冠相慶。沒想病人漸漸恢復了知覺，發現自己並未升進天堂，竟然還在病榻輾轉掙扎。不由悲從中來，傷痛欲絕。遂將醫生護士一一告上法庭。

　　死就是死，活即是非死。死亡還能有別的定義麼？可以說這個問題不光是醫學問題，而且也是一個法律問題。比如，汽車碾過一個行人，你決不能把那個頭骨碎裂、血肉模糊的東西當作尸體。經醫生檢視作出死亡結論以前，他享有人的待遇。在國內發生過這樣的事情，大街上車 "死" 一個人，殯儀館的汽車正好經過，順便將尸首抬上車。這時救護車響著汽笛聞訊奔來，殯儀館職員作了個 "沒治了" 的手勢，絕塵而去，自以為撿到一筆生意，心中暗喜。不意

後來親屬去醫院遍尋不著，氣不打一處來，憤怒而悲傷地奔往殯儀館認屍，有人就說聽到"屍體"發出了一聲呻吟，結果鬧上法庭。這類事情就不可能在加拿大發生。別說是殯儀館等相關的行業，就是市井百姓都知道，在醫生宣布死亡以前，那具屍體"活著"。

再說回死的定義。要是一個人腦子死了，心還跳著，那他死了沒有？有的說他有心跳，就沒死。隨著醫學的發展，器官移植拯救了無數的生命。人體的器官必需在有血液循環和呼吸的情況下摘取才能用，死後就會腐爛發臭。可是據中國確定心臟停止才是死亡的法律標準，器官移植根本不可行。很多人會這麼想：我們雖然同意捐贈親屬的器官，但人"活"著哪，還喘氣兒呢，那能現在就把我家人的器官就取走啊！據報中國現在也"變法"為腦死為死了。

有的說人與動物的區別就在于有思想，如今大腦停止了活動，他還算是個人麼？話說在溫哥華一家醫院，有位病人大腦死了。但因為輸氧輸液，還有呼吸。依照病情醫生認為此人絕無蘇醒的可能，建議將輸氧管拆除。這類情況在國內根本不是什麼問題。你出錢就給你輸氧，不出就給你拔管，悉聽尊便。可在加拿大沒有用者自付原則，不管你是窮人富人，一律公費。由是家屬堅決不簽字。每輸一天，耗資以萬千計。這一下真是活人被死人難倒！

面對死亡宗教表現出無與匹敵的力量。很多西人認為死並不可怕，雖然人都可能做過錯事，祗要你真心懺悔，屆時就可以升入天堂天天坐在上帝身邊唱詩吃糖果。美國有個邪教組織叫教友集體服毒，幾十條男女居然直麻麻喪命死而無怨，舉世震驚。佛教雖有極樂世界一說，但也講究輪回。過去殺生的死後投胎豬羊為人宰殺，生前好色的將來變作妓女供人蹂躪，也未可知。有的華人還相信地獄說。閻羅登堂坐，小鬼兩邊排，據說人到陰間就一個個牽上來發落。偷竊的就砍手，說謊的就掌嘴……最令人毛骨悚然的就是對不貞婦人的處置，都是些凌遲、點天燈、五馬分屍、開膛破肚一類酷刑。固然，華人"死去原知萬事空"的蕭灑也不是完全沒有，可是對他們來說，一旦走完人生旅程，行將要去的畢竟是凶吉未卜、虛無縹渺、杳不可知的遠方。

人死後不能總放在家里，得處理遺體。《南史·扶國南傳》：死者有四葬，水葬則投之江流，火葬則焚為灰燼，土葬則瘞埋之，鳥葬則棄之中野。

加拿大各族裔都殘留著自己的習俗。西人有火葬和埋葬。火葬較經濟，化幾百元將遺體拉去火葬場一把火燒掉，再買一個盒子將骨灰裝起來就行了，公墓還有"悼念園"，設有骨灰存放處。埋葬較貴，一塊墓地從數百到上萬元不等，棺材一副數千元，加上墓碑、水泥棺殼、破土人工，一般要花費一萬多元。這筆錢恐怕不能指望兒孫代付，少不了得自己生前繳齊，否則操辦人可能怕破費臨時改變主意。墳場深明個中玄機，敦請用者事前自決。如果現在付款，將來費用漲价了，已付部份不漲。

窮人之最的福利窮人自然什麼都不愁，衣食住行、生養死埋自有政府作主，一把火灰飛煙滅。印度人結婚無嫁妝不娶令世人非議，但喪葬習俗卻非常開化。印裔隨俗火化，然後將骨灰帶到大橋上拋撒，讓河水帶去神聖的大海。華人法古，大都沿襲祖先入土為安的治喪舊法。然而他們的埋葬與老外的埋葬有不同。墳場賣地高低有別，價錢可以相差十余倍。有錢人多擇其高者而葬之，別無它求。老外做事講實惠簡便，華人則有所謂風水的講究。基地的地勢高低、南北走向、周邊林木疏密、流水有無，通常也會納入考慮。隨著加拿大華人數量的增多和財力的強勁，過去連墓碑都得平放的墓園也開始出現港臺式的華人家族墓地。有的人一氣買下十幾甚至幾十塊地，用欄桿圍起，上書某氏墓園，氣勢非凡，形成了園中之園。在一馬平川的西式墓地中，形成了一種景觀。內中不獨墓碑高聳，還設有花壇盆景，極盡奢華。

通常，墳有個土包，墓則是平地，二者有別。它們的共同之處就在于都有個墓碑。墓碑舊式的通常豎立，新式的墓碑一般倒放，記載死者的名姓、生卒年月、以及配偶、孝子賢孫等資料，有的還配有頭銜、悼詞、圖騰或圖案，默默向人傾訴說著逝者的生命歷程和那個時代的歷史變遷。

雖則君子有終，然而孝子無匱。早春時節，常見華人成群結隊、絡繹前往墓地。少年不知愁滋味，蹦蹦跳跳，只當春遊。老者卻嚴峻肅穆，滿面悲戚。先人仙逝，子孫于清明時節，祭祖掃墓、上香祈福，追思前者、示範後人，也是華人的一種文化

印度人最環保，將骨灰冲入大海就行。這也是他們的習俗和最高規格。現在有的中國人有樣學樣，也將自己親人的骨灰撒入先人生前常去的海濱公園。不知這法律上可不可行？但是假如你不説，又有誰知道呢？

5　死亡福利（Death Benefit）

加拿大有的人還有死亡福利金，比如很多工會給雇員買了五萬元死於意外（包括英年病逝）的死亡福利金。那和生時的保險金、退休金一樣，因死不帶去，全部或部份支付予死者的被撫養人或遺產繼承人，主要是配偶和子女們。

第七章　涓滴之恩當涌泉相報——華人對加拿大的卓絕貢獻

　　華人來到加拿大，不是他鄉作客，不是偏安一隅，不是大發洋財，而是前來找尋生根的土壤，立子孫萬世不敗之基業。他們和加拿大其它族裔一樣，用辛勤的汗水，澆灌著這塊土地。

　　這是一片淨土，沒有戰爭炮火，沒有政治旋渦，真正做到人盡其才、地盡其利、物盡其用。在相對公平的競爭條件之下，人人各得其所。正應了"敲鑼賣糖，各有各行"那句老話，想經商就開辦公司，想從政就競選議員，想寫作就揮毫磨墨。較之于行賄受賄、爾虞我詐的社會，他們成功的機會相對要大很多，因而也較有成就。君子不忘其本，華人來了此地不是撈一筆就跑，他們飲水思源報答養育著他們的土地，他們的成就說實在也就是對加拿大的回報。他們認為其實是自己欠加拿大的。在"華人平權會"為人頭稅受害人爭取賠償的時候，有的華人就表示，盡管他們一度被岐視，受到不公平的對待，但加拿大也回贈了很多，世界上的事兒哪有十全十美的呢？他們堅決不向政府索償。不少華僑也覺得加拿大相當寬容，實在也並沒有什麼岐視，反而認為華人應自律，不要砍樹、種菜、擺闊氣。他們到哪個山頭唱哪山的歌，誓與加拿大同進退、共榮辱！如果有人提出不同意見，他們甚至會憤憤然出來將一軍：你說加拿大過去岐視，幹嘛要來？你說加拿大現在不好，胡不歸去？

第一節　經濟建設

　　雖然加拿大從十六世紀起就遭到法英殖民者相繼入侵，但人們一般認為它于一八六七年成為英國自治領之時才算得是一個國家。

而中國人大量抵達加拿大則始于一八五八年，由此可見華人參與建設這片土地的時候，還沒有加拿大呢。

　　加拿大西海岸因淘金而崛起。一八八三年卑詩省共有兩千多淘金者，其中竟有一千五百人是華人。在產金重鎮巴克維爾所在的卡里布地區，就有四千中國人在該地工作。把華工視作開發西海岸的先驅之一，是毫不過份的。

　　當時，加西和加東間隔著遼闊的原始地帶，幸而後來修建了鐵路。談起太平洋鐵路，很難不談到參與築路的一萬七千名華工。中國人在築路工程中還遭受了很大的犧牲。

　　由於歷史上華人在就業方面受到很大限制，但華人依然在可能的範圍內建設國家。他們在農場、工廠、餐館洗衣店等與國計民生息息相關的各行各業勤勤懇懇工作。

　　值得大書特書的地方是華人從事的商業。可以這麼說，華人走出國門主要還是沖著經濟而來的。人，首先要有吃、穿、住，然後才能從事其它活動。東歐巨變就是經濟沒有搞好。可在經濟基礎這個方面，簡直就是中國人的所長。中國人頗有志氣，在領取免費食品的長龍里面不會有幾個黃面孔的。中國人初到加拿大不一定有錢，後來打了一陣工就開起了鋪子，再後來就都很發達了。菲律賓一半是西班牙裔，一半是華裔。菲律賓人若被錯認為是華人，常會這麼開心地說：哦，要真是是華人多好，華人很有錢，你想得美！

　　有個猶太人這麼說：“過去人們都說猶太人怎麼有錢，如今卻是說中國人怎麼有錢。”連猶太人都不敢在華人面前言富！有錢多麼好，有錢才可以消費，才可以繳稅，才可以創造就業機會，才可以多作貢獻。窮人則要政府出來救濟。你說說社會上怎不嫌貧愛富？

第七章　涓滴之恩當涌泉相報——華人對加拿大的卓絕貢獻

很多華人就是憑一雙手，靠著自己的辛勤勞動來建設這個國家。

這樣的故事對華人們並不陌生。阿強從廣州來，始而洗碗，繼而做廚，不到幾年，就開了間餐館自己來做，很多剛抵埠的新移民就在他的鋪子里搵食。阿強不再叫"強哥"了，人們叫他"強叔"。阿蘭年輕時從香港來到溫哥華，胼手胝足在車衣廠車衫。後來看見本拿比地區邊遠房子沒人買，就用分期付款在那里置業。誰想後來因市中心房租奇貴，人們紛紛搬往市郊，本拿比越來越旺，不幾年房子增值了一倍。一九八零年，溫哥華房價突然翻了一番，很多人見有利可圖，紛紛進軍地產，阿蘭覺得夠了，就把房子全部放了出去。阿蘭賺了錢，打理投資都忙不過來，也不再車衣了。象這樣每年納稅四五萬的華人並不少見。華人發家，一是靠克勤克儉、拾級而上，匯流成河；二是靠頭腦敏捷、目光銳利，抓得住機會，一炮而紅。

在加拿大艱苦創業的華人固然很多，但富有的華人就不必再捱辛苦工了，他們會挾巨資往加國投資。亞洲四小龍有兩條在中國，另一個新加坡也主要是華人，他們注入大量外資，極大地推動了加拿大的經濟。

以香港流入加拿大的資金為例，可以說是步步高升：一九八六年十六億，八七年二十九億，八八年四十九億，八九年六十三億……

卻說溫哥華市中心寸土寸金，陳舊一點的老房子都拆蓋了，惟有真正有價值那些，方能傲然不倒。市中心有座喬治亞飯店，因其古色古香、典雅堂皇，依然聳立在金三角地段上。那天正好是過年，飯店來了一位中年華裔漢子，此人笑容滿面，邊走邊向職員大派紅包，見者有份！老外們開始還以為是某個大款送點小費，躲到僻靜處偷偷拆封，哇，是一張嚓嚓響、紅彤彤五十加元紙鈔！原來飯店已易主，新主人是香港客，因去美國，順便兜過來看看。

　　一九八八年，香港大亨李嘉誠以一億二千五百萬加元一舉買下溫哥華市中心八六年世博會（Expo86）場址二百零四英畝地皮。那里有整個市中心五分之一那麼大，原是化工廠棄置的廢地，一片荒蕪的海灘。就在這幾年，竟象變戲法一樣，上址突然聳起無數的高樓和一個名為國際村的商業中心，以及遍地商店、GM 體育館、旁海大道……

　　在列治文三號路上聳立的統一廣場是統一加拿大開發集團投資超過八千萬加元制成的杰作。相鄰的香港仔中心、百家店及新時代廣場綜合用途建築群，則是香港移民馮永發旗下的新時代集團發展的，時值超過八千萬加元。馮氏乃新宏基證卷創辦人馮景禧的兒子，其財產超過一億加元。馮氏的姻親何定國也是一個企業家，他于一九八四年斥資三千萬元購入一個高爾夫球場百分之七十五股權。一九八七年，斥資一億加元，購下加西最大的軟飲品制造銷售商 Grey Beverage 集團。

　　在大溫地區的素里市（Surrey）100 夾 52 街，興建了一些大型的貿易商場，專門賣唐山百貨、故鄉小食、家用電器以及各式康樂中心……這是繼唐人街、國際村、統一廣場、百家店、香港仔中心、新時代廣場等大大小小華商建築群之後的華人購物中心，看來眾多的店鋪和設施尚不敷日益增長的華人使用。

　　香港地產鉅子鄭裕彤一九八五年用一千萬加元，連地帶物業向政府買下多倫多市中心舊安省儲蓄銀行及毗鄰停車場，興建一棟十九層商業寫字樓大廈。為了取得政府同意將原來只容許四倍半建築面積增加十倍，鄭先生還應承這麼一個條件：興建兩幢各十四層高、總值達四百萬元特為低入息人士而設的住宅大樓，產權及經營屬公有。

　　多倫多的文華中心和龍城商場，雄偉壯麗、鶴立雞群，令該區舊貌變新顏。文華中心高達十層，其中三層是商場、酒樓和醫務所，另七層則為一百二十五個睡房的住宅單位。文華中心發展商是老華僑文添送先生。除了加拿大，他的家族在大陸和英國均有大量物業。

龍城商場原是羅馬天主教教堂，孔慶年、孔慶聰兄弟將其購下改建成商住兩用的大樓。建築最低三層為商場和食肆，再下面是四層停車場，商場上面還有六層共有五十七個住宅單位，頂層為集賢會（Manderin Club）會址。自竣工後，龍城商場遊人絡繹不絕，即成為附近華人的聚集點。

加拿大著名雜誌《麥克連》（Maclean's）的商業版編輯和一個作者于一九八九年合著的《香港資金》（Hong Kong Money），副標題就是"華人家庭及財產如何正在改變加拿大"（How Chinese Families and Fortunes are Changing Canada）。作者估計自一九八五到九二年間，港人投資在加國制造行業上的資金約有兩兆加元，而投資在地產上的資金則高達六兆加元。該文作者引述一位移民官的話說："每一個富裕的香港移民，能夠為加國人士提供七個就業職位。"

加拿大有無數的中小華商企業。華人的經濟貢獻說不盡道不完，華人建造廣廈千萬間，華人創造的就業機會千千萬萬，華人上繳的稅款無以計數。唐餐膾炙人口風靡著本地食肆，唐貨林林種種塞滿了櫃台，華人熙熙攘攘更是充街塞巷。華商建造的建築，使市容煥然一新，往往成為顯著的地標，常常成為一種優美的景致。在有華人的地方，經濟多半較為蓬勃。唐人街的興旺對于本地經濟也有著正面的影響。在唐人街衰敗了的地方，當地政府千方百計，通過維護或修復，也要"保留"一個出來。

可以毫不夸張地說，華人企業就是近來在加拿大建設中，突然衝出來的一匹黑馬！

第二節　文化科學

華人精于經濟建設舉世公認，華人長于科學文化也是眾所周知的。華人對學習一般都十分重視。大家知道，華人家庭流傳著許多激勵孩子的格言警句，比如，"萬般皆下品，惟有讀書高"，"家無讀書子，官從何處來"，還有什麼"鑿壁偷光"、"懸梁刺股"、"程門立雪"等等。有的華人潛心向學，不以為苦，反以為樂，學位拿了一個又一個。華人在學術上的造詣通常是很高的。

加拿大任上的總督伍冰枝就曾任加拿大國家廣播電台 Take30 節目主持人，是新聞廣播界名人。

一九六二年，曾任美國匹茲堡大學生理學系系主任的梁甦華博士受聘為卑詩大學牙科醫學院院長。

一九七七年，安省皇家博物館的時學顏女士受聘為加拿大皇家畫廊主任。

加拿大很多華人醫生。第一位被選為皇家醫學及外科學院院士的華人是 J·Chang 醫生。

華裔工程師千千萬萬，許多還是部門的主管和領導。例如 George Pon 就曾在國家原子能局任經理。

溫哥華大衛湯普遜中學數學資優班任課教師是錢慰曾博士。《孟子·盡心上》說及人有三樂："父母俱存，兄弟無故，一樂也。仰不愧于天，俯不怍于人，二樂也。得天下英才而教育之，三樂也。"錢博士就是一名悔人不倦、樂在其中的數學教師。錢慰曾是博士，Dr.錢，他蠻有資格去大學任教、去當教授的。可是他卻更喜歡教中學那些半大的孩子們。其實，做過父母的人都知道，中學生可是個可好可孬的年齡，中學時期更是個如金似玉的年華，小孩子的教育要遠比大孩子的來的重要。這就叫做殺牛用牛刀，殺雞也要用牛刀！

錢博士教學，固然得靠深厚的數學功底，不倦的誨人態度，更重要的是他有一種甘作蠟燭，來照亮別人的東方式的自我犧牲精神。西方觀念是，你付錢我就為你工作，沒錢甭來找我，這樣才 Fair（公平）。可是錢博士不僅在課堂上認真授課，課余還積極鼓勵學子積極參加課外興趣活動，並且永遠敞開辦公室的大門，為學生釋難解惑。他的成就基本是靠辛勤的汗水換來的。

在全國有四百所中學參加的溫莎大學數學競賽中，在全國有一千三百所中學參加的滑鐵盧大學數學競賽中，錢博士的弟子多次獲得冠軍、亞軍、季軍！在卑詩高中畢業生獎學金會考中，他的一些高足甚至能夠考得滿分。在溫哥華，一些有孩子的家庭設法搬到大衛湯普遜中學學區，因為該校的數學是赫赫有名的。說起錢博士，溫哥華的華人家長真是誰人不知，誰人不曉？該校的數學參賽隊員基本由華裔組成，上台領獎人多數髮如青絲、面如滿月。近乎所有的加拿大家長都發現，華人小孩特別擅長數學。

錢老師的貢獻漸漸為社會所注意。他于一九九五年獲頒加拿大"全國優良教師總理獎"，一九九九年，他又獲得美國數學協會頒發的"艾迪絲梅史萊福杰出中學數學教師獎"（Edyth May Sliffe Award for Distingqished High School Mathematics Teaching）。去年美、加共有二十三位教師獲此獎項，錢老師是加西唯一獲獎人，也是卑詩省首位獲此殊榮的教師。溫哥華華人也甚感榮幸！

在藝術上華人也不落人後。國畫家周士心教授繼榮獲"世界名人文化成就獎"之後，在千禧年世界交替之際，又獲得兩個獎項，雙喜臨門。

其一是美國馬里蘭州亞太藝術研究院頒發的"二十世紀藝術貢獻獎勳章"証書一紙及金質獎章一枚，以表彰他在藝術的創作、傳播、激勵諸方面的成就，以及引導藝術家進入二十一新世紀所作的努力。

另一個是中國宋慶齡基金會、中國人才研究會、二十一世紀新文化經典叢書編委會及中國文藝家雜誌社四機構，聯合頒與周先生以"跨世紀翰墨藝術人才"証書。這是周教授平生所得的第二十一、二十二次美術獎。

周士心曾走南闖北、遍遊名山。往中國冀、魯、皖、滇四省尋幽，到嶗山、泰山、黃山、盤山、龍門、石林探勝，"搜盡奇峰打草稿"，為自己的大作作準備。

周先生揮毫潑墨，一為作畫，二為作文。在香港，《周士心談藝術》一書完成商務印書館的編輯。全書三十三篇，二十二萬字，是他第十五部著作。真是個多才多藝的才子！

周先生一生有個許多畫展。近來一次是九九年十二月中在香港光華文化中心展覽館舉行的周氏精品展。此前則是參加"慶祝澳門回歸祖國當代中國畫名家作品聯展"。同時參展的有關山月、黎雄才、饒宗頤等一百三十一人，場面熱烈。周先生還熱心公益，社會如有需要，必會慷慨捐輸。他的松梅"千禧卡"為兒童醫院增加大量款項。原作也用於拍賣，回饋社會。

金石篆刻大師陳風子也是溫哥華文人之中不可不提的藝術家。

總督伍冰枝于去年底向十一位人士頒授加拿大勳章，華人雷元熙榜上有名。雷先生是國際知名舞台藝術家，他自七零年畢業于卑詩大學起，製作過數以千計的舞台表演，還設法將一些著名的藝術

團——例如加拿大皇家芭蕾舞團——吸引來溫哥華演出，從而大大
提高了本地的藝術欣賞水平。他同時還給卑詩省政府的藝術活動提
供咨詢顧問服務，亦是加拿大龍舟節的一個創始人，並擔任了很多
文藝團體的董事。

溫哥華華人舞蹈家梁漱華前不久榮獲世界名人錄協會頒發的
"二十世紀杰出人士"榮譽証書。梁女士原是志願軍文工團舞蹈演
員，從事專業舞蹈多年。曾在香港影視界任舞蹈教師、編導。七零
年來到溫哥華後建立了以自己的名字令名的舞蹈學院、民族舞蹈
團、舞蹈協會。她長期弘揚、傳授中國民族舞蹈藝術。一九九三年，
她將中國舞蹈考試課程通過北京舞蹈學院引進到北美，使美加兩地
的中國舞蹈課程日趨正規專業。同年梁女士首創北美中國舞蹈比
賽。後來這個競賽就漸漸制度化了，以往共舉行過六次之多，給北
美的舞蹈同好提供了一個觀摩學習的機會，從而推動了中國民族舞
蹈在海外的傳播。

二零零零年五月二十日，梁漱華舞蹈協會主辦了第七次北美中
國舞蹈比賽。除了漢族民間舞、少數民族舞、中國現代舞、中國古
典舞、中國芭蕾舞之外，大會推陳出新，還決定自今屆開始將增設
一個項目——群眾舞蹈。凡以中國舞蹈為基礎的各式業餘舞蹈都涵
蓋在這個類別以內。加拿大多倫多、溫哥華、維多利亞，美國西雅
圖、加利福尼亞、新澤西等多個學校和團體前來北溫哥華市的百週
年劇場參賽，可謂熱鬧非凡、盛況空前。

溫哥華還活躍著很多文藝團體，他們發展祖國文藝，加強了中
加文藝交流，如《大華筆會》、《中華詩詞學會》、《溫哥華中華文藝
總會》、《溫哥華華人藝術家協會》、《溫哥華書畫交流協會》、《北美
藝術家協會》……林林種種。

加拿大華裔作家協會簡稱為加華作協，成立於 1987 年，促進

中文寫作與交流二十餘年了 。 創會會長是盧因，加拿大華裔作家協會最近選出新一屆理事會，成員為陳浩泉、梁麗芳、青洋、任京生、陳華英、曹小莉、韓牧、陳麗芬、黎玉萍、施淑儀、陶永強、盧因、李敏儀、楊蘭、盧美娟。理事會亦進行了分工，陳浩泉蟬聯會長，梁麗芳蟬聯執行會長，青洋、任京生蟬聯副會長，同時新選出陳華英出任副會長，以及新理事盧美娟。

加華作協2018年12月訪問新加坡

會員有冬冬、宇秀、沈家莊、李愛英、曹小平、李敏儀、安妮、吉羽、辛上邪、李柚聲、周孟釧、索妮婭、楓味、郎莉、張麗玲、黃鶴峰、亞堅、Magaret Lee、Eva Gu 等一起開展文學創作和交流活動。

顧問有白先勇、啞弦、洛夫、王健、馬森、葉嘉瑩等。會員和聯絡員遍布加美、兩岸三地。協會活動有舉辦講座，作家互訪交流，寫作競賽等。接待過的中國名家很多，僅筆者記憶所及，有鐵凝、陳建功、張抗抗、劉恒、陳忠實、龐進、王仲生、池莉、牛玉秋、陳建功、陳駿濤、項小米、余華、阿成、袁良駿、胡發雲、於梨華等。

日前，台灣僑聯總會華文著述獎揭曉。梁麗芳、杜杜各獲一個獎項，陳浩泉獲兩個獎項，任京生獲三個獎項。

今年歲暮，加華作協成立 34 周年聯歡 60 人雲端暢聚。出席會員與嘉賓來自溫哥華、滿地可、渥太華、香港、首爾、上海等地，大家歡聚一堂，在網上 ZOOM 視像開會。

第三節　保衛和平

加拿大歷史不長，沒有領土沖突，沒有國際糾葛，它在世界上算得是一個相當和平的國家。更何況政府過去長期不想讓華裔取得選舉權，不讓華人參軍參戰。可令人感動的是，每當加拿大出現戰事，華人的愛國熱情十分高漲，總是挺身而出，站在國家一邊，站在正義一邊。

一九一六年第一次世界大戰爆發期間，雖然失業率高達百分之七、八十，溫哥華華人還是購買了十萬元年餉公債，一些華人還自願加入加拿大步兵。

一九四一年，加拿大對日宣戰，成為中國的盟友，政府飭令土生華裔參加軍訓。

在第二次世界大戰爆發後，加拿大華人積極認購國債（Bonds）以支持加拿大政府參戰。一九四一至一九四五年間，華人慷慨解囊，共購公債一千萬元。僅溫哥華華人就認購了五十萬元"勝利債券"。雖然直至一九四四年夏天，政府都沒有徵募加拿大華人入伍，

卻有很多中國人願意從戎作戰。

一九四一年，溫哥華華人成立了自己的防空隊，並訓練出一百名防空隊員。

一九四二年，陳羅杰成為加拿大第一個受銜的華裔軍人。

一九四四年，首批華人奉召入伍。其中不少人加入一百三十六兵團，執行十分危險的任務，主要是前往東南亞從事對敵地下破壞活動；其它將士則奔赴澳洲和印度作戰。在國內，北美國際木業工人工會指派一個華人為全職工會組織人。船塢工人工會有三百華人會員及乘務員被徵從事戰爭工業。

此後軍中的華裔戰士無以計數，參加保衛國家和維持和平任務。

第四節　民主政治

患難見真情。由於中國在第二次世界大戰是加拿大的盟友，特別是土生的華裔青年參軍參戰，遠征歐亞戰場，令加拿大社會對華人刮目相看。華人社會趁熱打鐵，力陳排華法案違反了加拿大的立國憲法，促使政府于一九四七年五月一日正式取消了該不平等法案。華僑皆可申請眷屬來加團聚。一九六七年，加國政府修定移民法，采用計分制（Point System），從此華人可獲其它族裔一視同仁的移民機會。加拿大華人漸漸多了，自然就要求有相應的政治代表人物。自此，加拿大華人的政治活動風起雲涌，華裔政治家應運而生。

一九五一年，張秀蘭成為溫哥華市政廳錄用的首位華裔加人

一九五五年，朱瑪嘉列（Margret Gee）成為首位華裔女律師。

第七章　涓滴之恩當涌泉相報——華人對加拿大的卓絕貢獻

　　一九五七年，溫哥華的鄭天華律師（Douglas Jung）成為首位國會議員。

　　稍後，卑詩省的李僑棟（Art Lee）亦被選為國會議員，并兼任自由黨卑詩分黨部的主席。

　　一九六五年，王彼得（Peter Wing）在卑詩省 Kamloops 市的市長選舉中勝出。此即加拿大第一位華裔市長。

　　一九六八年，黃景培（Bob Wong）受任聯邦衛生部部長助理。

　　一九六九年至一九八二年，劉光英擔任多倫多高級市議員（Senior Alderman）及大多市市政局委員。

　　一九八零年，土生華裔、執業牙醫張金儀被選為大多市議員。

　　一九八二年，余宏榮成為首位溫哥華華裔市議員。

　　一九六七年自香港移民來加的林思齊，于一九八八年成為首位華裔省督。

　　一九八七年，黃景培競選省議員獲勝，隨即獲任為安省能源部部長，成為第一位進入政府省內閣任部長職級華人，也是當時華人所出任之最高官職。

　　九十年代前在卑詩省步入政壇的尚有余世積、市議員黃月娥……

　　一九九三年，溫哥華的陳卓愉角逐國會議員勝選，後任外經部專責亞太事務部長，是首位華裔聯邦內閣成員。

同年關慧貞市選入圍。其後成為本省首位進入省內閣的華人女省議員，并獲任城鎮事務廳廳長。和關慧貞一同進入省議會的，還有個維多利亞橡樹灣選區的華裔婦女張杏芳。

曾進入溫哥華市議會的還有李松、李思遠先生。

同年三十三歲的第五代華裔黃鐸（Todd Wong）為菲沙大學贏得泰利·霍士（Terry Fox）獎，以表彰他個人與癌症的搏斗和對建立種族和諧所作的努力。

加拿大第一位女參議員是華人利得蕙。

阿爾伯塔省選區的最大反對黨聯盟有個華人參議員麥鼎鴻。

溫哥華還出了一個市議員葉吳美琪，以及加拿大第一任亞裔女國會議員梁陳明任。

一九九九年，難民出身的廣播名人伍冰枝成為加拿大首位華裔總督。

維多利亞某任市長是建築師出身的華裔劉志強。

溫哥華中華文化中心總監簡穎湘曾多年任職移民法官。

溫哥華九九年四月被任命為御用大律師的余宏榮先生，于當年年底宣誓就任省級法官，成為卑詩省第四任華裔法官。

在加拿大聯邦、省、市縣三級權力機構中，過了千禧年，約二十多位華裔分別擔任市長、議員等職務。在加拿大歷史上，至此累計為四十多位。

華裔李燦明，2001-17 年間以卑詩自由黨黨員身份擔任卑詩省議會北本拿比選區議員，為該區首名華裔省議員。

　　2005 年，华裔林佐民(Norman Lam Kwong)被任命为阿尔伯达省省督。

　　2006 年，至加拿大總理哈勃正式就歷史上針對華裔的"人頭稅"以及"排華法案"道歉。政府向每一位健在的"人頭稅"受害人或其遺孀賠償$20,000。並承諾設立公共基金，資助社區、學校開展人頭稅和派華法案的教育項目，明確歷史上這些法案對社會的影響。

　　2013 年 1 月 25 日，總理哈勃宣佈委任華裔胡子修出任參議員，這是歷史上加拿大第二位華裔參議員。

　　2019 年 11 月 25 日，華人連任眾議員葉嘉麗，新任眾議員董晗鵬，在國會山莊宣誓就職。

　　限于資料，相信加拿大從政華人還有疏漏，筆者在此也謹表歉意。

第八章　西望神州——加拿大華人和祖國的聯係

　　大多數華人來加拿大，不是他鄉作客，攢夠了就回去，而是落地生根。但他們定居下來，決不會樂不思蜀。國土難離，他們實在是為著經濟或政治上不得已的苦衷方才背井離鄉的。然而他們體內，跳動著一顆中國心。他們的蒙古眼，始終注視著生於斯長于斯的祖國。他們盼望東方出現一個強大的中國。他們與她休戚相關、榮辱與共，利益是一致的。對祖國的事業，他們除了關注，在力所能及的時候，也會熱血沸騰、不失時機地參與一下。

　　一八九九年，即變法維新失敗次年，康有為訪問加拿大，華僑踴躍參加中國的改良運動，首次在維多利亞成立了一個"保皇會"，此後五六年間，加拿大各地出現保皇會分會共十一個。

　　一八九六年，孫中山先生首次訪問加拿大，由致公堂接待。梁啟超、康有為也曾先後到訪溫哥華，尋求華人支持。隨後孫中山為著推翻滿清奔波籌款，再度和再三來加。一九一一年一月，孫先生往多倫多、溫哥華和維多利亞等地作巡回演說，鼓吹革命。華僑反應熱烈。一共籌得加幣三萬五千元。致公堂甚至抵押其總部產業響應籌款。

　　加拿大華人對中國國內的許多起義提供了大量經濟援助，這些起義最終推翻了滿清政府。

　　不久溫哥華建立了中國國民黨分部。

　　一九一六年，時值中國國內軍閥割據，一些關心祖國命運、中國前途的華僑甚至還組織了一支武工隊，乘船離加赴華，為國犯難。

一九二一年,為著救援中國的饑民,溫哥華華人組織了街頭募捐日。

一九二五年,黃江夏總堂創辦了文彊學校,同類學校溫哥華還有六間。該校于一九四七年首先提供中學課程。

辛亥革命以後,中國依然孱弱,受盡帝國主義欺侮。一九二五年二月至五月,上海的日本紗廠工人罷工。五月十五日,上海內外棉紗第七廠日籍職員槍殺了紗廠工人顧正紅,打傷工人十余名。五月卅日,上海租界英警逮捕了在租界活動的近百名學生,下午,近萬名民眾聚集在巡捕房門前要求放人,英警竟開槍射殺十余人、傷多人、捕五十三人,引發二十余萬工人的大罷工。當時,僑居加拿大的華人感于民族義憤,籌款支持罷工工人及學生,辛勞數月,共籌得加幣二萬九千元。華僑與祖國同胞患難與共。

一九三一年,日本侵佔滿洲後步步進逼,一九三二年進攻上海。在此民族存亡危急之際,維多利亞華人成立維多利亞救亡協會(Victorian Resistance Association。),大舉籌款高達兩萬加元,全部捐給蔡廷鍇將軍用于對日作戰。

一九三二年,華人航空會在溫哥華成立,飛行員隨後返國報效。

一九三七年發生七七事變,中日戰爭爆發,第二次國共合作開始,聯合北上抗日。在一九三七和三八年間,加拿大華僑慷慨解囊,支持祖國抗戰,共籌得二十三萬元作為戰事救援之用。

中日戰爭爆發後,中國政府為抗戰發行了戰時公債,加拿大華僑一呼百應,成立了"救國公債聯會"(The Chinese Liberty Fund Association)以推銷債券,從三八到三九年的十六個月里,僅維多利亞市的籌款就達六萬九千元,共二十三個社團和兩千五百七十九名華人購買了債券。

　　德意日法西斯在相繼侵略中國、侵略埃塞俄比亞、干涉西班牙的同時，于一九三九年九月一日凌晨，德國出動五十個師、兩千多飛機、兩千坦克突然襲擊波蘭。第二次世界大戰自此展開。是年秋，溫哥華華人在中秋慶祝會和"一碗飯"運動中為中國戰事籌得二萬五千元。

　　在八年抗戰期間，單單僅維多利亞這一彈丸之地的三千華人，寄回中國的捐款就達到加幣七十五萬元。

　　一九四一年，八年抗戰進行到第四個年頭，全加華僑抗議加拿大將廢鐵售賣與日本。

　　一九五二年，中華民國總統蔣中正表態"以德報怨"，將日寇對華的戰爭賠償一筆勾銷。加拿大華報報人史家如曹聚仁、胡政之、薩空了等人先後闡明歷史有名的"戰禍賠償"，以及我國近代史之八國聯軍入京以庚子賠款為了結之史實，反對所謂"以德報怨"。僑社當時僉以為不應有此婦人之仁。因回顧抗戰期間日寇殺我同胞、擄我財產等令人發指的罪行，極為憤慨。甲午戰爭日方戰勝，遂佔我臺灣；二次大戰我方獲勝，慘痛的傷口仍在滴血，滿目河山一片廢墟，卻高唱"以德報怨"，如何說得過去？（以德報怨，語出《論語·憲問》，且讓我們看看聖人怎麼說："或曰：'以德報怨，何如？'子曰：'何以報德？以直報怨，以德報德。'"）

　　一九六四年十月十六日，中國原子彈試爆成功。國際震動，僑界極感振奮。

　　華僑寄回家的僑匯，長期有助于祖國的經濟建設。

　　改革開放以來，無數華僑為故鄉建設捐款，無數華商回國投資，

無數的專家學者回國報效。連教育部副部長張保慶都說留學人員學成回國，已成中國國民經濟和社會發展的"加速器"。一九八一年，中國四川遭受天災，中華會館發起成立"支援中國抗災委員會"，共籌得六萬善款，交由紅十字會轉交中國災民。

一九八二年，加拿大華人進行"抗議日本政府篡改侵華史實"運動。

九十年代發生華南、華東水災，華界籌款募捐、賑濟同胞，十分努力。

近幾年釣魚臺狼煙突起，九六年九月，加拿大各城市華人舉行大規模集會、演講，上街游行，悼念抗日死難者，要求日方還我島嶼，反對日本軍國主義擴張。

隨著中國改革開放經濟實力增大，中文在國際上越加重要。諾貝爾文學獎出現中文得主。非華裔加拿大人以學習和教授中文為業日漸普遍。到處開辦中文課程，以大陸的漢語拼音系統為主以和中國漢語教學接軌。加拿大各族尤其是華裔小孩課餘去學漢語非常普遍。

第九章　華人掠影

　　臧否人物、述其功過,筆者不免也心下犯難。華人的範圍未免太寬。已經不能再把華人界定為黑龍江以南、海南島以北,喀喇昆侖與台灣島之間那片土地上生活的人群了,如今,從花柳繁華的歐美都市到貧瘠落後的非洲城鎮,從炎熱的赤道區域到奇寒的北國大地,華人無所不在。

　　寫經濟?那正好是華人的強項。國際村、亞洲城、統一廣場⋯⋯都是華人的杰作。很多大公司有年輕漂亮的西人雇員,老闆卻是過去唐人街洗碗人的後裔。在全加地產最貴的溫哥華,過去巨商大賈、高官名醫的西區豪宅,現在買主都是兩岸三地的中國人,正是“昔時王謝堂前燕,飛入尋常百姓家。”

　　寫成就?可以說華人如今可是鳥槍換炮、今非昔比!過去,就象南非將人分成“白種、有色人種、黑種”三等一樣,加拿大也鬧過黃白分校丑劇。如今大學教授席上哪里見不到華人?如果不想和華人同校,那人也不用上學了。華人所獲的各類獎項,教學的、科學的、藝術的、文學的⋯⋯可謂書不勝書。

　　寫社會?過去“中國佬”矮人三寸,如今華人揚眉吐氣。過去政府總在想如何改造唐人街,如今政府總在想如何保護唐人街。過去華人無權選舉,如今,華人當總督,當議員,當市長⋯⋯過去華人受岐視,如今倒常聽得一些白人哀號,抱怨華人物主嫌貧愛富,怕他們不能按時交租,不租房子給他們。

　　一萬多年以前,當蒙古人欣然渡過白令海峽之時,他們壓根兒沒有想到,後來又會有名叫英吉利和法蘭西的國家,會撞開他們的

大門。五百多年前，當哥倫布們仗著船堅炮利，登上新大陸的時候，也肯定沒有想到隨即就有大量的中國人、印度人、非洲人……蜂擁而來！其實，世界是大家的，誰想把地球據為私有，只能是一種可笑的徒勞。¦

中華是一個勤勞勇敢的民族。華人身上流著冒險的血液，心中充滿了奮鬥的渴望，他們有的故土難離，建設家園；也有的擔風袖月、浪跡天涯。可是，撒種入土，有的地方貧瘠，有的地方肥沃，各有各的條件。比如，印尼排華，其政策比西方至少落後了半個世紀。其它東南亞國家惟恐華人控制了國家的經濟命脈，對華人也多方限制，不給他們相同的競爭環境。可是加拿大是一個平等博愛的理性國家，它的大度、寬容給華人的生存發展提供了肥美的土壤。它相對完美的政治制度和大量移民給了旅加華人以無限的機會。可以說加拿大華人的成功，也就是其它加拿大族裔的成功，也就是世界文明與進步的成功。移民不分遲早，入籍無論先後，在這塊土地上，區分什麼白人、黑人、亞洲人的觀念是日趨式微了。事實上，大家是越來越象同一種人——加拿大人。

遊筆至此，吾覺筆枯才盡、心余力拙。人貴有自知之明，加拿大華人的題目太大了，千千萬萬的艱難困苦、千千萬萬的勝利成功你寫得完麼？知其不可為而為之，雖然英勇，總有幾分可笑。倘若從加拿大一百七十萬炎黃子孫之中，力所能及地試述幾例典型，有點代表性的，讓讀者從一葉而見森林，以一斑而窺全豹，或許還行。

1　加拿大華人總督伍冰枝

英裔和法裔千辛萬苦、開拓加拿大，建立國奇勳。加拿大是大英聯邦五十六國成員，是法語系盟邦四十六國要角。英法兩語是加拿大官方語言，英法兩裔輪流擔任參議院議長。英法兩族勤奮建國功不可沒！但加拿大是一個移民國家，她伸出博愛的雙臂，擁抱到來的任何族裔。由於文化和觀念，加拿大人口增長緩慢。然而百餘年來，華人的比例越來越大，一直呈上升趨勢。他們一改"各人自掃門前雪"的封閉方式，漸漸參與社會的政治建設，他們才智非凡，加拿大開始出現華人議員、華人市長、華人省督……

一九九九年十月七日，華裔伍冰枝女士受任為加拿大元首，三軍總司令，國璽執掌人，第二十六屆總督。

其實，加拿大歷屆已有二十五個總督了，再加一個絲毫也不讓人奇怪。加拿大男女平等，並且前此已經有過女性總督，所以這回又任命一位女總督，是本來就有過先例的，亦不足怪。然而，這個國家歷史上有過種族岐視，過去各市互比優劣，有的地方還自炫"我們這里沒有華人，"如今國家領導人卻是一個華人，就確實是一件了不得的事情。然而，最最叫人瞠目結舌、萬分吃驚的，就是這位女性華人總督，竟還是一個亡命而來的難民。這無異于向全世界莊嚴宣告：這是一個真正的平等國家，好漢不怕出身低，倘若努力，誰就可能成為國家元首！

伍冰枝一九三九年生於香港，一九四二年日軍侵佔香港期間全家以難民身份抵加。她爾後攻讀于多倫多大學和法國巴黎大學，長期任職加拿大廣播公司（CBC）主持節目，是全加廣播界名人，八七至八八年間為 McClell & Stewart 出版公司總裁，曾任魁省赫爾加拿大文明博物館理事會主席，八二至八七年任首位安省駐法總代表，精通英法語，通曉意大利文，并撰寫過小說和散文集。

總理克里田盛贊伍冰枝才華橫溢、成就超卓、見識過人，捍衛加國文化不遺余力，她的歷程幾乎就是加國成長的縮影。

伍冰枝稱，以首位非立國族裔女性獲任總督，極感榮幸并覺得

別具意義。希望任內常到各省訪問，推動各族裔之間的溝通，努力提高婦女社會地位及促進文藝普及。她號召國民攜手合作，建立一個平和融洽、彼此包容的社會。

加國總督將代表女皇擔任禮儀、主持慶典及推動加國團結。年薪十萬二千元（免稅），任內入住麗都堂官邸，須經常外訪。

反對黨、華人社區和婦女團體對此次任命極表歡迎。改革黨黨魁漫寧當年不去出席上屆總督勒布朗的就職典禮。今番卻喜然前往觀禮。雖然一些評論家認為伍冰枝過于直率，思想左傾，但不少人亦認為以新總督的學識與能力，克制平衡，免于與政府衝突，應該沒有問題。指出加國打破歷史傳統，由非主流、非軍政人員出任總督，顯示政治態度明顯開放。希望這位華裔女性文人會給總督向來只司儀而少發言的傳統帶來一番新氣象。

新總督上台的第一個新氣象就是和全國郵報發生齟齬。總督就職尚不足一個月，《全國郵報》就刊登了一篇題為《總督將以奢華作風遊遍全國》的文章，指出國防部花了六萬元派出一架舒適的挑戰者噴氣機由渥太華前往愛民頓迎迓伍冰枝，雖然政府早已派出一架DASH-8準備接總督返回渥太華。通常官員受了輿論的委屈多會啞忍，以免樹敵，保持形象。女總督卻不信邪，新官上任三把火，總督官邸立即發布新聞反駁，措辭十分強硬。該函由總督秘書賴洛桂親發，直達《全國郵報》總編輯韋提。信中嚴詞指出，"該名記者使用不知名的來源"，來"暗示"總督做了他們認為不對的事情。

《全國郵報》曾形容她十月十二日宣讀施政報告時的衣著象睡袍，後來一個集會伍冰枝到記者會上致詞，就特地穿了一襲類似粉紅色浴袍的東西，看你怎麼樣！

多倫多《環球郵報》也批評新總督已花費十萬元修繕麗都堂的

廚房和購買新窗簾。該報證據確鑿披露，裝修廚房及添置新的洗碗機、爐頭和冰箱，共揮霍四萬。油漆費用二萬五千，其余則為窗簾、裝璜、水管、新床及零碎的木工。據說這數額乃是前總督勒布朗任期五年所費官邸經費的十倍。不過渥太華室內裝璜師葛瑞芙評說，麗都堂有一百七十五個房間，"我不認為總督花費過度，那是非常保守的做法。如果你跟多倫多的設計師打聽一下，他們一定會笑十萬太小氣"。言下之意勒布朗可能從未整修過官邸。比起蕭維夫人，伍冰枝應算得十分艱苦樸素了，後者任總督的時候，僅在兩年內修繕官邸就用了一百四十萬。

上述雞毛蒜皮的事情，百姓並不十分在意。他們倒普遍覺得伍冰枝勤政親民。過往總督不想開罪于內閣，講話通常是泛泛而談，說些吉利的廢話。今年總督新年文告果然不同凡響，伍冰枝如快嘴李翠蓮一般，稍作寒喧一轉話鋒，就尖銳地點出兒童貧困和新移民面臨的挑戰等社會問題。令人想起一句老話：本官不為民作主，不如回家賣紅薯！

伍總督來自多倫多，甫上任又訪問該市，可謂衣錦還鄉。女總督多倫多之行的一個重要活動就是在市政廳公開會見市民。很多市民聞訊排隊輪候與總督寒喧握手，一睹伍冰枝風采。不少市民借機抒發對國家問題的一己之見。前多倫多市長也借機向總督告御狀。也有華僑建議總督回中國看看。上海來的新移民張鐵英在學校英文老師建議下，抱著三歲兒子前來長點世面，不意得與總督握手敘談，萬分驚喜，說"想不到會見總督這麼容易"。台山華僑伍卓生攜帶台山同鄉會伍氏宗親的資料，親交伍冰枝本人。

伍冰枝的成功有賴她那句名言，"忘掉你是一個中國人"。她破釜沉舟，沒有後顧之憂，一往無前地溶入加拿大社會，倒也是她取得成功的主要原因。但這卻絲毫也不妨礙她向鄉親索取伍氏宗親譜系，也不能抹煞她受惠于中國血統這個事實。她的四海為家，也

正是中國文化的一種觀念。華人可以染黃頭髮，著高跟鞋，搽粉抹胭，然而不論他（她）走到哪裡，都改變不了他（她）的中國心。

總督的成長，與家庭的燻陶分不開。父親伍英才，高齡九十三，廣東台山人，澳洲華僑，精通英語，因受不了種族歧視返回中國，在加拿大駐港貿易和及外務專署任職，日軍佔領香港加拿大政府撤僑時攜眷來加，當時伍冰枝年僅三歲。伍母林美娥，是具有典型的中國傳統美德的一位賢妻良母，于八八年辭世。

嫂嫂利得蕙剛于一九九八年受命為加拿大第一位華裔上議員；哥哥伍衛權醫生是國際知名的整形外科權威，一九九九年榮獲加拿大最高榮譽勳章（Order of Canada）；伍冰枝受任總督，更是一鳴驚人。華界對此津津樂道，稱其"伍氏三杰"。

伍總督是客家人。客家本是中原民族，迫于戰亂、天災諸因素向南遷徒。據晚清林達泉先生著《客說》，開首就說"楚南江閩粵滇黔之間，聚族而居，有所謂客家者"。港台社會都有很多客家人。二次世界大戰以前，香港流傳著這麼一句話，"香港發展三家：客家、撈家、蛋家（水上人家）。"而今，客家人絡繹漂流到加拿大來了。

臺灣宜蘭縣約有十萬客家人，桃園、新竹與苗栗三縣，客家佔人口約三分之二。福建北部永定縣，也是客家人聚居之地。或許臺灣的客家人，祖先源于永定，就象《星島日報》創辦人胡文虎先生一樣。但總督祖籍何處，似乎杳不可考。

伍冰枝宣示就職總督，表明了在加拿大的民主社會里，人人機會均等。不管是什麼族裔，也不論是否是一個難民、一個移民、一個女性、一個播音員……你照樣可以和其它所有人競爭一席之地。

去夏加拿大警方抓獲六百中國偷渡者，大部囚禁于喬治王子市，該囚該放，輿論沸沸揚揚。秋天伍冰枝宣誓就職，有人腦海里嘩地閃過一道靈光：哎呀，這些難民也別關了，說不定我們未來的總督，就在里面！

2　卑詩省華人省督林思齊

子曰：見賢思齊焉；見不賢而內自省也。——《論語》——

一九八八年九月英女皇依麗薩白二世任命林思齊先生為卑詩省督，轟動一時。在一度活躍過反華組織，褫奪過華人的選舉權和被選舉權、酒牌和手伐木工執照，禁止華人擔任公職，甚至在曾經兩度發生過反華暴亂的卑詩省，突然委任了一位代表英國女皇的華人省督，僑界大感振奮！

這固然呈現出加拿大主流社會的包容與公義，但也表現了海外華人努力奮斗、自強不息的精神！

林思齊幼時畢業于香港培正小學，其後住讀廣州培正中學。其時恰是三十年代中葉，適值國家勍敵入侵之際，民族生死存亡之秋，正是用人的時候。學校里有位老師為人勤勉認真，授課生動有趣，頗受學生敬仰。一日就在課堂上，被一個便衣和兩個軍警帶走，再也沒有回來。聽說他是什麼黨，槍斃了。政治斗爭的慘烈無情自小就給思齊很深的印象。

後來思齊輾轉到嶺南中學、香港民生書院，還進了香港嶺南大學，在香港淪陷的戰亂中求學。戰後畢業，林先生負笈東去，到費城譚普大學（Temple University）讀工商管理。

那時節中國留學生良莠不齊，其中不乏吃喝玩樂、錦衣玉食的

紈褲子弟，時常呼朋喚類，同往尋樂。林先生出淤泥而不染，不屑
與之為伍，反而以書為伴。白天上課，晚上還去餐館端盤子。譚普
是一所大學，社會又是一所大學。他看到燈紅酒綠、溫柔富貴的繁
華，也看到含辛茹苦、升斗小民的艱難。闊老買醉，酒池肉林。窮
人充饑，杯水麵包而已。當時方才戰罷，一派歌舞升平景象。男女
熱戀，接吻擁抱，常常忘乎所以；舞娘更衣，袒裼裸裎，處處旁若
無人，看著十分滑稽。老闆態度是顧客至上，花錢的人也就以為自
家真的高人一等了。服務員只被當作一部服務的機器，他自己也有
冷眼旁觀、置身世外的超然。餐館的人際關系，更顯出人生百態。
思齊酷愛讀書，積習難改，每逢人少客稀，常會手執一卷翻閱。幾
位年長侍應——當然料不到眼前的書蟲後來會成省督的——只要思
齊走開，竟把他的書報丟棄。思齊四處找尋遭了孽的讀物之時，十
分感嘆。心想他們之所以老在餐館打滾，就是因為不讀書，大家在
一處謀食，何必如此怪物。很有一種哀其不幸，怒其不爭的悲哀！

美國留學完畢，林先生回到香港，任嘉華銀行副總裁，後來又
升任總裁，開始施展他的經濟才華。

一九五二年，根德公爵夫人（Duchess of Kent）和公子到香港
游覽，香港政府為此特地舉辦了一個舞會，專門從香港大學邀請了
十個年輕活潑的女學生。巧極了，林先生收到請帖，林家世交陳家
女公子坤儀也應邀到會。本是竹馬青梅的朋友再度相見，男兒魁梧
蕭灑，女子端莊賢淑，千言萬語盡在不言之中，兩人遂萌生了愛慕
之情。說起來，兩人志同道合，又都是博士，還齊齊信仰基督教，
真算得天生地長的一對了。

中國人都難免有點重男輕女，認為兒能頂門壯戶，女是人家媳
婦。思齊夫婦卻覺得弄瓦弄璋都一樣，手心是肉，手背也是肉。他
們生了三個女兒，視為掌上明珠。

　　逝水流年，後來香港蓬勃發展。新界沙田大廈滿街、高樓如雲，香江昔日田園秀色、海港漁村風光不在，成了喧嚷繁華的大都市。喜愛旅遊的思齊夫婦一日來到北美，面對溫哥華的高山大海一見鐘情，很驚訝大自然的鬼斧神工把世界雕刻得如此美麗。事實證明他們是頗有眼光的，後來這個地方多次被評為是世界最佳居住城市。于是，一九六七年思齊夫婦帶著林家三個年幼千金遷居加拿大，重起爐灶又開張，開始了海外生活。

　　林博士後來總結成功之道：　"要燒掉回香港的橋梁，勇往直前。新移民應該盡量把加拿大看作'家'。　家在哪裏，心也在哪裏。"這很有幾分古時楚王率兵救鉅鹿的氣概。史記白紙黑字述說：項羽乃悉引兵渡河，皆沉船，破釜甑，燒廬舍，持三日糧，以示士卒必死，無一生還心。

　　若非經過哪知其難！移民之始，林家五口初時租住一家小旅館，吃起"谷種"來了。這是一種不死不活的折磨。兩軍對陣，一而鼓，再而衰，三而竭，英雄最怕就是無用武之地。為了適應新環境，思齊離開駕輕就熟的銀行界，到卑詩大學經過修讀，經營起地產投資來。起步非常艱難，最初半年竟然未做成一筆生意，讓他幾度懷疑自己是誤入歧途。所幸思齊早有破釜沉舟之志，決不吃回頭草。幾經周折，公司後來才漸漸上了軌道，拓展了業務。由於思齊市道目光獨到，人緣又好，素來主張有錢大家賺，許多香港投資人都找他搭配。通常是有錢出錢，有力出力。別人見思齊會策劃，寧肯自己出資也要和他合伙。這樣的公司接二連三竟開了二三十家。據匯豐銀行總經理估計，他的合伙人如郭得勝、李兆基、馮景禧、胡兆熾等人共擁有香港地產的百分之七十以上。

　　聽說一個人一生通常都會有幾個機會，不同的是有的人一下就能把它死死抓住，有的人卻將它白白放過了。話說思齊有回偶然來到三藩市，發現一棟大廈極有潛質，索價四百多萬。可是思齊沒有

那麼多錢。若是換了別人，恐怕搖搖頭就算了。但思齊不想放過這樣的機會，立即回來籌措。奔忙間，有人捷足先登了。若是換了別人，也必會如喪考妣、捶胸頓足而已。但思齊則不然，這真是思齊所以為思齊了。他回三藩市找到那個買主，高高興興請那人吃飯，席間表示雖然自己有意那物業，還是衷心祝賀對方的成功。兩個對手成了一對朋友。誰想過了九個月那人向他表示如得賺一百二十萬，願意賣樓。這下子思齊反而成近水樓台了。怎知好事多磨，銀行看見數目太大，不敢放款。若是換了別人，除了自認倒霉，又能怎樣？思齊卻是一怒而起，一定要向銀行問個究竟。銀行管事的看見借貸人那麼光火，心想那棟樓肯定有賺，趕緊借了。商場如戰場，若非思齊，這事怎生做得來？後來市道蓬勃，思齊見好就收，那樓售出兩千三百多萬！

思齊是個虔誠的基督徒，在商場上拼死拚活打下一片天地，卻從不所得而私，反而認為那是上帝托管的錢而已，應該把它回饋社會。僅是上述那筆生意，他就捐出九百多萬。思齊特別支持文化事業，他聽人們說卑詩大學培養過無數的華人子弟，卻沒見什麼華人捐贈學校。他一查，此言不虛，遂決定捐贈卑詩大學一百萬，維多利亞大學一百萬，維真神學院一百萬，令西方社會對中國人刮目相看。為求實現回饋社會的諾言，思齊堅持每年捐輸一百萬，開始都是用無名氏的方式，後來看到卑詩大學一位教授竟然撰文斷言華人不願意捐錢，方才憤而把事情公開了。為了將西方的民主與科學、藝術、宗教介紹給中國，他還捐贈過一百萬港幣給香港《突破雜誌》，硬是把善事做到故國去了。

思齊勤勉、清廉、親民。他有次訪問香港僅十六天，就與會八十二個。平時也忙于開會演講。各機關團體紛紛邀請他赴會。最多的一天收到請帖有十八個之多！有一回他們需要一個書架，雖然費用是政府支付的，還是叫人打价，令經辦人十分奇怪。更叫人費解的還在後面哩，估計單來後，他們嫌貴竟然拒絕了。後來自己找了個設計師另外做了一個，價錢便宜了一半。也許有人對此百思不得其解，林總督卻認為公帑能省一個是一個。總督薪金七萬多元，太太跟著赴會應酬，分文不取。不少人曾經親眼看見思齊夫婦在唐人街排餛飩等候座位。他拒絕特權，寧肯久候也不肯打尖。總督府內有廚師花工司機等員工共十九名，然而總督夫人事必躬親，總閒不住。常常來了客人還要親自下廚。思齊衣著簡樸。一次遊覽玫瑰園，一個 BBC 記者要專訪省督。他依照總督總是氣宇軒昂的慣例，先稱花園管理員為閣下，又稱另一衣冠楚楚的白人為閣下，還叫了總督隨行秘書為閣下，叫一次狼狽一回，對方也甚覺無趣。他怎麼也想不到，過盡千帆皆不是，後面那個和藹可親、平易近人的中國老人，方才是他要找又怎麼也找不到的卑詩省督閣下。

華人為官都有"大小之獄，雖不能察，必以情"的觀念。省督本來是個閒差，思齊上任卻忙得團團轉。在短短幾年期間，林思齊夫婦經常邀請陌生人到家里作客，曾經與兩千人會面，書寫過一千封信，作過三百五十次演講，出席的聚會、儀式、慶典更是不計其數！

林省督任內，加華作協曾開過一個招待會，介紹楓橋出版社出版的幾本書。省督帶著一個隨員，翩翩而來。筆者見到，他與人握手寒喧，談笑風生，上台演講異常風趣幽默。每有人要求和他合影，他皆含笑應允。

林先生和港商朋友組織了一個協會，平日也喜歡養花弄草。

林先生就任總督是九月九日，無獨有偶，他與陳坤儀女士訂婚也是九月九日。思齊和夫人一九五二年十月一日結婚，直到愛妻去世，四十余年風風雨雨，鶼鰈情深。林省督在任五年。他一生最大的願望是傳道，把基督福音傳給世人。由於特殊的出身背景和語言

能力，他對推廣多元文化和促進各族裔友好和睦貢獻尤巨。在所有省督之中這是前無古人後也難有來者的。他認為大家應該取長補短。曾語重深長說：各民族都有自己的特點和色彩，如果你和稀泥一樣把他們捏合在一塊，祇會顯出灰糊糊的一片；如果讓他們各自保持本色，又和別人和諧相處，這個社會必更色彩斑斕！

加拿大亞太基金會選出本世紀對加拿大與亞太關係影響最深遠十大人物林思齊先生榜上有名，其它人物有首位華裔國會議員鄭天華，華人學者林達光，以及中國人民十分敬仰的白求恩大夫。

3　寧為百夫長，勝作一書生——

記多倫多警務委員會主席伍素屏

俗語云，"兵匪一家"。一種說法是：兵與匪互相勾結，外神通內鬼，警察給強盜小偷傳消息、送情報。另一類說法是：匪擾民，兵也擾民，其禍害常常比匪更甚。第三種解釋是：警察通過與壞人打交道，耳濡目染，沒能改造壞人，自己反而也學壞了，這種警察干起壞事來危害極大。

世人對警察的印象普遍不好，所以又有"好鐵不打釘，好漢不當兵"之說。可是聽許多華僑講，走過這麼多地方，應數加拿大的警察最好。因為，加拿大警察不徇私舞弊、不敲詐勒索、不欺壓百姓。

中國城市治安機構的稱謂，五花八門，公安局，派出所、警備司令部，軍管會，甚至曾經還有個什麼民兵小分隊，工人糾察隊，還有街道的"小腳偵緝隊"。加拿大每個城市負責社會治安的最高機構叫做警政委員會。多倫多的警政委員會歷屆主席之中，應算一九八九年五月獲任那位最引人矚目。警察隊伍，男人多、女人少，西人多、有色人種少。這個受命為多倫多警隊最高指揮官的，竟是華裔女性伍素屏。可說是"萬綠叢中一點紅"了。

伍素屏是一九八四年參加市政府競選開始受人注目的。一九八六年獲當時安省省長大衛·彼得遜委任為市議會成員。一九八九年派進警務處成為第一位華裔婦女的大多市警政委員，全市的治安保衛都在其掌控之中。

伍主席甫上任就鬧出風波。加拿大最高統治者是大英帝國女皇，甚至平頭百姓入籍，都得宣誓效忠女皇呢，這不僅是一句口頭禪，還帶有某種法律義務，很有點當年中國人高喊"敬祝毛主席萬壽無疆"的味道。她堂堂一個警政長官宣誓就職，居然只向加拿大效忠而拒絕向英國女皇效忠，頗有些"民為貴，君為輕"的中國先哲思想，使得輿論嘩然。不久這個不向女皇效忠的主席據稱又與警務處長鬧不和。看來，華裔，尤其是女性華裔，在這既使被稱為極度寬容的多元文化社會中，依然會面臨各式各樣的挑戰。

一九一九年，伍素屏的父親移民來到加拿大，居住在多倫多市中心近央（Yonge）街和韋斯里道一帶。雖說是市中心，其實那祇算得一段較為貧窮的街區。街上住的都是初來乍到的各色新移民以及他們的後裔。伍氏父母屬於要胼手胝足以償還人頭稅那一輩華僑，由於家庭的燻陶，伍素屏小小年紀就挺能吃苦耐勞。西人家庭講民主、講自由，全家不分大小平起平坐。她生長在華人家庭，有尊卑長幼，因在四個兄弟姊妹中是大家姐，平日都得照顧弟弟妹妹，更鍛煉出一種出眾的領導組織才能。

象所有的東方閨秀一樣，伍素屏生性靦腆羞澀，不喜拋頭露面。這樣反而利于姑娘潛心向學，使她成績常常得 A，名列前茅。伍素屏看出社會的種種不平，十七歲考入大學，主修法律，她的願望是

要做一個律師，為百姓請命。經過努力，結果如願以償，畢業後她開始了律師生涯。

伍素屏雖不喜歡交際，卻有個喜歡社交的父親。伍家離唐人街還有一段距離，但父親血濃於水，卻熱心參加華埠的各種活動，帶回很多華埠新聞，伍素屏自小耳聞目染都是中國的東西。當時勤儉持家的華僑常常在自己住家的樓下開店，她爸爸依樣畫葫蘆，也在自家樓下開了一爿小餐館，生意也還過得去。年紀輕輕的小素屏常常在店里幫忙，為此也接觸到不少商人、顧客以及警務人員，從而在交際應酬方面得到很大的鍛煉。光陰似箭、白雲蒼狗，以後伍素屏從小學而中學而大學，逐漸成長，日臻成熟。

發生在一九七九年的"W5 事件"使伍素屏走出了生活的象牙塔。當年，CTV 電視台的"W5"節目"校園大平賣"渲染說華裔學生霸佔多大醫學院名額，使其它族裔青年不得其門而入。報道含有強烈的種族岐視色彩，誤導了觀眾，引起僑界公憤。伍素屏當時是加華專業協會的會員，她覺得自己身為華裔，且是法律工作者，更應該挺身而出。在是次全加華人聲討大行動中，伍素屏的表現非常杰出，令僑界刮目相看。

伍素屏後來成為市議會成員，又被任命為市警政委員，就這樣一步步走上了政壇。確實，以她的情況來說，事務和學術的工作遠遠不如社會工作那麼合適。她敢作敢為，為人爽快，工作上也是精力過人，熱忱積極，精通法律。到她宣誓就職為止，伍素屏公認是加拿大公職權力最大的華人女性！

除了警務工作以外，她還為一些社團服務。計有平權會、全國族裔關系行動委員會、加拿大市政聯盟等等，所起的作用舉足輕重。伍素屏是土生華僑，一口英語滾瓜爛熟。此外她還能講台山話，并可以聽得懂粵語，這給她的工作帶來極大的便利。她在語言方面是得天獨厚的。特別在與少數族裔打交道的時候，她東方倩女的外形也令人感到十分親切。

　　自從出任警務委員會主席以來，伍素屏大興改革之風。特別在改善族裔關係和加強警察責任方面，成績昭著。她原則性很強，有批評者說她處事對人硬梆梆，不圓滑，既使做了好事還是不能服人。這種評論迫使女警政委員在不違反原則的大前提之下，盡可能來得輕鬆隨和、平易近人一些。其實這是大大冤枉她了。只有非常熟悉警政委員的朋友才知道，在那副女強人嚴肅的面孔後面，蘊藏著充滿人情味的溫情。警政委員平日忙得團團轉，到了星期天卻總要抽空回家看望，和家人同進晚餐，共述天倫之樂。在伍素屏那方寬大光亮的辦公桌上面，總放著十余幀祖母、父母、弟妹以及其它親友的照片。事業上她固然是一個西方警界眾人注目的佼佼者，但在內心，卻不失為一個典型的東方女性。

4　日暮鄉關何處是——記丁果文化和文學的鄉愁

　　加拿大共有百餘萬華人，中文媒體在輿論界舉足輕重。說及媒體，電台悅耳，電視悅目，真正做得到賞心悅目、能讓人有點文化享受的，恐怕得首推報紙了。當地有三家中文報紙，即人們所稱的三國鼎立——《世界日報》、《星島日報》和《明報》。這三家報紙在篇幅、銷量等方面極其相似，不同之處就在于自己的來源，那常常是決定其觀點與風格的東西。世界由臺灣聯合報系經營，星島和明報則各自有一套香港人馬。大陸人倒是辦了幾個周刊，但參與編辦日報的，未之聞也。

　　話說一九九五年夏丁果進入了《明報》，在本地作家之中引起了一點兒小小的轟動。第一，丁果是大陸背景，在此地群而不黨。第二，丁果先生素來以自由撰稿人自稱，以自由撰稿費糊口，是個不

安分的人。溫哥華的作家都隱隱感到，他的加盟，肯定會給《明報》帶來點什麼變數。

丁果是上海人，畢業于上海師範大學，主修歷史，畢業後留校任教。一九八四年負笈東瀛，在日本東洋文庫擔任研究員，同時在立教大學攻讀碩士、博士學位，專攻中日關係史。一九九零年，丁果的妻子定居溫哥華，丁果捨命陪君子，也輟學來到加拿大。

丁果甫到明報，第一件事就是辦起了文學版面《明筆》。傳統辦報，無非是登聳聞，賣廣告，搜奇獵艷，搞文學沒人看。丁果卻認為不可低估了讀者的素質，一份報紙，應該有新聞性、知識性、娛樂性、指導性……文學是表現人的內心情感的，它在鞭笞丑惡、頌揚美好方面特別有力量，要辦好一份報紙，不可或缺了文學！

溫哥華的文化人很多。光華人作協就有兩個，藝協和讀書會一類團體，不計其數。前中國社科院文學研究所所長劉再復就曾說過，溫哥華不僅是個經濟重鎮，而且是個文化重鎮。王蒙來訪，華界熱烈歡迎也給他很深的印象。劉恒來講演，還十分感動地說，就是在北京，可能也沒有溫哥華這麼多聽眾。可是如此多的文人，卻沒有任何文化陣地。許多人因無處發表就擱筆了。聽說明報辦起明筆，眾人都心感振奮。

創辦之初，明筆是每周一版，不久就改為兩個整版，後來再擴大為五個半版。一年刊登作品超過一百五十萬字。

明筆發刊，"談文論藝，說古道今"，刊登"散文隨筆、新詩小說"，"邀請名家助陣，公開征求珠玉"。征稿啟事還幽默地說，"選稿從嚴，筆潤暫時只能從薄。"一時間，來稿雲集。一些名家，一來想扶助這個新生事物，二來有感于編輯的誠摯，亦來賜稿。蔣子龍有感于中華文化在海外繁衍傳播，寫了《根》。古華用其生花妙筆，擬出荒誕小說《鴛鴦樓新唱》。劉再復、梁錫華撰寫散文。洛夫、北島吟頌新詩。張抗抗、白樺也惠賜新作……

　　由於沒地方發表，有的作家十年磨劍，寫出一大堆垃圾，有的心灰意怠，懶得提筆。明筆的創刊的消息，無異于一聲布谷報春的鳥啼。明筆沒有政治分野，沒有地域岐見，它張開雙臂，歡迎無家可歸的稿件。不僅文壇宿將可以再作馮婦，文學新人亦可初試啼聲。丁果私下告訴朋友，盡管來稿擁擠，首次投稿人，只要文稿過得去，他一定設法讓作者露露臉。

　　三年前的八月，在

　　擁擠的上海虹橋機場

　　父親送我

　　和兩個箱子

　　遠行

　　……

　　我差點擁抱父親

　　但我們沒有擁抱的傳統

　　我只是說了幾句諸如

　　一定回家的話，然後轉身

　　去國

現在習慣了擁抱，父親卻在

我雙臂不及的地方

……

這不過是無數稿件的其中一篇罷了，聊聊數行，寫得多麼深沉，多麼感人！我們都經歷過分別，筆者卻未曾見過有哪一首新詩，寫離情有這麼清新雋永的。詩人何翔，筆者寡聞，不知其名。若非明筆，詩稿可能還在抽屜躺著的吧。

一九九六年秋，明筆舉行過一次二千字散文比賽。邀請胡菊人、梁錫華、阿濃、羅鏘鳴四位文學先進作評判。重賞之下，必有勇夫，明報並不富裕，還是拿出一千元和一支派克鋼筆獎勵頭獎。二獎、三獎和五名優勝獎也有優厚的獎品。聞訊，稿件從世界各地蜂擁而至。極大地提高了華人的寫作興趣，激發了華文的創作風氣。

惺惺相惜，明筆對聯合文學獎和花蹤文學獎的消息，也熱情洋溢地大力報道過。

丁果鐘情于文學，不自今日始。早在九三年，溫哥華一群文革老三屆和恢復考試後首批入學的大學生，有感于創作的沉寂，醞釀成立一個文學研討會。除了丁果之外，還有前人民日報的張志業、前中國青年報的劉嘯、前經濟日報的張小姐、詩人曹小莉、教授陳榮毅……筆者也上了賊船，故知之甚詳。曹小莉迫不及待，還請眾人上紅鶴酒家，會商聚會事宜。比如踫頭的頻率以及每人每月展示文稿的字數。那情景頗有點象一個誓師大會。似在宣告：縱然當前敵軍百萬，吾往矣！後因大家感到糊口似乎是得先于文學來加以考慮的，活動便消失于無形。未幾，明報就創辦了明筆。

就在主持明筆筆政之時，丁果一刻也沒有停止寫作。不算一個定期專欄《針針到肉》，他還寫了不少散文和政論。丁果親自秉筆撰寫白先勇、王蒙、余光中、池莉等文壇大老的訪問記，把文學的感性和思想的智性發揮得淋漓盡致。在世界華人風起雲湧的保釣運動中，他出了一本揭開日本神秘面紗的《走上釣魚臺之路》。他還將部份散文、隨筆、政論、遊記在台海結集出版，取名《隔海搔癢》。他手頭還有好幾本書，也將陸續問世。

丁果不躲在象牙塔里搞文學，他是以天下為己任的讀書人。書云君子避三鋒，即：武士之劍鋒，文人之筆鋒，辯士之舌鋒。此人善辯，早在東京求學之時，忿于右翼日人的對華謬見，著文與之論戰。對方被駁得理屈詞窮，卻不知能用流利日語侃侃數說著他們的，竟是他們眼皮底下的一個中國留學生。一度，溫哥華有的西人對華人十分感冒，《太陽報》專欄作家艾爾德（Elizabet Aird）率先發難，批評“怪獸屋”，并抱怨有的白人甚至只為尋找說英語的伙伴不得不搬家。在中僑主辦的“種族和諧論壇”，丁果代表明報參與或說組織了是次討論。溫哥華社會對這一主題非常敏感和關注。與會者有市長、議員、群眾、政府官員、編輯和作家。通過發言和辯論，增進了各族裔間的瞭解，化解了矛盾和誤會，加強了社會團結。大會告捷，丁果還揮動大筆，親作報道。

一次國會議員陳卓愉為著瞭解民意欲找作家座談，委托丁果，丁果立即召來數十位作家與會。眾人暢所欲言，激濁揚清，針砭時弊，頻頻建言。

九八年著名詩人北島想利用在溫哥華盤桓的幾天里，為他主編的《今天》雜誌找點“生計”，準備搞個籌款晚宴，雖然發了廣告卻依然乏人問津。後來找到丁果，丁果調動自己的社會關系，二話沒說就拉來二十余位朋友和明筆作者，為雜誌籌集了近千元。

其實社會上對丁果早有定論。

加拿大華人春秋

卑詩大學哲學教授、《文化中國季刊》主編梁燕城博士說他是
"文化荒野獨行的浪子"。原來，丁果雖然朋友眾多、談笑風生、
大作頻出，在另一方面，他有自己的思維，有獨特的見解，因此又
頗為孤獨。相識滿天下，知己能幾人！在文化荒野曲折的小路上，
他總是低頭沉思，踽踽而行。

電視新聞主播，後來去了香港媒體，如今回國教書的一位小姐
曾撰文寫丁果，題目就是"一個飄泊的自由撰稿人"。張小姐首次
接過丁果的名片，心下不禁有點驚訝，上面不見某某博士、某某經
理的頭銜，就只有這麼一行字。雖然不由就想到馬克思、恩格斯那
個年代進行思想論戰的作家群，張小姐覺得這樣來鑒定丁果還是十
分準確的。稿件翻山渡海，刊于東京，載于美國，登上香江；人浪
跡天涯，忽而東瀛，忽而北美，昨在中東，明去臺灣，那不也正是
一種飄泊麼？說及自由，那可正是丁果窮追不捨的東西呀。他在一
個單位幾乎干不上幾年就會挪動一下。而且你如果熟悉他，會發現，
在思想和見解方面，他很少有與人完全一致的地方。

丁果出書，臺灣著名詩人、前聯合報副總編瘂弦先生作序，說
及有四個丁果。

畢業于中國，求學于日本，深造于加拿大。他學歷史、讀神學、
研究文學，探討中西文化；廣涉博覽，大筆如椽，發喟嘆，作獅吼。
是為文化的丁果。

援筆伸紙，寫作品、著文章，"纖筆一支誰與擬？三千毛瑟精
兵"，筆底溢出獨特的神韻與火一般的熱情。是為文學的丁果。

任職明報，責編明筆。園地公開，聚集天下筆友。一視同仁，
扶持文學新人。一片沃土，春華秋實，枝葉葳蕤。不辭年年壓金線，
為他人作嫁衣裳。是為報人的丁果。

　　身處異鄉，心系神州。長歌當哭，遠望當歸。去國怀鄉，感時憂國。曲高和寡，煢煢孑立。他是落日渡頭永遠等待著返鄉的赤子。是為流浪的丁果。

　　後來丁果加入明報，那位飄泊的自由撰稿人，就不再飄泊了。誰想沒過幾年安然日子，上個世紀尚未結束，隨著報紙方向的轉變，明筆取消了，丁果就退出了明報。正如古人所云：道不同，不與相謀。你說他心高氣盛也好，不會變通也好，他這人，是決不會為著一個飯碗，去犧牲自己的理念的。逢場作戲、隨波逐流，固然是一種伶俐；清高孤傲、我行我素，也不失為一種蕭灑。此時筆者自覺是太不瞭解丁果了，想起曾經說他不再飄泊的話，心下倒有幾分慚愧。覺得真是言之過早，言之過早！

　　大隱隱于朝，中隱隱于市，小隱隱于野。從平面媒體出來，那個從不沉寂的人又跨入電子媒體。在城市電視的"兩岸三地"，丁果擔任特約評論員。一時間屏幕用兵，舌戰群雄，驚動溫城社區，聲傳海峽兩岸。後來成為民進黨新政府部長重臣的，諸如法務部長陳運南，國安會副秘書長邱義仁，考試院副院長姚嘉文，以及國民黨的政治明星馬英九，立法院副院長饒穎奇，都領較過丁果犀利的辯才和深度的提問。

　　丁果每天還在國語廣播台評論時事節目。"丁果觀點"已成為溫市媒體一道獨特風景。毫不夸張地說，丁果是溫哥華華人、尤其是大陸移民的喉舌，一把不能忽視的嘹亮聲音。

5　李安邦艱苦創業白手起家

　　統一廣場位于列治文市中心不遠的黃金地段上，驅車西去五分鐘可達國際機場，北上溫市中心或者南下美國也不過二十分鐘光景。廣場上有一座一萬九千平方呎的超級市場,另有一座高達五層的購貨及商業樓宇。相鄰的統一瑞迪森大酒店(Radisson President Hotel & Suites),足有二百房間,更是氣派非凡。廣場地方寬敞,服務項目應有盡有,包括餐館、銀行、髮型美容中心、健身中心、旅行社、醫務所、書店、花舖、禮品店……統一廣場投資超過八千萬加元,它與毗連的香港仔中心、百家店、新時代廣場建築群以及八佰伴中心(注:1993年由日本八佰伴集團興建,1997年統一加拿大集團併購八佰伴超市及八佰伴地產)形成了一個獨立王國般的亞洲城鎮。是該市華人的主要購物地。

統一廣場是統一加拿大開發集團的一個投資項目。統一加拿大開發集團總裁姓李名安邦,令人不由就聯想到"治國安邦平天下"這句話來。

幸福是什麼?幸福就是精神和物資的滿足。華人出洋大多數都是沖著西方的繁榮與富強而來的,然而有的滿載而歸,有的寶山空回。李安邦當年和多數新移民一樣赤手空拳來到加拿大打天下,所不同的是他創業鍥而不舍,故能將"精神變物質",創下自己的一片天地!

1978年李安邦只身來到加拿大打天下,找到的工作是在一個洋人的肉食公司做推銷員。大家知道,商場如戰場,最難的一仗就是搞推銷。確實,市場都進入飽和了,況且紳士淑女們正忙著瘦身減肥,你把肉賣給誰呢?那時,這個碩士研究生卻高高興興地接受了這個月薪八百的工作。他心里清楚,如果不瞭解市場,他那張工商管理文憑有如廢紙!

這個臺灣人每天跑去唐人街,白天用他那結結巴巴的粵語一家家舖頭去推銷公司的肉。晚上十二點以後,再去一個個餐廳找老闆收賬。不久他就小有名氣了。人們管他叫"賣肉的臺灣仔"。

李安邦的表現使公司滿意，他帶回的信息更令洋行老闆十分吃驚，原來唐人街的消費市場很大。有的鋪頭一天就要銷售四百只鴨子。有些令屠宰業左右為難的廢料，如雞腳、豬肚以及牛胃心肺什麼的，西人看來是"食之無肉、棄之有味"，華人卻視作餐桌上的佳肴，從而成為公司的緊俏貨品。洋人老闆對這個臺灣人不得不另眼相看了。

一個讀過臺灣政治大學財稅系，又在臺灣特種空降部隊當過排長的美國肯塔基州立大學工商管理碩士畢業生，是決不會久居人下的，挨家挨戶賣肉也不過是李先生的權宜之計罷了。果然他不耐集聚更充足的經驗，就迫不及待地自起爐灶了。三十出頭的李先生籌集到幾萬加幣，辦起了六福食品進出口公司。當時他經營的品種主要是即食面，很快唐人街的店鋪又都叫他"賣公仔面的臺灣仔"。

商場即戰場，事實立即出來教訓這初出茅廬的小子。八十年代之初，加幣比值大幅滑落。公司的資金隨著進貨總要多付一些加幣而大幅減少到幾近于零的程度。他毫不氣餒，咬著牙熬過了破產率較高的這一不幸的歷史時期。後來他的眼睛望往別處，經過一場激烈的推銷戰，六福食品成為八十年代初 Safeway 和 Superstore 這兩家大公司貨架上唯一的中國食品。

統一加拿大開發集團創建統一廣場獲得成功，一個因素就是善于集資。在科學大發展、大爆炸的當今，勤勤懇懇、勞動至富的觀念已經早已過時了。愚公移山式的老一套只能叫人被遠遠拋在時代後面，科學技術、入市股票、發明創造才是行之有效的生財之道。移民加拿大是很多臺灣百姓寐夢以求的希望，政府的規定是每位投資移民必需至少投資二十五萬加幣。不少無行商人，以幫人移民為口實，借機鯨吞蠶食。一些台胞移民心切，因而誤入"仙人跳"，拿資金去填了別人的虧空，顆粒無收。統一開發公司把握時機介入"移民生意"，有良心、有信譽，把錢集中起來辦大事。一來壯大

了公司的財力實力，二來也可為移民架橋鋪路，確是又賺錢又積德的好事。統一集團用"他鄉遇故知"為號召，爭取到八十個投資移民名額，最保守的估計也至少集資了兩千萬。李安邦不是那種過河抽板的人，他對項目的每一個細節都一一過問，保證項目安全可行，力求三年後能夠還富于投資人。由於統一集團在對待移民投資方面的成功和厚道，李安邦不僅于九二年獲得"溫哥華杰出創業獎"，甚至被加拿大移民部長邀請去到首都渥太華聯邦政府國會大廈演講投資創業的成功故事。

統一集團成功的第二個因素就是它爭取到台灣有實力的"統一企業"的大力支持。（注：臺灣的統一企業是第一大食品企業，在中國大陸已在 28 個城市投資食品工廠，統一方便麵、飲料、飼料名聞海內外。）一九八九年夏，以台灣臺南為基地的"統一企業"總裁高清愿來到溫哥華，看望既是貿易代理又是友人兒子的李安邦。據李安邦回憶，高博士第一天就苦口婆心勸喻李安邦返回台灣。如果這個態度不能改變，後來高聳在列治文的"統一廣場"就會成為泡影。可是華人總是有種"不到黃河心不死"的堅強意志，他們同游人間天堂的溫哥華，萬紫千紅的維多利亞卓拔花園，第四天來到氣壯山河的班湖（Banff），汽車駛過靈氣萬千的雪山湖泊，高清愿董事長感性的悟道："安邦，既然不想回臺灣，我看加拿大這國家山明水秀、地大物博，若能有一長期投資規劃，可以團結新舊移民、東西方人才、資金、技術；統一就出面給你作靠山，大家一齊合作！"態度居然來了個一百八十度的大轉彎。

貨品齊全的大統華也是統一集團的一個杰作。溫哥華一些大型食品商店如 IGA 和 Safeway 相繼或部分停業後，大統華就悄悄取代了他們。大統華可說是大溫地區甚至加拿大最大的中國食品連鎖超市，自開業後蓬勃發展，一氣開了七間分店，散布于溫哥華東區、華埠、列治文、素里、鐵道鎮及臨省的卡加利。

不少人在異域發跡之後，大都喜歡著洋裝、吃洋餐、娶洋妻。李安邦來溫哥華打天下，慘淡經營、從無到有，壯志已成大業，可是他對他那來自台灣的賢內助總是一往情深。有人問及他最感自豪的事情是榮獲"溫哥華傑出創業獎"還是那麼多項的頭銜？李安邦微微一笑答道，他一生極感得意的就是和太太生了兩位女兒和一位公子。閒來和孩子們打打球，或者帶他們上雪山滑雪，最叫他感到其樂無窮。

李安邦不乏文藝細胞，百忙之中還經常和朋友唱唱卡拉 OK。誰都知道，他最喜歡唱的歌是"瀟瀟洒洒走一回"，那可真是聲情並茂、風情萬種。這位白手起家的企業家，飛越太平洋，經歷創業的艱辛，嘗遍人生的酸甜苦辣，而且常常貢獻許多公益活動，拋磚引玉，鼓勵新移民調適身心，艱苦奮斗，在加拿大的新國度重創新家園。

大統華（即 T&T）於 2009 年 7 月 24 日以 2.25 億加元售與加拿大最大零售商羅布勞 Loblaws.Inc.公司，總處分利益 3,100 萬。原總裁李羅昌鈺仍任總裁，一切依循舊制。

大統華用原名繼續營運至今。

6　雄關漫道真如鐵——記陳卓愉向國會勝利進軍

加拿大的總督和省督，雖然也要自己努力建樹，始終都還是皇家任命的。可是市、省、聯邦這三級議會議員，則是民選的，得靠自己一步一個腳印、扎扎實實地打拚出來。

國會議員、加拿大外交及國際貿易部亞太事務國務部長陳卓愉先生，就是從社會上一個普普通通的電子物理工程師，一步一個腳

印走到內閣的殿堂里來的！

俗話說，後生可畏。人老則朽矣，人們往往看好什麼神童和一些少年英俊之輩。你想，一個年已三十八、一般的大學畢業生還可能有什麼作為？可是在民主政治的社會里，常常會出現人間奇跡，有的事情還真會叫人跌破眼鏡。

一九八九年，陳卓愉還在大學管理電學系統設計部門。由於他歷來有種見義勇為的個性，看不下社會上的不平事，這時開始參加群眾運動。由於華人社會的發展和個人的積極投入，幾年下來，陳先生很快就打開了知名度。可是知名度有什麼用呢？餓了吃不得，凍了穿不得，是種好看而不實惠的東西。

一九九三年，陳先生作出了一個改變了他一生的決定，他打算從在街頭巷尾搖旗吶喊一變而進入社會決策中心去，選國會議員。這時他已為自己從政做過一點鋪墊工作，加入了自由黨，此刻，他所在的列治文市的自由黨分部真是又憂又喜！這個中國人近來聲名鵲起，把他推出去勝算很大。但是，如挑這個新黨員參選，老同志又怎麼想？果然，這個事情引起黨內的爭論，一派支持有影響的陳卓愉，另一派支持一位老資格的印度人。情勢充滿了火藥味，還沒開打，先已兄弟鬩于牆了。

自由黨那些黨領自是政治老手了，他們有辦法既不開罪于老同志，又籠絡得到少壯派——投票！這就叫黨內提名，讓黨內同志選擇參選人，他們把球輕輕一腳踢給眾黨員。

對手顯然佔了上風，黨內人事上他是輕車熟路的，何況中國人往往厭惡政治黨派與活動，根本沒有幾個黨員。如果你有打虎的本事，不讓你上山，還是做不成武松。此時陳卓愉面臨的問題主要還是設法出線。

　　要出線關鍵是黨內投票獲勝，這要求有黨內大量支持者。陳桌愉真不愧是陳卓愉，他決定在短短的幾個月內，動員華人入黨。經過他四處活動，被他的熱忱感動了的同胞紛紛加入自由黨。其實這事難度很大，不光要求人們有政治熱情，而且得自付十元手續費，中國人在經濟上素來是精打細算的。

　　黨內提名投票處在列治文的三角洲旅店，是個華人罕到之處。中國人有個俗語叫做"一著不慎，滿盤皆輸"，這顯然也是不可忽視的。陳卓愉的競選總部租了一輛大型巴士，往返於香港仔中心與三角洲旅店中間。還組織了很多志願人員幫忙，見到華人先開笑口：您是來投票的吧，這輛巴士送您到投票處，呆會完了再載您回來。

　　投票日筆者也曾按時乘車來到三角洲旅店，那里站著不少印度人，卻未見多少華人，不由心里暗暗捏著一把汗！原來華人假日有這麼個毛病，清早起來先晨運，晨運完畢便早茶，早茶過後就購物。等到買好東西要回家了，哦，今天還有件事。這時他們方才逶迤前來投票。所以你叫他們十點來，他們最早都要挨到十一點。

　　果然快到晌午，華人就一撥一撥涌進大廳，真是軍心大振！有的呼朋喚友，有的問候寒喧，有的打探選情，一時間國語閩語四處飛揚、白話官話響徹雲天。最令人感動的是有的稀壽老人也被家人攙扶著前來幫忙，為國家政治建設盡責任，一家人扶老攜幼奮勇前進。很快，投票處擠得水泄不通。原來那些印度人竟依稀看不見了。雖然我們的同胞不很清楚各候選人的區別，是來為朋友助選，但他們逐漸懂得國事即家事，華人應該參政，畢竟進步了。

　　列治文雖是華人的大本營，通過了黨內提名的陳卓愉覺得在公民選舉上還是大意不得，是所謂"搏獅得用猛力，搏兔也得用猛力"。他選前接觸過三萬多民眾，訪問過四千個家庭。把自己融入社會之中、選民之中，是他成功的關鍵，也使他得以打破族裔限制，

獲得包括白人在內的各民族選民的普遍支持。那時，他披紅挂綠，和家人往超級市場拜票，每天笑容可掬約握手數千人次。當年，有個人和毛主席握手之後，回到家鄉，鄉親為著沾點福氣，紛紛上前和他握手，一天到晚，一只手居然腫了起來。可見握手也不是那麼容易的。

一九九三年十月二十五日加拿大舉行聯邦大選，陳卓愉代表自由黨在列治文市出戰，以二萬一千多票的優勢一舉擊敗保守黨國防部長薛里，順利當選為新一屆國會議員。十一月四日，在選舉中奪取了一百七十七席位的自由黨取代落敗的保守黨，在渥太華組成新政府。陳卓愉被總理邀請入閣，任主管亞太事務的國務部長。他是加拿大有史以來第三個華人國會議員，他的職務是目前華人在內閣里所執掌過的職務里面屬於最高的。華界與有榮焉！十月二十五選舉那天，正巧是陳卓愉四十二歲生日。

從八九年陳卓愉投身群眾運動到他當上國務部長，也不過四年的光景。

陳卓愉于一九六九年十八歲時才從香港移民來到加拿大，而且他長期並沒有參政。然而他善于變弊為利。雖然他的英語沒有土生人士那麼地道，可是他通曉中國的語言和文化；雖然他不曾從政，可是他經營過兩間餐廳，一度擁有八輛外賣汽車，有商業經驗。這些都使他後來在政治生涯中，獲賜匪淺。人們從中可以得到這樣一個信息：在加拿大的民主社會里，人人平等，只要努力向前，夢想就可以成為現實。

陳部長步入政壇以後，立足未穩，就遇到一點麻煩。僑界有人著文批評他靠華人選票起家，當官了卻不為華人說話，隱含忘恩負義之意。原來，過去陳卓愉是華界賢達，自然處處為華人請命。如今入閣，是政府官員，理當站在政府的角度，為全民代言了。後經陳先生耐心解釋，兼用行動自白。華界慢慢也明白了，惟有符合全民利益的東西，才是真正有益于華人的。後來那種批評就自動熄滅了。是以他後來可以在一九九七年六月輕易獲選連任。

陳先生入閣以後，努力勤奮。他幾乎遍訪了亞太所有國家和地區。他調查印尼排華的真相，關心中國的建設和台海和平，并隨訪問團走遍亞太談貿易。每逢他和政界、工商界、學術界和新聞界人士接觸時，總一再強調加拿大對這些國家的高度重視，以期為加拿大多攬些生意。

陳先生常常做些社會調查，邀請社會賢達或者平民百姓舉行座談。選後他就找來三十幾個來自大陸的移民座談，以介紹自由黨的政綱，以探詢新移民的意見。他表示希望能有更多的華人參選，壯大華裔政治力量。

陳卓愉何以能在政壇異軍突起、平步青雲？

這首先還得借助于他的仁愛思想。"愛"是最犀利的思想武器。陳先生是一個虔誠的基督徒，他有一種"愛所有人，包括自己的敵人"的博愛。這也就是釋家"老吾老、以及人之老，幼吾幼、以及人之幼"和"先天下之憂而憂，後天下之樂而樂"的"仁"的偉大精神。他愛僑胞，也愛其它族裔的加拿大人。華人只不過佔加拿大總人口 5.1%左右，如果把自己局限在華人的小圈子里面，必會一事無成！正因為他為大多數人民謀福祉，方能贏得廣泛支持。

其次，他是"行動派"，是一個敢想、敢說、敢干的人。坐著談，何如起來行！理念再好，若不付諸行動，終不過是個理念。也就是他有這個態度，方能持之以恆地為自己的目標奮斗。如果光說不干或者淺嘗則止，必然會變成歷史上的匆匆過客，只不過是曇花一現的人物。

再有,他有政治家所需要的務實精神,世道人心,國家大事,粲然在目。比如,他覺得大陸的人權亟需改進,但人權只是中國問題的一個方面,但就目前來說,中國最重要的還是政治穩定和實現現代化。如果中國動蕩,對世界是個災難。中國只有發展經濟、發展教育,才能帶動政治,才能鏟除封建文化傳統,才能改善人權狀況。這一點,很多民運活動家見不及此。他們不懂忍辱負重、欲取先與、投鼠忌器的道理,為反對而反對,四面出擊,為著打擊領導集團,不惜傷及國計民生,象當前在美國應否給予中國永久最惠國待遇問題上一樣。似此,難免會離民眾越來越遠。

陳卓愉當選後,有記者請他用一句話來歸納自己。他略一思想,說出了十六個字:以誠待人,實事求是,坐言起行,勇于犧牲。

觀其行,這確實是說話人的真實寫照。然而陳先生當眾把它說出來,也有與君共勉的意思吧。

7　千里有緣,任燕茹為中加商檢做紅娘

她的名字不時晃現于報端,一度加西版星島周刊還用了兩頁整版,四組文章在《成功故事》欄目為她作了專題報道。文章以“入行可謂無心插柳,成功則靠自強不息”為題,報道她為中加商檢作橋梁的事跡,勉勵華人積極進取。

筆者在此以她為素材,蓋因她是一個典型的留學生。一個人能出國,往往是偶然得到一個機會,而能定居下來,也常常有個什麼故事。

任燕茹來自新疆,那是祖國西北一片大漠。家住新疆省府烏魯木齊,她自小聰明伶俐,能說會唱。逢到文藝匯演,她那曲《聽媽

媽講那過去的事情》總能為學校捧回一紙獎狀。老師們都說，這小丫頭將來準是搞文藝的。在她十二歲的時候，部隊要搞一個通訊展覽，需要幾個解說員，把她挑上了。她身姿嬌小還不及步槍高，就身著戎裝，學軍事、學文化、學播音，開始了軍旅生活。

小姑娘少小離家，投身到革命的大熔爐。班長對小姐妹百般呵護，戰士們也還喜歡這幾個戰友，小女兵給肅穆的軍營平添了一道亮麗的景致。當時的軍區司令員龍書金是林彪部下，軍中名將，平時十分嚴厲，可是一見到這群歡蹦亂跳的小鬼，必會上前問暖噓寒，閑話家常，臉上方才蕩出了笑意。部隊上男多女少，女兵是較少復員的，但過了四年之後，因展覽結束了要轉她為文藝兵，而她父親又不同意，小女孩很聽話，就惟有乖乖地回家了。

"鄰家有女初長成"，當時小女孩年方二八，亭亭玉立，正是讀書上學的好年華。可是她回來得真不是時候！那時，城里根本無法安排滯留下來的歷屆學生，神州大地正在開展上山下鄉運動。領袖還號召 "知識青年到農村去，接受貧下中農的再教育，很有必要"。她下到哪里？天哪，吐魯番！不錯，倒也是個盛產棉花、葡萄、哈密瓜的盆地，但那鬼地方海拔最低，天氣酷熱，是 "火焰山"所在地，古有 "火州" 之稱，竟是夏季全國最熱的區域。

吐魯番是典型的大陸性干旱氣候，夏天有一個多月最高氣溫在40 度以上，小姑娘 "一不怕苦、二不怕死"，意氣風發來到這里建設邊疆，自然就作了出一身汗水脫一層皮的準備。不想，她那珠圓玉潤的國語改變了她屯墾戍邊的方式，領導聽說有個知青能講一口標準的普通話，立馬就把她調入公社廣播站。那陣子別人都櫛風沐雨改天換地，但她一年卻有大半年在公社文藝宣傳隊里跳跳唱唱，或者在縣中代課，不然就是坐在陰涼的播音室里，手拿稿紙臉朝麥克風，向全公社揮汗如雨 "大干快上" 建設社會主義的維、回、漢、蒙古、俄羅斯等各個民族的兄弟姐妹們吶喊打氣。

在她下鄉的幾年之中，一度被推薦到廣播學院學習，但在那個年代，每有名額，各種勢力就會出來爭奪，互相斗法，結果她沒有去成。鄧小平復出後主張科擧，一九七四年，山東大學到新疆招考學員，幾經測試，挑上了她。

好象是與廣播有緣似的，她的大學專業是英語播音。光陰荏苒，數載寒窗一晃而過，畢業時，學校分她到北京搞廣播。又是由於當年未能到廣播學院的同一原因，她無法報到。其時有一商檢單位亟需外語人才，這樣，她就被歷史地推到商檢崗位上來了。除了一度被調往外貿單位，她出國前有十五個春秋都是在商檢部門渡過。這個工作不論寒冬暑夏、風霜雨雪都得隨時出動，與鋼鐵、木材等商業產品打交道，檢驗海陸空各種運載工具過關的包羅萬象的貨品，故此商檢人員多為男性。有慮及此，領導也打算照顧她從事案牘文書工作，可是任燕茹性格十分倔強，別人越說不行，她偏越要試一試。這是相當于工程師這一級的繁雜工作。為了掌握商檢知識，除了在工作中偷師學藝，參加進修也是一條重要渠道，她至今所參加過的大學程度的深造和學習，長達十年之久。她的好學與自修精神更是有目共睹的。入夜，人們經過一天的勞動，在家休息或者街逛遊玩的時候，任工辦公室的燈光通常閃爍到深夜。由於她精通業務以及中英語言方面的優勢，每當國內舉行商檢會議的時候，局里常會委派任工赴會。在正經歷著改革陣痛的社會之中，這已算十分令人滿足的了。所以八七年中加開始發展人才交流的時候，領導曾遊說任工參加考試，遭到斷然拒絕。

一九九零年，中加人才技術交流項目又招考學員準備送加拿大受訓。雖然全國商檢部門名額只有一個，上級要求選出真正的精英前往加拿大受訓，初試在局里進行，要求每個人都參加，以防疏漏。有如群英赴會似的，凡有些料子的同事都去了。任工拗不過領導，受命參試。當時，鑒于如果走後門就可能在京試被刷下來，從而喪失分配到的名額這一情況，外經貿來了文件，要求參試人"只能考上，不能考敗"。一句硬話把所有非組織活動都壓下去了。任工初考出線，參加省考時尚有兩個同事作伴。考畢往赴京試，就孑然一人了。當時全省另有三個其它部門的考生同往北京，但全國幾百人爭奪四十幾個培訓名額，在訓練和畢業時又不斷有淘汰，他們有不有過關，就不得而知了。就是經過這麼激烈的爭奪淘汰，全中國唯一的那個商檢名額，竟然落到任燕茹頭上，考獲位于北師大的加拿大語言中心培訓資格。在為期八個月的緊張訓練中，她不僅刻苦學習，還被同學們推舉為總班長，主持全年級各班的班務工作。

本來，任班長只想學好英語以便向局裡交差，倒沒想一定要出國，此時此境，就好似箭在弦上、欲罷而不能了。九二年，全體學員肩負著祖國的重托，人民的期待，飛往加拿大培訓。與迫不及待的自費留學生相反，原來知足常樂的女工程師就這樣被一步步逼上了出洋之路。

踏上異域，這位中加技術交流的尖子、中國商檢的骨干深深感到震撼。加拿大人的樸實，人際的真誠，制度的完整，給了她深刻的印象。這裡沒有敷衍了事的拖沓作風，沒有頤指氣使的工作態度，沒有虛偽做作的同事關系，她眼前展現出一個全新的世界，加拿大真好！

根據計劃，留學學員主要在溫哥華的省立大學學習，再往渥太華、多倫多甚至美國的一些城市實習，可是洋導師發現這學生有過人之處，希望她能留下來協助新的學員。這段時間，據規定她得兼職本行工作，可是倉促之中急切不能如願。她就利用這個機會進修了國際貿易、海洋運輸和品質控制等一些相關課程，使她的專長擴大到海外商檢和貿易兩個領域。語言問題往往令留學生頭痛至極，留學之初，這位女工程師面對加拿大導師那夾雜著專業術語的流暢英語完全不知所云，她對照教材，用心聽講，努力捕捉每一個信息，

溺水人抓稻草——抓到多少是多少！兩個月下來她的聽力有了長足的進步，居然輕而易舉可以上課記筆記了。同學們多是男生，"萬馬軍中一小丫"，老師對她自然分外關心，破格讓這個進修生成為正式學生。在學習之中，任燕茹慢慢接觸到一些商檢公司，那些公司知道中國的市場很大，都想和中國商檢挂鉤配合，苦于沒有路子，正沒頭緒，忽然見到中國商檢人員自然喜不自禁，紛紛請燕茹幫忙。這種事情對于中加雙方無疑是利國利民的，可是對于私人就是狗捉耗子。任工不假思索，以自己從事商檢十余年的經驗和人事關系，盡快幫他們聯系。其中那家 IMS 海事檢驗鑒定公司，為著發展業務，還特地為燕茹辦了工作簽證，仿佛任工想來就來，想走就走，可以為王前驅似的。其實任燕茹是商檢留學人員，來去都由組織部門決定，果然當她在加培訓到了規定的期限，就辭別異國的朋友們，打馬回國了。

任燕茹出國留學至此劃上句號。該是學畢歸國，報效國家的時候了，該是回到她家那兩房一廳的宿舍，回到充滿親情和是非的辦公樓，回到既熟悉又陌生的寫字台前的時候了。

九四年暮春，燕如回到闊別一年多的祖國，躍躍欲試，要一展抱負。可是單位很多事情都變得不習慣了。"洞中方數月，世上已千年"，國外風風火火的建設，日新月異的科技，似乎還未喚醒這個文明古國。朋友相見，也多是問及異域風情和名勝一類，絕少提到生產運作與科學技術，好象燕如是觀光歸來一樣。單位同事慢吞吞的舊習依然故我，大量精力時間消耗在分房子和人事委任的人際交遊方面，特別是對客戶頤指氣使的官商作風，也令任工著實看不順眼。同事們對她又何嘗不是如此，也有種 "兒童相見不相識，笑問客從何處來" 的陌生。年余未見，任工變得干什麼都風風火火，心直口快的積習未改，又添上一副不怕得罪人的壞脾氣！特別那些也曾參試落第的同仁，更加不買她的賬。比如，國家對商檢很重視，給單位添置了九台電腦，可會用的人不多，或者說利用率不高，任其睡大覺。任工見眾人滿頭大汗制表格、抄報表，出謀獻計建議他們采用電腦。因為報表一式多份，不論送分局、總局都得上交原件。只要改動一個字，得重新來過。任工還游說，如果給我做，一個人最多再加上個副手就行了。眾人都覺得任工吹牛，認為出去玩的沒有資格對埋頭苦干的指手畫腳。有人明知她另有工作，還冷嘲熱諷說，任工能干，我們回去，讓她來就行了。還有人挪揄她：哼，要有本事怎麼跑回來？也不捧餅茶枯照照自己，還不是身體殘廢沒處去了？那腿一瘸一瘸還挺愛管閒事！

原來燕茹在溫哥華遭汽車撞壞了右腿膝蓋骨，回國前後得靠輪椅代步。治療共分三次手術。在加拿大做了兩次，尚有一次沒來得及就回國了。這種手術比較複雜，本地醫生心有余而力不足，說條件不夠，弄不好患者行走就路不平了。北京、上海等大城市可以做，但要求地方出具一張轉介信。為了那紙該死的信函，燕茹幾乎把另一條腿也跑瘸了。國內電梯少不便坐輪椅，她只得拖著傷腿四處奔走。好說歹說、死磨硬纏，哭鼻子抹眼淚的法子都使了，人家楞是不理！這事加上社會上有些人對出國人員的不理解，令燕茹非常寒心，她脾氣來了，一扭頭又跑回加拿大治傷。

IMS 海事檢驗鑒定公司得知任工回到加拿大，喜從天降。聘任她為公司高級顧問，專責亞太地區業務。過去中加雙方商檢運作是井水不犯河水、老死不相往來，任燕茹對中加兩國的商檢機制均了如指掌，認為加強合作無疑會有助兩邊工作，提高效率。經過任燕茹積極從中協調。一九九四年十月，中國國家進出口檢驗總公司與加拿大 IMS 海事檢驗公司在北京簽署了長期合作協議。自此，雙方互相受權代表對方在中國和加拿大對進出口商品的品質、數量、殘損和有關項目進行裝前卸後的檢驗鑒定工作。中國國家進出口檢驗總公司隸屬中華人民共和國國家國家進出口商品檢驗局，乃是中國

政府指定唯一能對進出口中國的商品進行檢驗鑒定的核心機構。而IMS海事檢驗鑒定公司在加拿大是唯一獲受權代表中國國家進出口檢驗總公司對加拿大出口到中國的商品進行檢驗鑒定的公司。它可以代表加拿大商人委託中國國家進出口檢驗總公司在中國的任何省市和港口，對即將出口至加拿大的貨品進行檢驗。通過任燕茹穿針引線，IMS公司還與中國國家進出口檢驗總公司駐香港的檢驗公司、以及北美洛杉磯、上海、黑龍江、江蘇等地的分公司也正式簽署了長期合作協議。加拿大的商檢又出現了新的氣象！

一個中國人，卻在加拿大的商檢公司工作，長期下去也不是辦法。加國勞工部翻閱過她的資料以後，就將證明文件轉去了移民部。移民部知悉這個事情，就勸喻她留下來移民。任燕茹接到移民部信函，一下就怔住了，竟不知如何是好。揣度良久她打電話回去請示，領導從未遇到過這類怪事，頗覺為難，遂說那是她自己的事情，叫她自決。IMS公司也誠懇慰留。她也考慮到雙方合作剛剛起步，仍需努力，方才寄出了申請表格。也許，在加拿大的中國留學生中，她的組織紀律性算得是最高的了。

作為溫哥華可數的華人海事檢驗專家，任燕茹還多次通過《星島日報》的加西新聞版面，向僑界介紹中加商品檢驗知識和政策。人們讀過對她的專訪，方知道貨品檢驗的功能和作用。九七年"洋垃圾"事件發生時，她也立即向讀者講解中國國家相應的態度與對策。上世紀最後一個夏天，中國國家商檢局派團訪問加拿大，途經溫哥華稍事逗留，任燕茹沒帶他們游山玩水，而是將團員載往報社接受采訪，為中國商檢作宣傳，讓本地商界知道商檢乃是商業活動中不可或缺的一環，可以減低不必要的損失和爭拗。翌日一早，采訪就圖文並茂地見報了。

回首移民的歷程，任燕感到自己喜歡挑戰的性格有助于適應新環境。她覺得華人無故自卑或盲目自傲都不利于他們溶入加拿大。

她說，以華人的聰明才智，完全可以舒放自如、活潑輕松地走進西方社會。

　　興許是對她沒能從事文藝生涯的一種彌補，九六年任燕茹挑頭和一些演員組織了《加拿大東方藝術表演協會》，多次演出中國的民族歌舞和戲劇。朋友對她找來這吃力不討好的差使表示費解時，任燕茹解釋，這主要是看到國內很多藝術家到此無用武之地，十分可惜，方始作俑者，出此下策，聊作權宜之計，一旦華人的民族文藝活躍起來，她即退出，潛心從事貨品檢驗工作。

　　現在她退休了又和好友一起，成立了個協會名“知青之友”，定期排練演出。華人團體是非多，可是他們這一幫知青堅持排練演出，不曾間斷。

8　《草原女民兵》——記舞蹈家曹燕燕

曹燕燕剧照

曹燕燕
Yan Yan Cao

　　仁者樂山，智者樂水。正應了人杰地靈這句老話，溫哥華的文化名人比比皆是，溫哥華的畫廊字店星羅棋布，溫哥華的器樂舞蹈學校如雨後春筍，溫哥華散發著華夏文藝的馥郁。那地方真是藏龍臥虎，有歌劇《紅岩》唱江姐的女歌手，有前中國國家隊的跳水主教練，有在《五朵金花》飾第五朵金花的女演員……不知人們知不知道，溫哥華還有個女舞蹈家名叫曹燕燕。

一九七四年，戒備森嚴的北京城進駐了很多文藝團體，人民大會堂晚晚燈火輝煌，人們引吭高歌，翩翩起舞，原來是文化部進行文藝調演，甄拔演員，為一九七五年出國演出的"中國藝術團"搭架子。

當時流行一種說法叫"打個招呼"，"吹吹風"，小道消息不脛而走。雖然什麼都是"機密"，組團的消息還能封得住？那些節目是準備訪問美國搞好美中關係演出的。想想，哪怕能選上一個節目，那是何等的榮幸啊。中央的、省市的、地方的、軍隊的歌舞團都鉚足了勁頭，把看家本領全使了出來。曹燕燕所在的戰友歌舞團，一來是部隊編制，二來又是在天子腳下，少不了也要送節目。那時曹燕燕雖然只有二十六歲，卻已有十四年軍齡了。在革命的大熔爐里磨練了這麼久，軍令如山倒的規矩當然懂得。況且，作為一個戰士，她摸爬滾打、射擊刺殺都敢上，還怕粉墨登場？該怎麼干還得怎麼干。她和戰友正在排練《草原女民兵》，少不得上去舞了一回。台上"你方唱罷我登場"，精彩節目來來去去不知有多少，就象千軍萬馬過獨木橋一樣，誰也不敢奢望入圍。沒想通知下來竟說節目選上了，而且戰友歌舞團所有舞蹈演員之中就挑上她一個。獲選人一聽不禁也呆了一下。後來她想，可能是與反映少數民族有點關系，再一個就是中央強調婦女，因為演女民兵，所以叨光了。

當時批林批孔批走後門，史稱"三箭齊發"。那時節後門也特別多，參軍有後門，上學有後門……可就是這中國藝術團沒有後門。信不信由你，選拔每個演員，不僅要文化部領導集體研究，還得經過這里不便道名的一個人拍板！你當那人是好說話的麼？不然，你試試叫朱逢博下場自己上去喊一板《請茶歌》？或者取代劉德海來一曲《十面埋伏》？

那年月，確實有不少高手受到壓制，選上的演員卻也是功夫過硬，眾人服氣的。許多演員多年以後都依然活躍在舞台上。如今年

過半百的國人大概還記得，中國藝術團的演出後來拍成紀錄片《百花爭艷》，留下當時文藝舞台的那段歷史。據當年的海報介紹主要演員（Leading Artists），基本陣容是：

鋼琴演奏殷誠忠，女高音朱逢博，笙獨奏胡天泉，琵琶獨奏劉德海，男高音吳雁澤，二胡獨奏閔惠芬、王國潼，男中音馬國光，女高音馬玉梅，笛子獨奏俞遜發，板胡獨奏劉明沅，箏獨奏王昌元，嗩吶獨奏劉佔寬，舞蹈演員陸兆萊、王新鵬、曹燕燕、張莉民、趙蕙英、周順民。

這是文革伊始第一次出國演出，文化部非常重視，除了舞蹈，甚至為大多數節目另外準備了一套班子以便替補。在僅有的三個舞蹈節目中，曹燕燕就參與了兩個，一個是在《紅綢舞》中打頭陣，而在《草原女民兵》中飾小民兵，更有一段獨舞。為此榮膺"主要演員"的頭銜。而她"倒踢紫金冠"的獨舞劇照就在演出海報顯著位置。演員們集中京城經過一段時間的刻苦練習，翌年滿載著中國人民的友誼，出訪五洲四海去了。

本來組建藝術團是為了增進中美交流，準備赴美演出。不料節外生枝。因爲吳雁澤的《台灣同胞我的骨肉兄弟》有解放台灣詞語，美方提出修改。中方不改寧肯不去。行程變爲到世界各國去演出。

說起曹燕燕習舞，還得從童年講起。她生長在一個領導幹部家庭，在那個年代，這種人是不愁沒有出息的。小姑娘勤學好動，十二歲那年，戰友歌舞團到學校招舞蹈演員，把她挑上了。這一下把她喜得眉開眼笑，卻把父親氣壞了！老爸沉著臉，給她兩個選擇：一個是學美術；一個是讀大學。至于去歌舞團胡鬧，沒門！沒想到曹燕燕的倔脾氣上來了，家里越是反對，她越是吵得凶。說起來曹父還是清華大學土木系畢業的呢，當然明了孩子志向很重要，他也並不覺得學舞有什麼不好，只是覺得跳舞活兒太苦，那碗飯不是那麼好吃的。歌舞團團長看見這孩子跳舞有特長，也來為她說項。父親沒辦法，嘆口氣說，不出三個月，看你不哭著鼻子跑回來才怪！孩子一聽，一蹦天高，笑了。

父親私下跟團長約好：你要嚴厲點，她一動搖就給趕快我送回來！結果曹燕燕參訓後進步飛快。有的演員長得漂亮，可上了台就變得傻呆傻呆的，這丫頭有顏值，也有彈跳、爆發力強，舉手投足感覺也很好。尤其一雙眸子，還隨著舞姿滴溜溜地轉！這時刻，團長喜歡都來不及，自然也不肯放她走了。

說起來，造就了曹燕燕的還是文化革命。這真是 "國家不幸私家幸，賦到滄桑句也工"。然而提到曹燕燕這個 "幸"，也算得言之齒冷、聞之鼻酸！本來那應是小演員最能出成績的時候。她素質好、機遇巧，初出茅廬已經參加過包括《東方紅》在內的重要演出，前程還不是一片燦爛輝煌？但文革一來，把她的憧憬擊個粉碎。運動之初，曹燕燕的父母就進牛棚了，小姑娘心裡真是萬念俱灰！ "革命" 如火如荼，戰友們要造反，齊來相邀，也就是呼朋引類、 "阿Q同去" 的意思。小姑娘都冷冷一笑拒絕了。看著那些人冒著嚴寒四處出動去查抄司令員或其它領導，平日挺活躍的她袖著一雙手，萬念俱灰，心想：自己家裡都被抄了，我怎還忍心去抄別人呢？不怕凍你們就自己去吧！

人們都瘋狂了，殺向社會、殺向四舊、殺向帝修反！社會搞得七顛八倒，她呆在家裡心煩，上了大街心寒，天下何處可藏身？一天小姑娘不知怎麼就走到練功房來了。她開了生銹的鎖，看著塵封的硬木地板，仿佛就聽到平日練功的優美旋律： "洪湖水，浪打浪，洪湖岸邊是家鄉。清早船兒去呀麼去撒网，晚上回來魚滿艙……" 室內充滿溫馨的暖意，她褪掉軍大衣，壓腿、旋轉、翻斤斗，翩翩起舞……姑娘終於找到一個排憂解憤的桃花源。

"百畝庭中半是苔，桃花淨盡菜花開。種桃道士今何在？前度劉郎今又來。"文革經過激烈搏斗、多番反复，林彪折戟沉沙，小平復出江湖。鄧總參謀長甫上任就大力整頓。過去原本很不錯的演員，有的業務生疏，有的身體發胖，都栽倒了。而小兵曹燕燕在上級考核的各個項目中，門門考第一！

就這樣，曹燕燕被選進中國藝術團，出訪了歐美亞非約十個國家。在委內瑞拉，當地報紙如是說，"數十名中國頂尖藝術家（top Chinese artistes）昨起演出六場"。在倫敦訪問期間，適逢伊利沙伯女皇五十大壽的熱鬧場面。途經平壤，她還應邀參加了朝鮮民主主義人民共和國成立二十七周年慶祝國宴，與首相金日成握手合影。

文革結束後，社會情勢起了很大的變化。八零年，曹燕燕要求轉業，雖然團里竭力挽留，但由於她想換一個環境，還是到了地方。人離開了部隊，卻依然蹁躚在舞台上。她演出，授課，還與沐浴在改革春風里的演員們一起結隊到外地走穴。演員離不開舞台，沒有藝術的滋潤她們就象丟了魂似的。

西風東漸，不久出現了出國熱。首先走出國門的是有著近水樓台的留學生，後來人們知道，西方將一無所長的人拒于門外，卻十分歡迎學有專長的人士入境工作。接著，很多英才，如名畫家、名演員、運動冠軍，相繼出洋。異域生活喚起她心中的好奇，八九年，恰好有家加拿大公司慕名邀請曹燕燕前來教授中國民族舞蹈，她便順利拿到了簽證，飛來溫哥華。

國人初到海外，仿佛盲流進城，言語不通，環境陌生，面臨著極大的挑戰。西方國家比較商業化，社會安定、物資豐裕，但自然淘汰，生存競爭也很激烈。通常來說，理工、應用科學比較吃香，而文科和藝術就很難有用武之地。中國有十多億人口，加拿大僅有三千萬，華人一百幾十萬。溫哥華這個地方，又是中國藝術家雲集

之地，光就是＂藝術協會＂就有一百多較有名氣的畫家，搞歌舞的
人數也不在其下。未聞溫城有專業劇團，更不要說是華人的民族劇
團了，情況是十分嚴峻的。僧多粥少，一般的作家、演員、畫家很
快就被迫改行。從經濟上來看他們似乎是塞翁失馬，絕地重生了。
比如一個編輯，找不到月薪一千六的華文報刊職務，到醫院做護理
工作，可以月掙三千，還有的去開餐館、去賣樂器、去裝修……也
賺得不少。所以他們轉行往往是高高興興、心悅誠服地進行的。一
般來說，成就高的工作，如文學、藝術，經濟效益就差，反之亦然。
但有建樹、名氣較大的藝術家，追求十分執著，寧肯舉家食粥，往
往也不肯丟棄自己的專業。琴師就來教琴，畫師就去教畫，搞舞蹈
的常會召集一些小孩子，有聲有色地辦一所＂某某舞蹈學院＂。但
對于曹燕燕來說，組織工作遠沒有技術工作那麼合適，何況她也沒
有辦學所需要的經驗和資金。所幸她的名氣使她在舞蹈界認識不少
朋友，她曾在很多地方授過課，有梁漱華舞蹈學校、吳祖杰芭蕾舞
學院、溫哥華中國舞蹈學校、愛德華王社區學院……一度曹燕燕每
天都得驅車奔走在五所學校之間。一些在加拿大或國際比賽獲獎的
學生，也曾受惠于她的指導和訓練。

曹燕燕過去學的東西比較寬，她自六歲開始學習歌舞、體操和
武術，練過芭蕾、民族舞和現代舞，而且跳過一些中西合璧的舞蹈。
她們部隊文工團條件好，武術老師是全國首屆武術比賽冠軍安天
榮，朝鮮舞老師為名家崔美善，民族舞老師即名滿天下的陳愛蓮，
新疆舞曾拜師新疆最有名的阿依吐拉。這些特殊的訓練使得她在加
拿大的舞蹈教學中獲賜匪淺。她將武術和舞蹈結合起來自創了一套
雙劍舞，這個自編自導的節目後來通過學生演出在加拿大和美國的
競賽中數度獲獎。

不少華人以為出國就得發財，曹燕燕卻認為有錢未必買得到加
拿大的靜謐、悠閑、安全，而博愛、平等、自由更是無價之寶。一

度，她們的舞就是樣板舞；她周圍充滿了掌聲、鮮花、喝彩；昨日和主席照相，今天與總理握手；現在，生活終於從絢麗走入平淡了——溫哥華到處是田園風光。曾經取得過成就的移民都一樣，雖然她對過去的輝煌也有幾分失落和懷想，有一種無奈和苦澀的感覺，和她一起的戰友有的已經評到少將軍銜了。特別當她從電視上看到當年和自己同臺演出的朋友又一再登台的時候，心里就激動不已。但兩地相權，對自己來到加拿大始終不曾後悔過。她很欣賞加拿大社會的公平，貧富不懸殊。過去在國內有個朋友相邀去走穴，一位沒什麼節目的名演員領銜，要獨吞一半的收入，其它演員輪番上陣、吹打彈唱、又蹦又唱，共分另一半，她一聽就宛然謝絕了。

社會工作需要互相扶持互相幫忙。有的活動為了開展得有聲有色，常組織一些文藝演出來造勢助興。這類演出，一般是服務人群，屬於只有感謝，沒有報酬那一類。曹燕燕大小演出過數千場次，自然也不會在意這個。只要人家開口，她總是欣然應允。在中華文化中心、在省立大學陳氏演藝廳、甚至在一些機構的周年慶典場地……到處都曾留下她的足跡和舞姿。也全靠如她一樣的中國藝術家長期的堅持努力，西人才慢慢對中國藝術有所瞭解，東方藝術才漸漸開始登上西方舞台，溫哥華最著名的依利沙白女皇劇院，也經常燈火輝煌地上演中國雜技、民樂、舞蹈和戲曲了。

她很少談及自己的過去，以至于在溫哥華甚少人知道該市有個中國藝術團的演員。有一次參加聚會，有人邀她跳交際舞，曹燕燕不會，場面有點尷尬。那人好為人師，自告奮勇來教她。曹燕燕竟象早學過似的，教一段跳一段，教兩段跳兩段。“教師”覺得受了戲弄，怒顏相問：你到底是會還是不會？她只得道出自己的來歷。那人趕緊致歉，連稱得罪！

從前曹燕燕一直以為，舞蹈使人美麗，使人充滿活力，使人青春永駐。經過三十多暑寒的舞台生涯，她也慢慢無奈地接受了這個殘酷的現實：較之于文學、繪畫、音樂等其它文藝形式來說，舞蹈的藝術生命是最為短暫的。

興許是她父親曾期待她作畫，或者她母親呂新民是中國知名書法家的緣故，近來她的興趣漸漸轉移到美術方面來了，整天擺弄丹青、揮毫潑墨，以畫自娛。也算是"大道相通"吧，一回拿張畫到太平洋國家展覽會參賽，還捧回一個獎。

認真説起來她還是一個電影藝術家。當年，她二十來歲時參加過電影《偵察兵》的演出，十四歲左右在《椰林怒火》里扮演過重要角色賣報女童。八一電影制片廠要調她，為她所拒。

9 你是一塊化石——老華僑蕭澤光先生生平

在第一次世界大戰結束那年，二十出頭的蕭先生只身來到加拿大，一上岸就欠了五百加元的債。那是加拿大政府向入境華人征收的人頭稅。稅款是申請他來的一個老表代付的，老表事前來信說，這筆錢為數不小，可以買房子了，你看著辦吧。蕭先生的家鄉是中山隆都，是個地少人多、颱風施虐的地方，不出來咋辦？

廣東人生性剽悍、敢闖敢干，太平軍、北伐軍里就很多廣東兵。蕭先生進過私塾，識文斷字，卻滿身長著冒險的細胞，是個命中注定要成為華僑的人，海外打工掙錢強烈吸引著他。那里是著名的僑鄉，孩子大一個走一個，半大的小伙子就暗暗羨慕著。

蕭先生是獨子，父母聽說兒子要到金山謀生，萬般不舍，嗚嗚嚶嚶就抽搭起來，說：我們就你這麼一個兒子，你走了我們怎麼辦？兒子慨然陳詞：留在家里等死啊？我賺了錢一定回來！

話是這麼說，其實兒子後來在加拿大住了七十一年，最後還長

眠在那片土地上了。

蕭先生扛著個行李卷，坐了兩個月輪船來到大洋彼岸。南國的孩子到了北方，他從來沒見過這麼冷的天，從來沒見過這麼多的雪！再不見南方的河網水渠、荔枝樹、芭蕉園，到處都是冰坨子。他象大多數打工崽一樣，在唐人街租了一個床位，就算有了個家。那可是一間大房的二十分之一！除了工資，什麼都貴，租間房怎麼挨得起喲。眾人擠在一起，人多眼雜，良莠不齊，難免有失竊之事。蕭先生學著大伙，也做了一個腰包，將證件和細軟通通打進包里綁在身上，入廁沖涼都帶著，以策安全。當時取暖做飯皆燒煤，二十條寡漢子一人一日輪流來買菜做飯，其余的人都去打工掙錢，有的洗衣、有的做廚、有的打雜……。

那時找得到的工作也真有限，大家知道，人家之所以讓華人進來，還不是想讓華人來做他們自己不想做的事情？據統計，一八八四年，布勒灣（BurrardInlet）華人人口職業分布如下：鋸木廠工人六十名、廚工和洗衣工三十名、店員十名、商人五名、妓女一名。事實上蕭先生後來做過很多工作，但他做得最長的就是板廠（想必就是廣東人鋸木廠之謂）。當他年老之時，整日絮絮叨叨最得意的話題就是板廠打工的情景。猶記得，他們幾個華人給切下的木瓦打捆。一人負責一台機。別人忙得不亦樂乎，而他卻常常可以悠閑地打火吸煙。

一九一九年，溫哥華六千華人，但只有兩百一十個家庭。蕭先生當然屬於那五千多個王老五中的一個。但他不能顧及其它，他不得不拼命去打工。過了幾年，他斷斷續續還清了那五百加元欠債，還謝了老表老婆一只金手鐲。換言之，他做了幾年牛馬就是換得了入境的權利。

華僑在國外，卻要在國內找對象，只能靠人作伐，當時根本不可能卿卿我我、自由戀愛。蕭氏取親的戲劇性多少能代表一些華僑在婚姻方面的遭遇。那年，他渡海翻山，依約回國相親。進村之時，怎知是姑娘上轎之日。原來媒人為著穩靠，牽了幾條線，到手為快。金山來客無可奈何，只嘆無緣。正要走路，媒人喜然相告：恭喜恭喜，有人看上你啦！

看上他的是趕來看熱鬧的一個女孩子。她年方及笄，見那華僑高大忠厚，自願以身相許。那真是 "有心栽花花不發，無意插柳柳成蔭" 了。

依照當時移民法規，華人離加超過兩年，就得重辦簽證。蕭先生婚後只待妻子生下個女兒，就匆匆回來了。接著夫妻開始了牛郎織女般的生活。蕭先生回到加拿大，總要勞碌上一陣子，儲夠一定的錢方可來一場鵲橋相會。後來家里又添了兩個兒子。老公在外面掙錢，老婆在家中管家，相隔千山萬水，將日子一年年打發了去。

卻說在夫妻兩地二十年之後，蕭先生思鄉心切，辭退了工作，變賣了財產，收集起幾十年積攢的血汗錢，準備回鄉買二十畝地來安家。他多年以來的心願眼看就要實現了。不料人剛回來，日軍即進攻香港。炮聲一響，妻兒沒命出奔廣西。老蕭也趕快打道回府。當時敵軍佔了香港，幾乎回不去。有事後諸葛亮評說，若是買下地，蕭家就不算海外關系，而是地主分子了。

四七年加拿大對僑眷移民解禁，蕭太太竟一直拖到五五年才入境。說來華僑僑眷也遭夠了國共之爭的罪。肖太太有個弟弟為國民黨捐軀，中山縣政府就不準其姐出國。肖太太隨機應變，立即遷往廣州市，其後在廣州申請，五五年方獲批准。肖太太還有一個弟弟大革命時為共產主義獻身，政府對烈士的親屬卻沒有任何照顧。

夫妻團聚肖先生打算用買地的錢來買房子以安頓妻小，太太

說，買屋花錢，買鋪賺錢，孰先孰後？經太太用錢來搵錢的建議，兩口子在維多利亞街 6591 號開了間街角雜貨鋪。對于當時的華僑來說，這就是事業的最高境界。女的坐店，男的就開了一輛卡車，每日挨家挨戶送貨，順便也將翌日的訂單捎回來。過去沒有什麼英語移民班，所以肖先生所識英語不多，而太太甚至連中文都不懂，僅憑著中國人的勤勞節儉，鋪子居然開得有板有眼，家道漸發。

肖太太來加拿大時帶來了肖先生的兩個兒子。當時華僑可以選擇的職業不多，大兒子只得到餐館做企台，與一位和他一樣沒有選擇也在餐館打工的土生華僑女孩結婚，爾後兩人就學著父母也開了間街角小店。結果生意不錯，後來就又開了兩家。最後將雜貨鋪全賣掉，做起了玩具批發，成了溫哥華頗為成功的華裔玩具商人。

小兒子因為年齡尚幼，還在上學階段。其時社會上華人地位開始提升，隨著華人的職業正逐漸從苦力向技術工作轉型，不少華人也從藍領變為白領。小兒子念完大學接著讀研究生，後來成為一個電腦研究機構主管，經常往美國和亞洲開會講學，他的部屬幾乎全是白人。他的成功事跡在英文刊物上曾被喋喋報道過。

肖先生快要到了退休年齡，才賣生意，買了家宅和兩間鋪面收租，開始過上知足常樂、富足殷實的休閒生活。八十年代最低人工年薪七千多元，他交稅就交到那麼多。

一九七六年，肖太太病逝。所幸夫妻早已將地穴都料理好了。華人多如此，一個是入土為安，一個是未雨綢繆。這種事仔女是靠不住的了，自己要早早將後事作好準備，方才活得安穩呢。

肖先生垂暮之年有個心病。他想念女兒，女兒帶著一幫孩子猶在國內。不知老牛舔犢是不是華人特點，只要還有一個親屬還在國內，他們都會為這個遺子而努力。他以八十高齡，趁著改革開放的契機，還四處奔走申請晚輩來團聚。經過他的努力，女兒女婿、外孫、外曾孫先後有九人移民加國。來者前前後後都在他家里住過。他蔭庇他們，提供膳宿。

華人平權會受到日裔索賠成功的鼓舞，竭力為華人平反人頭稅。肖先生的兒子就不敢苟同：“那筆錢哪里來？還不是納稅人的錢！”他反對索賠，好象這筆錢要他出似的。

肖氏晚年天天到唐人街溜達。每天回家都拎著一條咸魚。原來他年輕時常常買此物，沒齒不忘。結果家里存了幾十條有多。家人拉開冰箱叫他看，他就說，知道，明天不買了。次日，誰想還是捧了一條回來。

每外孫從中國來，他就帶著去看喜士丁街上的 Woodward 百貨公司。他不知溫哥華最新的百貨公司有 Sears 和 Eaton，何況百年老店 Woodward 因沒有生意，都快要關門了。

朋友有請，常常會發生這樣的事情。家人攙扶著他坐進汽車，駛到唐人街泊到停車場。一行人魚貫進了餐廳入座，等了半晌上菜了。大家狼吞虎咽，惟有他歸然不動。家人相問，公公，何不動箸？他赧然耳語：忘記帶假牙了。

肖先生牢牢記得要坐京士威巴士。一天，巴士倒沒錯，可惜是反方向。天黑都沒回家，又是冬天，家人只得報警。幸好他記得地址，那天他半夜才坐了計程車回來，手上還拎著一條梅香咸魚。此後就不大出門了。

加拿大不能自理的老人，政府提供免費護理。社會工作者家訪了肖先生，因有產業，入老人院要自費，每月大約兩三千元，直到收入交光。肖家舍不得這筆錢，只好自己來料理。肖氏老時每月領

取養老金和老年金六七百，與他每月上繳的入息稅（主要是鋪租）正好相抵。很多勤快的老華僑都是這樣，他們一輩子完稅，卻至死都沒享受一絲一毫的社會福利。

肖氏英文不好，太太根本沒上過學。但兒輩開始出現大學生。在加拿大的孫子們都大學畢業。其中還有兩個碩士，兩個醫生。他的曾孫，也個個都是大學生，尚在中國那個，當時就讀中國科技大學。這個現象，頗能反映華人在加拿大受教育的情況，以及華人不斷提升的社會地位。

肖澤光歿于一九八九年父親節，年九十三，與妻同葬于科士蘭墓地。他（她）們永遠地休息了，他們的事業則由他們的子嗣來延續。他們當年買下的溫東住宅和本那比店鋪，今猶在焉……

第十章　海外華人花絮

1、英聯邦國不許英聯邦地區海員登岸

一九三九年第二次世界大戰開戰方半年，一艘英國運輸船從香港渡太平洋繞北美送汽油往歐洲戰場。結果在哈里法斯附近還是遭德國潛艇擊沉了。加拿大人將落水船員救起，但參加了盟國的加拿大卻不許三十名同樣是盟國的香港的海員登岸，就僅僅因為他們是中國人。後來幾經奔走，海員和當時的中國大使館聯系上了，還是由副領事出面交涉爭取到海運公司支付遣散費，這幫海員方才陸續回到香港。有幾個留下加拿大的，現在還健在。

2、古巴紀念碑文

"在古巴獨立戰爭中，沒有一個中國人通敵，也沒有一個中國人逃伍。"

3、本地胡椒不辣

加國的餐館以"香港名廚"為號召。香港的餐館用"廣州名廚"做招牌。廣州的餐館則明白告示請了"外國名廚"。

4、色盲

一個韓國人有回上街聽到種族主義者向他大喊"Go Back to Hongkong（滾回香港去）！"令他覺得莫名其妙。

5、悲慘的歷史

一九一一年多倫多只有一千零六十一華人人。其中女性僅有三十五名。

6、去法國打廣東

一次大戰期間，北洋段祺瑞答應英國法國派遣十萬丁壯往法國修築工事。其時國人并不崇洋媚外，一聽說赴法誰肯去呢？也真虧了這位號稱"北洋三杰"的仁兄想得出，他開始在山東征兵，說是"打廣東"。不久一批農家子弟為了那不多的安家費就乘了海輪橫渡太平洋到哈里法斯。弟兄們上岸一看，怎麼廣東人竟是高鼻碧眼的呢？這時生米已經煮成熟飯，有什麼辦法呢，老老實實到法國挖戰壕吧。戰後，法國就多了一些帶山東口音的公民。

7、過去一塊是一塊，如今一塊抵一毛

一九一零年那時，中國人打理的西餐館特別平宜。例如一客西菜，包括豬扒一塊、餐湯、麵包、炸薯條、青豆、布丁和咖啡，只賣兩毛錢。過了四十年，也只是賣到五毛而已。又過四十年，竟索价二十塊，一下長了四十倍！

老華僑都記得，第二次大戰結束時，酒巴啤酒五分一瓶，現在是五塊一瓶，足足是原來的一百倍！

當時住家還沒有熱水爐，到澡堂淋浴，每次得往收費孔塞一個夸特（二十五分幣）。

8、敲骨吸髓

一九一零年代華人入境繳付的人頭稅是每人五百大元。據紀錄，當時唐餐館工作時間是每周七日，每天早晨五點至翌日凌晨兩點。周薪為三至五元。

9、台山歌謠

別鄉井，

出外洋，

十年八載不思鄉，

柳色燦爛陌頭綠，

閨中少婦惱斷腸。

10、升國旗唱國歌

加拿大溫哥華華裔運動女杰馮麗明于一九八四年洛杉磯世運會韻律操中勇奪金牌！

11、唐人街新聞

香港謔語“唐人街新聞”，意謂“煲水貨”，不實消息之意。但是那“煲水貨”又是從何而來的呢？可別要冤枉了人家電視電台報紙啊。原來唐人街魚蛇混雜、龍蝦俱下，有的只怕海晏河清，有的惟恐天下不亂，因此出現了不少“有腳報紙”、“有腳廣播”。那些新聞就是這些“有腳”的作品。

12、搶救李楠

二十二歲的李楠是來自內蒙古的自費留學生，就讀加拿大薩斯喀徹溫省里賈納大學管理系一年級。九九年一月十五日，在劇烈運動後，他開始嘔吐、呼吸困難，下午四點被送入里賈納大學醫院搶

救。六點心臟一度停跳，心肌壞死。醫生采用體外循環方式維持李楠生命，搶救組醫護人員同時積極尋找心臟，同時向軍方求援。十七日凌晨兩點美國找到了一個匹配心臟，將用軍機直接送到埃德蒙頓。

為了隨機使用體外循環系統，醫院首次使用一周前剛剛買回的大型救護車，將病人和整套醫療設備安全送到了里賈納機場。經加拿大國防部副部長特批，從溫尼伯調來一架大型運輸機將李楠和護理人員一起送到加拿大西部唯一能施行心臟手術的阿爾伯塔大學附屬醫院。與此同時，阿大醫院派心臟外科專家乘租私人飛機，專程將救命心臟取回。當時阿大還有幾名等候心臟手術的患者，經不記名投票，決定先移植給最年輕的中國留學生。經由全加最著名的心臟外科專家穆勒先生主刀，近六小時的手術于十七日下午順利結束。

李楠的心臟手術非常成功，後因腎功能異常，又再次手術，恢復腎功能。但由於右大腿根部的切口以下出現血壞死，二十二日不得不進行右腿高位截肢。這件事要給新華社來報道，又該說是一曲響徹雲霄的中加友誼的凱歌的吧。

13、中國學生狀告加拿大移民部長勝訴

據加西《明報》六月十六日報道，中國學生曾經狀告加拿大官員。

一九九九年八月，哈爾濱六名普通中學或大專畢業生經移民公司遞送的學生簽證遭到加拿大駐華大使館簽證處拒簽。理由是：一，認為他們有移民傾向；二，認為他們並沒有足夠的資金負擔在加的學習生活。

二月八日，加拿大注冊大律師錢路在審閱了拒簽檔案後，接受聘請向加拿大聯邦法院提起上訴。狀告加拿大移民部長。提出拒簽有兩點錯誤：一，移民官對學生的事實認定是錯誤的；簽證官員對加拿大移民法和其它有關政府政策規定的法律解釋是錯誤的。

聯邦政府司法部收到狀子，立即與加拿大駐北京大使館磋商，并認識到簽證官原先拒簽是錯誤的。三月二十八日，加拿大聯邦政府司法部律師致函錢路，表示願意推翻原來的拒簽決定。六月二日，裁決書寄達北京，判定原拒簽決定無效。

14、加拿大第一個中國女人

一八六零年在維多利亞登岸的廣利號老板娘是加拿大第一個中國女人。

15、第一個出生在加拿大的中國人

第一個出生在加拿大的華人是一八六一年在 BC 省道格拉斯港呱呱落地的溫金（Won Alexander Cumyow）。

16、各有妙算

一八九七年李鴻章訪問加拿大，作官式訪問。

孫中山于一八九七年一到加拿大，一九一零年二到加拿大，一九一一年三到加拿大，鼓吹革命。

康有為、梁啟超于一九零四年三月來到加拿大組織保皇會，號召志士勤王。康有為三度來加拿大活動。當時保皇會維多利亞總理李福基，溫哥華總理葉恩，新西敏寺總理劉康恒。

17、華僑之光

在加拿大政壇上，第一位華人國會議員是一九五七和一九五八兩度在溫哥華當選的鄭天華。

第一位華人市長是一九六五年在 BC 省 Kamloops 市當選的吳榮添。

第一位華人省督是一九八八年在 BC 省上任的溫哥華的林思齊。

第一位加拿大華人總督是一九九九年就任來自多倫多的伍冰枝。

18、中國舒特拉

凡看過《舒特拉的名單》的人都知道德國有個舒特拉，殊不知在第二次世界大戰期間，中國駐奧地利領事何鳳山博士，比舒特拉幫助過更多的猶太人逃離險境。

話說一九三八年奧地利與德國合並，反猶太運動隨即瘋狂展開。為著逃生，很多猶太人往外國使館申請入境簽證，有注明目的地的簽證持有人才可以離境，可哪個國家會有那麼好心收留他們呢？

當時上海入境不需簽證，中國駐維也納總領事何鳳山先生借著手中的簽證權讓成千上萬的猶太人得以亡命上海或其它安全的地方。

為了感謝包括何鳳山在內的所有曾參與拯救猶太人的各國使節，一個名為"外交救命恩人"的展覽曾在聯合國展出。

19、秦教授的遭遇

一九八五年，原在美國加州伯克萊大學工作得好好的秦建業教授接到多倫多大學的電話，邀請秦教授到該校任教。祖籍中國浙江寧波的秦教授一九六八年就來到加拿大，曾在多倫多大學求學，現在母校發出邀請，他也沒有多作考慮，就欣然應允了。

人一到多大，校方告訴他，學校沒有經費，只能給他教授頭銜，沒有薪水，望他以地球物理專家的資格，向政府和有關機構申請經費，以解決他的生活開支。這時他已辭去美國的工作，又帶著兩個小孩，別無選擇，就只好應承下來。

一九九零年，秦教授獲得多大研究生部資深教師的資格，得到最高教授的頭銜。在這期間，物理系有四次晉級終身教授機會，但沒有給秦教授，卻給了一些教學和研究遠遠不如他的白人教師。其中一位因為實在沒有任何學術成就，還被校方勸退。可秦教師因為是當時多大一百六十年來唯一不是白人的教授，竟不能晉級。一九九四年，他向校方投訴，學校結果調查，承認他的學術成果確實高于一些得了終身教授資格的人，但否認有種族歧視。

秦教授認為如果他忍氣吞聲，必會助長此種歪風，他向安省人權委員會投訴，向政府有關機構投訴，結果都是石沉大海。一九九五年，更有甚者，學校還借故將他解雇了事。

一位出類拔萃的地球物理學家，為多大工作了十年，校方沒給一分報酬，反將他一腳提出了校門！

一九九八年，他向法庭控告多倫多大學。華裔聯邦上議員利德蕙寫信給安省人權委員會，希望他們認真調查。在查訪了四十一位証人後，長達二十六頁的報告書公布了調查結果："所有証詞確認了投訴人的陳訴，即他的人種、膚色、口音、出生地和族裔造成了他在得到一個專業職位時失敗，並因此遭到一系列報復，這種報復

在他被解雇時更達到頂點。"

20、加拿大十八怪

在多倫多有唐人名水正流者，依自身對加拿大的感受擬《加拿大十八怪》詩歌一首，膾炙人口。現抄錄如下：

美國人什麼都賣起來，印度人什麼都供起來，中國人什麼都吃起來，加拿大人什麼都不明白。

要問為什麼不明白，只因事事太奇怪。說奇怪也不奇怪，加拿大也有十八怪。

提起加拿大第一怪，國王是英國老太太。總督說北美天氣冷，從此老奶奶不再來。

提起加拿大第二怪，警察比模特長得帥。小偷一般抓不到，為顯風流去抄牌。

提起加拿大第三怪，加拿大煙卷高價賣。有人從此戒了煙，有人大麻隨身帶。

提起加拿大第四怪，脫衣舞廳最實在！只要君子不動手，保證醫好性病態。

提起加拿大第五怪，誰看誰都象老外。老外怀上老外仔，老外死了老外埋。

提起加拿大第六怪，加拿大軍人好自在。維護和平去旅遊，沒見過勝利和失敗。

　　提起加拿大第七怪，單身媽媽大家愛，孩子他爹不給錢，政府每月給幾百。

　　提起加拿大第八怪，春光好景不常在。狗熊早早鑽進洞，天鵝遲遲不回來。

　　提起加拿大第九怪，難民成群結隊來。非法入境的剛送走，下次航班又回來。

　　提起加拿大第十怪，信用卡鋪三角債。越是沒錢越敢買，窮人不怕高利貸。

　　提起加拿大十一怪，法裔人在心不在。有人帶頭鬧獨立，說是從小受虐待。

　　提起加拿大十二怪，周末人人把避孕套戴。擔心酒後生怪胎，更怕愛滋把命害。

　　提起加拿大十三怪，加國資源最好賣。別人把產品造出來，又回加國市場賣。

　　提起加拿大十四怪，空姐全是老太太。氣壞外國男乘客，急死本國女招待。

　　提起加拿大十五怪，稅收好比閻王債。幹活的忙得團團轉，沒事的穩坐釣魚台。

　　提起加拿大十六怪，教堂和寺院對面開。有人臨時抱佛腳，有人合手把基督拜。

　　提起加拿大十七怪，醫生四處把病人拽。臨出診所問一句，請

問何日君再來。

提起加拿大十八怪,街頭生意有分派。中國人堅持開餐館,巴基斯坦人專把出租開。

看見韓國人開零售店,印度人也想跟著來。轉來轉去找不到地兒,地鐵下面把攤擺。

聽完我說十八怪,有人罵我嘴巴歪。老百姓一聽齊歡呼,總理後選有人才。

21、中國人打中國人

在吉隆坡舉行的四十五屆世界乒乓球錦標賽上,不少參賽隊不僅有中國運動員,而且有中國教練。如澳大利亞、新加坡、馬來西亞、泰國、英格蘭、比利時、北愛爾蘭、挪威、毛里求斯和約旦都有中國人打球或任教。

在外國打乒乓球沒有群眾基礎。澳大利亞國家隊中國籍教練苗滄生在場地接受訪問時說:三十個前中國球員組成的球隊,也比不上中國國家隊打得好。

22、拍馬外交

名人要簽名,書法都練過。李瑞環訪問加拿大與卑詩省省長杜新志見面,杜省長特意請李瑞環簽名留念。可能是幕僚出的主意,李瑞環揮毫之時,杜省長突然贊嘆:“李主席的書法真好啊!”其實杜省長根本不會中文,聽到他瞎稱贊,幾乎把一旁的眾老記笑破肚皮。

資料來源

本書資料主要來自下列書報雜誌，作者在此謹表衷心的感謝：

- 域多利華埠今昔（黎全恩）
- 加拿大的華人與華人社區（李勝生著宗力譯）
- 加拿大百科全書（四川辭書出版社）
- 加拿大華人年鑒
  （九三年溫世達總編加拿大華人年鑒出版社）
- 明報周刊
- 世界日報
- 世界周刊
- 星島日報
- 星島周刊
- The Vancouver Sun（溫哥華太陽報）
- The Province（BC 省省報）
- Encyclopedia of Canada
- 溫哥華（海拔出版公司）
- 思齊之路（楓橋出版社）
- 神州時報
- 中華導報
- 辭海（上海辭書出版社 1979 年版）
- 中國史綱要（翦伯贊主編）
- 簡明世界史（北京大學歷史系簡明世界史編寫組）
- 中華文化中心二十五周年紀念
- 中僑互助會二十五周年紀念
- 溫哥華華埠商會十週年紀念特刊

- 加華心聲錄（潘銘燊）
- 您的加拿大
  （加拿大通用有限公司明報（加拿大）有限公司）
- 隔海搔癢（丁果）
- 怀鄉記（梁錫華）
- 加華社區代代相傳（中華文化中心文物館）

加拿大華人春秋

作　　者／亞堅（Ken Liao）

出版者／美商 EHGBooks 微出版公司

發行者／美商漢世紀數位文化公司

臺灣學人出版網：http：//www.TaiwanFellowship.org

地　　址／106 臺北市大安區敦化南路 2 段 1 號 4 樓

電　　話／02-2701-6088 轉 616-617

印　　刷／漢世紀古騰堡®數位出版 POD 雲端科技

出版日期／2022 年 2 月

總經銷／Amazon.com

臺灣銷售網／三民網路書店：http：//www.sanmin.com.tw

　　　　　三民書局復北店

　　　　　地址／104 臺北市復興北路 386 號

　　　　　電話／02-2500-6600

　　　　　三民書局重南店

　　　　　地址／100 臺北市重慶南路一段 61 號

　　　　　電話／02-2361-7511

全省金石網路書店：http：//www.kingstone.com.tw

定　　價／新臺幣 1000 元（美金 35 元 / 人民幣 250 元）

CPSIA information can be obtained
at www.ICGtesting.com
Printed in the USA
BVHW071316310122
627612BV00003B/62